走进"绿趣"数学课堂

林修英 ◎ 著

海峡出版发行集团 | 福建教育出版社

图书在版编目（CIP）数据

走进"绿趣"数学课堂/林修英著. －福州：福建教育出版社，2025.5. －ISBN 978-7-5758-0395-3

Ⅰ.G623.502

中国国家版本馆 CIP 数据核字第 2025L0A110 号

走进"绿趣"数学课堂
　林修英　著

出版发行	福建教育出版社
	（福州市梦山路 27 号　邮编：350025　网址：www.fep.com.cn）
	编辑部电话：0591-83726908
	发行部电话：0591-83721876　87115073　010-62024258）
出 版 人	江金辉
印　　刷	福州印团网印刷有限公司
	（福州市仓山区建新镇十字亭路 4 号）
开　　本	710 毫米×1000 毫米　1/16
印　　张	26.25
字　　数	388 千字
插　　页	2
版　　次	2025 年 5 月第 1 版　2025 年 5 月第 1 次印刷
书　　号	ISBN 978-7-5758-0395-3
定　　价	70.00 元

如发现本书印装质量问题，请向本社出版科（电话：0591-83726019）调换。

序言

让"绿趣"滋养数学教育的原野

教育是一场静待花开的修行，而数学教育是理性精神与人文情怀交织的智慧之旅。当前基础教育改革进入纵深发展的新阶段，数学课堂如何突破"知识容器"的桎梏，成为滋养思维、涵育生命的沃土？特级教师林修英老师以三十载躬耕讲台的实践积淀，撰写《走进"绿趣"数学课堂》一书。"绿趣"数学课堂以"绿"为底色，以"趣"为脉络，为小学数学教育开辟了一条兼具科学理性与生命温度的新路。

"绿趣"二字是林修英老师教育智慧的凝练。"绿"是闽地山水的底色，是课堂的生命力——自然、本真、可持续；"趣"是孩童眼里的星光，是学习的原动力——好奇、探索、乐在其中；"绿趣"是林修英老师对"以生为本"理念的躬身践行。"绿趣"课堂以真实问题唤醒思维，以生活情境激活探究，以数学思想滋养素养，扎根课堂，落实为学生的素养发展。翻开本书，我仿佛看到学生在营养早餐车前，在做问卷调查；看到孩子们在学习桌前用条形图或饼状图分析，将自己设计的早餐方案寄给养老院；看到了孩子们面对杂乱无章的图形时的眉头紧锁，在与同学讨论完后会心一笑，在说服同学那一刻的神采飞扬……

"绿趣"课堂使知识在情境中发芽，思维在对话中拔节。"绿趣"课堂的构建，不是空中楼阁。林老师深谙福建教育土壤的特性，将理念化为可操作的路径：激发兴趣—探索有趣—思想生趣。在福州的某所小学，一节《三角形分类》课令人印象深刻：教师利用希沃白板，让学生自由绘制三角形，通过边的长度、角的大小自主分类，再用思维导图梳理逻辑。技术褪去浮华，成为思维的脚手架。在闽南乡村的课堂里，一场"超市购物计划"的真实任务，让学生化身"精打细算的小掌柜"，在预算分配、折扣计算中，将小数加减法用得淋漓尽致。这些扎根福建的本土实践，让"绿趣"理念从纸面走向田间，从理想照进现实。

"绿趣"课堂始终以数学思想为魂。林老师以核心素养为引导，注重思想方法的教学，将数学教育的"本"融入教学血脉。《烙饼问题》教学中，她在"无模—探模—建模—用模—创模"过程中培养学生应用意识和创新能力。《平均数》教学时，她设置了多样化的情境引导学生利用平均数知识对生活现象进行描述、解释和推理，进一步完善对平均数的认知，培养学生的数据意识……书中这样的案例还有许多。这种对数学本质的追寻，正是福建教育人"重思想、轻技巧"传统的延续。

评价革新是"绿趣"课堂的另一抹亮色。林老师打破"唯分数论"的桎梏，构建起"互动维度""反思维度""表达维度"的三维评价体系。在《超市购物小计划》教学中，我们看到的不仅是书本知识的简单应用，而是再现生活中遇到的真实问题、真实情境。一年级"'之乎折也'我会折""数学故事我会讲"等鲜活的评价案例让我看到"绿趣"课堂的评价是实现"以评促学、以评促教、教学相长"有效评价。

作为福建省特级教师，林修英老师的教育足迹遍及八闽。从福州鼓楼的精品课例，到宁德畲乡的送教下乡；从主编《数据分析素养培植》的学术深耕，到组织"一师一优课"评审的躬身引领，她始终将"绿趣"理念播撒在福建教育的沃土上。书中案例既有城市学校的创新尝试，也有乡村课堂的质朴实践；既有对信息技术的前沿探索，也有对传统思想的传承发扬。这本书，是她教学智慧的结晶。字里行间，我们能触摸到一位教育者的初心：让每一堂课都有生命的温度，让每一个孩子都遇见数学的美好。

当下，"双减"政策与新课标实施的双重背景下，小学数学教育正面临新的挑战与机遇。《走进"绿趣"数学课堂》告诉我们：教育不是工业流水线，而是农业生态园。教师要做的是松土、施肥、静待花开——尊重其天性，顺应其节奏。唯有如此，数学教育才能褪去功利，回归本真；课堂方能成为师生共赴的思维盛宴。

福建省教育学会小学数学教育分会会长，
北京师范大学福建校友会执行会长
2025年5月1日

目　　录

第一章　生态篇——绿趣课堂的内涵
　　第一节　绿趣课堂的内涵 …………………………………… 3
　　第二节　绿趣课堂的特征 …………………………………… 9
　　第三节　绿趣数学课堂的价值 …………………………… 17

第二章　发展篇——绿趣课堂的构建策略
　　第一节　问题激趣，由"趣"引"绿" ……………………… 25
　　第二节　探索有趣，以"趣"促"绿" ……………………… 30
　　第三节　思想生趣，因"趣"增"绿" ……………………… 36

第三章　实践篇——绿趣课堂的实施
　　第一节　基于绿趣课堂的单元教学设计研究 …………… 44
　　第二节　基于绿趣课堂的单元经典课例研究 ………… 220
　　第三节　基于绿趣课堂的单元作业设计研究 ………… 258

第四章　评价篇——绿趣课堂的评价

第一节　绿趣课堂评价体系构建 …………………………… 343
第二节　绿趣课堂学习成效评价 …………………………… 350
第三节　绿趣课堂教师教学评价 …………………………… 355
第四节　绿趣课堂评价反馈与改进 ………………………… 362

附录：个人代表性文章 …………………………………………… 367
后　　记 ………………………………………………………… 410

第一章
生态篇——绿趣课堂的内涵

第一节 绿趣课堂的内涵

著名教育家杜威提出："教育即是生长！"在他看来，教育要不断创造生长的欲望，供给生长的方法，使人类与生俱来的能力得以生长。教育作为一项培养人的社会活动，其本质在于促进人的可持续发展。"绿趣"课堂借鉴了古人"道法自然"的哲学思想，强调在教学过程中要顺应学生的自然成长规律，尊重学生的个性差异，通过激发"趣"的欲望，提供"趣"的方法，让学生在"趣"的维持和推动下有效地实施"绿"的生长，即实现人的可持续发展。

"绿"字释义为"帛青黄色"，其本意是草和树叶盛壮时的颜色。"绿"代表的是生气勃勃，充满生机活力，"绿"象征着生命、自然与和谐。"绿"引申到现在的价值理念，是可持续发展的核心内涵。习近平总书记曾提出：绿水青山就是金山银山。在联合国《可持续发展教育10年国际实施计划》以及我国的《国家中长期教育改革与发展规划纲要》中，都将教育的可持续发展确定为教育改革与发展的一个重要战略主题。绿趣课堂中"绿"指学生在学习中葆有可持续发展的学习力，教师不断地给学生注入生命的活力。绿趣课堂强调"绿"这一核心元素，它代表着对学生自然成长规律的尊重，对个体差异的包容，以及对知识获取过程的自然引导。绿趣课堂是生态的、发展的课堂，它强调学生是发展中的人，这一理念与中国学生发展核心素养中培养全面发展的人这一中心不谋而合。

"趣"的本意是兴趣、有趣。从心理学角度上看，趣分为外部的趣，即学习内容和形式的有趣；趣还指向数学的本身是有用的，学生要对数学的学习充满兴趣，学生只有感受到数学是有趣的、有用的，才会不断对数学产生兴趣。从哲学上来说，"绿"是道，趣是术。趣促进"绿"的生长，而"绿"的生长，反过来滋养趣的价值，实现以趣促"绿"，因"绿"而趣。

一、绿趣课堂的内涵

"绿趣课堂"即生态课堂。生态课堂是以绿趣课堂为导向的课堂，它强调课堂环境的自然、和谐，注重教师与学生、学生与学生之间的平等交流。在生态课堂中，教师不再是知识的灌输者，而是学生学习的组织者、引导者和合作伙伴；学生也不再是被动接受知识的容器，而是主动参与课堂、积极探究问题的主体。这种平等的师生关系，有助于培养学生的自主学习能力和创新精神。

绿趣课堂是和谐的课堂。和谐的课堂是绿趣课堂的核心。它追求的是课堂氛围的融洽、师生关系的和谐以及学生之间的互动交流。在和谐的课堂中，教师注重学生思维的发展，关注学生的心理健康和个性发展；学生则能够在宽松、包容的环境中自由表达、敢于质疑，形成积极向上的学习氛围，发展学科核心素养。

绿趣课堂是趣味的课堂。趣味的课堂是绿趣课堂的亮点。它强调教学内容的趣味性和教学方法的艺术性，旨在激发学生的学习兴趣和求知欲。在趣味的课堂中，教师善于运用合作、游戏、竞赛、实验等多样化的教学手段，让学生在轻松愉悦的氛围中掌握知识、提高能力；学生则能够在愉悦的学习过程中体验到数学的魅力和价值。

绿趣课堂是有张力的课堂。张力课堂是绿趣课堂的特性。学生会提问、会探索、会交流，从而体会到学习的乐趣，也因此学生就有了可持续发展的方向。绿趣课堂让学生不仅在数学上得到了发展，而且数学思想方法的习得也为学习其他学科知识注入了生命的活力，最终实现人的可持续发展。

二、绿趣课堂的理论基础

（一）建构主义学习理论

建构主义学习理论是学习理论从行为主义到认知主义之后的进一步发展，大致可以分为两种：个体建构主义和社会建构主义。建构主义学习理论有三个基本观点：一是知识观，强调知识的主观性和情境性。知识并不是对现实的纯粹客观反映,也不是最终答案,而只是一种解释、一种假设。知识会随着人类认识的进步而不断演变。二是学习观,学习者不是被动的信息接受者,而是要主动地选择、过滤、加工信息,并从中得出推论。学习过程同时包含对新知识的意义建构和对旧知识的重组。三是学生观,建构主义认为学生并不是空着脑袋走进教室的,他们基于自己的经验背景来建构对知识的理解。每个学生都有自己的兴趣和认知风格,因此在具体问题面前,每个人都会形成自己独特的理解。

建构主义学习理论对教育实践有着重要的启示,它强调学习的主动建构性、社会互动性和情境性,要求教师在教学过程中注重学生的主体地位,创设有利于学生建构知识的情境,促进学生之间的交流合作,以及提供多样化的学习资源和支持。此外,建构主义还强调知识的理解依赖于个人经验,因此教学应该关注学生的已有知识和经验,引导学生从原有的知识经验中"生长"出新的知识经验。在绿趣课堂中,教师可以设计有趣的问题或任务,引导学生自主探索、合作交流,在解决问题的过程中构建数学知识,培养学生的自主学习能力和创新思维。以建构主义理论作为绿趣课堂的依据,这与绿趣课堂所追求的"以人为本,注重学生的主动探究和问题解决能力"的教育理念不谋而合。

绿趣课堂关注问题情境创设。建构主义理论强调学习是基于问题的。在绿趣课堂中,根据课程内容和学生特点,创设具有挑战性和趣味性的问题情境,引导学生主动提出问题、思考、探究和解决问题。通过问题情境的创设,能够激发学生的学习兴趣和求知欲,促进他们主动建构数学知识。

绿趣课堂强调学生的主体地位。建构主义理论认为学生是学习的主体,教师的作用是引导和辅助,绿趣课堂充分尊重学生的主体地位,鼓励他们积极参与课堂活动,自主探究数学问题。教师通过提问、讨论、小组合作等方式,引导学生主动思考和表达,让他们在解决问题的过程中逐步构建自己的数学知识体系。

绿趣课堂注重知识的内在关联。建构主义理论认为知识是相互关联的,新知识的获得是建立在旧知识的基础上的。绿趣课堂教学中,教师注重知识的内在关联,积极引导学生建立起知识之间的联系和体系。教师可以通过类比、归纳、演绎等方法，引导学生发现数学知识之间的内在联系和规律，促进他们形成系统化的数学知识结构。

绿趣课堂致力于培养学生的高阶思维，包括批判性思维、创造性思维等。在建构主义理论的指导下，我们可以通过设计具有挑战性和开放性的问题，引导学生进行深入思考和探究，培养他们的批判性思维和创造性思维。同时，我们还可以鼓励学生尝试用多种方法解决同一个问题，培养他们的灵活性和创新性。

建构主义理论作为绿趣课堂建设的理论依据，可以为我们提供有力的理论支撑和实践指导。通过创设问题情境、强调学生的主体地位、注重知识的内在关联及培养学生的高阶思维等，为学生的数学学习和发展提供有力的理论指导。

（二）具身认知理论

具身认知理论（Embodied Cognition）是认知科学领域的一个重要理论，它强调身体在认知过程中的关键作用。具身认知理论主张人的认知源于身体，且源于身体与周围环境之间的相互作用。这意味着认知过程不仅仅是大脑的活动，还包括身体的感受、运动和与环境的交互。具体来说，具身认知理论认为身体的物理属性、感觉运动系统的体验以及所处的环境都对认知过程有着重要影响。现实表明，我们的语言理解、情绪体验、决策制定等高级认知功能，都与身体的状态和环境有着密切的关系。

具身认知理论强调学生通过身体的感知和体验来学习数学。它主要研究身体和环境如何影响人的想法、情绪、决策和行动。它强调认知、身体与环境之间的紧密联系，认为认知过程不仅仅是大脑内部的活动，而且与身体的感觉、运动和经验紧密相关。具身认知理论具有涉身性、情境性和体验性的特点，为绿趣课堂教学提供了新的视角和方法。

绿趣课堂严格遵循具身认知理论的基本原则，确保教学活动的科学性和有效性。具身认知理论强调认知过程与身体活动和环境交互的紧密联系，这一理念在绿趣课堂中得到了充分体现。绿趣课堂运用实感自身的方法，通过手指、身体动作等实际活动，引导学生深入理解抽象的数学概念。同时，教师注重与环境的交互，设计与学生日常生活紧密相关的数学活动，使学生在实践中感知和体验数学，进而提升对数学知识的理解和应用能力。

绿趣课堂以具身认知理论为指导，有效提升了学生的学习效果和学习体验，为学生数学素养的全面发展奠定了坚实基础。

（三）多元智能理论

多元智能理论是由美国哈佛大学教育研究院的心理发展学家霍华德·加德纳（Howard Gardner）基于多年来对人类潜能的大量实验研究，在1983年出版的《智力的结构》一书中提出的。他认为支撑多元理论的是个体身上相对独立存在着的、与特定的认知领域或知识范畴相联系的八种智力，这些为多元智能理论奠定了理论基础。加德纳认为过去对智力的定义过于狭窄，未能正确反映一个人的真实能力。他认为，人的智力应该是一个量度，一个解题能力（ability to solve problems）指标。他提出，人类的智能至少可以分成九个范畴，即语言智能、逻辑数学智能、空间智能、肢体运作智能、音乐智能、人际智能、内省智能、自然探索智能、存在智能。

每个人都具有多种智能类型，如语言智能、逻辑数学智能、空间智能、身体运动智能等。绿趣课堂采用多样化的教学方法和活动，以满足不同学生智能优势的发展，让学生以自己擅长的方式学习数学，从而提高他们的学习兴趣和参与度。绿趣课堂以多元智能理论为指导，严格遵循多元智能理论要求，通过系统化、多样化的教学方法和策略，全面发掘和培养学生的多种智能，以确保学生在数学学习过程中获得更为扎实和深入的理解。

在多元智能理论的指导下，通过引导学生积极参与数学讨论、逻辑推理、空间分析、动手实践、团队协作、自我反思以及观察自然等多种活动，教师深入了解学生的智能特点，根据这些特点设计具有针对性的教学活动，以确保每个学生都能在课堂中得到充分的锻炼和发展。同时，教师还需营造一个严谨、稳重、理性的学习环境，引导学生以理性的态度对待数学学习，培养他们的逻辑思维和问题解决能力。

应用多元智能理论，绿趣课堂在确保学生掌握基础数学知识的同时，注重培养学生的多元智能，这有助于提高学生的学习兴趣和动力，使他们在数学学习过程中获得可持续发展的能力。

（四）创新学习理论

创新是发展的动力，是世界发展的潮流创新是民族前进的动力，创新对一个国家立足于世界之林有着非常重要的意义。习近平总书记在多个场合强调了创新学习理论的重要性。他指出，创新是引领发展的第一动力，是国家综合国力和核心竞争力的最关键因素。习近平总书记强调，要深化对创新规律的认识，推动理论创新和实践创新相互促进。他提出，要构建以创新为核心的知识体系，加强基础研究，推动科技成果转化，加快科技创新体系建设，为实现中华民族伟大复兴的中国梦提供强大科技支撑。同时，习近平总书记也强调了学习的重要性，倡导全党全社会要不断学习新知识、掌握新技能、增强新本领，以适应新时代中国特色社会主义发展的需要。

绿趣数学课堂遵循创新学习理论，致力于通过创新的教学方法，激发学生对数学的兴趣。通过项目式学习、新技术赋能教学等手段，可以有效提升学生的数学思维能力和解决问题的能力。绿趣数学课堂注重培养学生的创新意识和实践能力，鼓励学生在学习过程中主动探索、合作交流，以提升学生的综合素养。

（五）发明问题解决理论

通常被称为 TRIZ，是一种系统化、逻辑性的创新和问题解决方法论。它由苏联工程师和发明家 Genrich Altshuller 及其同事在 1946 年提出，并基于对数百万项专利的研究。TRIZ 的核心思想是，创新问题和解决方案在不同领域和行业中具有普遍性，因此可以通过分析这些普遍性来解决特定问题。TRIZ 理论包括一系列工具和原则，如矛盾矩阵、发明原则、资源分析、功能分析、理想最终结果（IFR）等。这些工具帮助创新者识别和解决技术矛盾，预测技术系统的发展趋势，以及发现和利用系统中的潜在资源。TRIZ 理论认为，创新问题的解决往往涉及消除或解决矛盾，而这些矛盾可以通过应用特定的发明原则来解决。TRIZ 的矛盾矩阵是一个包含 40 个发明原则的矩阵，这些原则被用来解决特定类型的矛盾。TRIZ 不仅适用于工程和技术领域，还被广泛应用于商业、管理、教育和其他领域，以促进创新和解决复杂问题。

绿趣数学课堂强调通过有趣、富有创意的活动来激发学生对数学的兴趣和热情。将发明问题解决理论应用于绿趣数学课堂，可以为学生提供一种结构化的问题解决框架，帮助他们更好地理解和应用数学知识。在绿趣数学课堂中教师可以设计一些富有挑战性的数学问题，鼓励学生运用 TRIZ 理论中的矛盾分析、资源利用、标准解等工具来寻找解决方案，引导学生通过 TRIZ 理论中的矛盾矩阵来分析问题中的矛盾点，并尝试找到创新的解决方法。

发明问题解决理论为绿趣数学课堂提供了一种新的视角和方法，使得数学学习变得更加生动和有效。

第二节 绿趣课堂的特征

"绿趣"是一种生活态度和价值取向。它追求的是本真，体现的是童趣，其本质在于和谐发展。绿趣课堂，顾名思义，其"绿"字象征着生机与活力，代表着课堂环境应当充满自然与和谐；"趣"字则代表着兴味和奔赴，强调数学学习应当是学生自主发现、自主探索的过程，是志趣奔赴的过程。它强调回归数学本质：绿趣课堂强调对数学基本概念、基本定理和基本方法的深入理解和应用，鼓励学生从数学的角度去观察和解释世界，用数学的思维去思考现实世界，用数学的语言去描述和解决问题。它强调自然本真：绿趣课堂注重学生的自然发展和个性差异，尊重每个学生的兴趣和特长，鼓励他们按照自己的方式去探索和学习数学，让学生在轻松愉快的氛围中感受数学的魅力，追求数学文化精神与品格。

一、自然本真

本真，即事物的原始状态和本质特征。追求本真意味着尊重自然、尊重生命、尊重规律。绿趣课堂追求自然本真，这种追求体现在和谐共生，实现可持续发展。

（一）绿趣课堂追求的是本真

绿趣课堂追求数学教育的本真，它强调回归教育的本质，是对生命本真状态的一种深切追求，确保教学内容的准确性与教学方法的适宜性。在数学绿趣课堂中，致力于通过真实、有趣且富有启发性的教学活动，培养学生的数学兴趣、思维能力和素养。它强调教学内容的真实性。数学作为一门严谨的学科，其内容必须准确无误。在小学数学教学中，我们精选贴近学生生活、符合其认知水平的真实案例，使学生在解决实际问题中感受到数学的魅力和价值，它注重教学方法的趣味性。针对小学生活泼好动的特点，它采用趣味性的教学方法，让学生在轻松愉快的氛围中学习数学，增强其对数学学习的兴趣。它重视师生之间的互动与沟通，努力营造一个积极、向上、和谐的学习氛围。这种氛围有助于激发学生的学习热情，提高学习效果。绿趣课堂关注学生的需求和感受，致力于培养学生的数学兴趣和素养，为学生的全面发展奠定坚实基础。

（二）绿趣课堂的本色是童趣

童趣，即儿童的纯真、好奇和创造力。绿趣课堂鼓励学生去探索未知、去创造美好、去享受生活。这种本色使得绿趣不仅仅是一种理念或口号，更是一种具体行动和生活方式。首先，童趣能够有效地激发儿童对数学学科的兴趣和热爱。对于小学生而言，兴趣是学习的最大动力。通过富有趣味性的教学内容和方法，儿童能够在轻松愉快的氛围中感受到数学的乐趣和价值，从而激发他们对数学学科的热爱和追求。其次，童趣能够培养儿童的逻辑思维和创新思维。在数学学习中，逻辑思维和创新思维是不可或缺的能力。通过游戏、竞赛等富有趣味性的活动，儿童能够在参与中锻炼自己的逻辑思维和创新思维，提升自己的数学素养。最后，童趣的课堂氛围有助于提高儿童的学习效果。在宽松和谐的环境中，儿童能够减少学习压力，更加专注于学习内容本身，从而提高学习效果和成绩。教学内容的选择上，教师注重与儿童日常生活的联系，将抽象的数学知识融入到生动有趣的场景中，使儿童在轻松愉快的氛围中感受数学的魅力和实用性。教学方法的运用上，教师采用游戏、竞赛、实验等多样化的形式，将枯燥的数学知识变得生动有趣，引导儿童在参与中体验数学的乐趣，培养他们的探索精神和合作精神。课堂氛围的营造上，教师注重宽松和谐的环境建设，让儿童在轻松愉悦的氛围中自主思考、自由表达，充分发挥他们的想象力和创造力。

（三）绿趣课堂的本质是和谐发展

和谐发展是绿趣课堂的终极目标，是绿趣课堂的本质，即如何实现人的全面发展，它要求我们在追求本真和童趣的基础上，不断促进学生的可持续发展。绿趣课堂的发展是全面的、协调的、可持续的，它强调人与自然的和谐共生、人与社会的共同进步，以及人与自我的全面发展，强调拥有必备品格与关键能力。

绿趣课堂促进学生思维发展。小学数学绿趣课堂通过生动有趣的教学方式，有效激发学生的学习兴趣，使学生更加积极主动地投入到数学学习中。在探索数学问题的过程中，学生的思维能力、观察能力和分析能力得到了显著提升。这种教学模式有助于培养学生的创新精神和实践能力，为学生未来的学习和生活奠定坚实基础。

绿趣课堂促进学生情感发展。绿趣课堂注重营造轻松愉悦的学习氛围，使学生在学习过程中感受到数学的魅力和乐趣。通过小组合作、互动交流等方式，学生之间的友谊和信任得到了加深，自信心和自尊心得到了增强。这种情感上的满足和愉悦，有助于培养学生的积极情感态度和人际交往能力，为其未来的社会适应和人际交往提供有力支持。

绿趣课堂促进学生价值观发展。绿趣课堂在获得知识的同时，也注重培养学生的价值观。通过引导学生关注生活中的数学问题、探究数学规律等方式，使学生认识到数学的价值和意义。同时，绿趣课堂还强调学生的自主性和责任感，鼓励学生独立思考、自主学习、勇于担当。这种价值观的培养，有助于学生在未来的学习和生活中树立正确的价值导向和道德观念。

二、生命灵动

绿趣课堂追求"生命灵动"。生命灵动意味着活力四射、生机勃勃。在数学课堂中，这种灵动体现在学生对知识的渴望、对问题的思考以及对挑战的勇气。绿趣课堂鼓励学生提出问题、发表观点、质疑权威，培养他们的批判性思维和创新能力。同时，教师也要注重培养学生的合作精神和实践能力，让他们在团队合作中解决问题、在实践中体验数学的魅力。

（一）绿趣课堂是生活的课堂

"生活即数学，数学即生活"。数学不仅仅是课堂上的知识传授，更是生活中不可或缺的一部分。数学与生活紧密相连，生活中的许多问题都需要用到数学来解决。绿趣课堂致力于将数学与生活相结合，让学生在生活中学习数学，感受数学的乐趣和价值。

创设生活化情境。绿趣课堂注重创设与生活密切相关的情境，让学生在情境中学习数学。例如，在教授"比例"这一概念时，教师通过引导学生观察生活中的比例现象来引入教学。教师可以问学生："你们觉得我们教室里的窗户和门的大小比例合适吗？为什么？"这样的问题可以引导学生关注生活中的比例问题，从而激发他们的学习兴趣。

开展实践活动。绿趣课堂注重开展实践活动，让学生在实践中学习数学。例如，教授"面积"这一概念时，不能单纯地在教室里算出有几个面积单位，可以组织学生进行实地测量活动。学生可以选择教室、操场等场所进行测量，通过实际操作来计算面积。这样的活动可以让学生亲身体验解决问题的计算过程，从而加深对面积概念的理解。

绿趣课堂通过创设生活化情境、引入生活实例和开展实践活动等方式将数学与生活紧密相连。这样的学习不仅激发了学生的兴趣，还让他们在生活中感受到了数学的乐趣和价值，培养学生创新精神和实践能力。

（二）绿趣课堂是生成的课堂

生成式教学是一种以学生为中心，以问题为导向，以互动为手段的学习方式。它强调学生在教师的引导下，通过自主学习、合作探究、交流分享等过程，实现知识的自主建构和深度理解。绿趣课堂正是基于这样的理念，将数学知识与现实生活紧密相连，让学生在真实的问题情境中，运用数学知识解决问题，体验数学的魅力和价值。

绿趣课堂不仅注重知识的传授，更强调学生的参与和体验。它倡导以学生为中心，让学生在轻松愉快的氛围中自主学习、合作探究。在这个过程中，学生的兴趣和爱好被充分尊重，他们的创新精神和实践能力得到充分的展现和提升。绿趣课堂还特别强调"生成"。教师和学生不再是简单的知识传递者和接受者，而是共同成为知识的探索者和发现者。在这个过程中，知识不再是静态的、固定的,而是动态的、生成的。

课堂上,学生更加主动地参与讨论、积极地探索知识;在课外,他们也能将所学知识应用到实际生活中去解决问题。同时,学生的数学思维能力和创新精神也得到了有效地培养和提高。他们能够在教师的引导下独立思考、合作探究、解决问题;在面对困难时也能够勇于挑战、不断尝试。此外绿趣课堂还为学生提供了更多展示和交流的机会,让他们能够在课堂上充分展现自己的才华和个性。

(三) 绿趣课堂是生动的课堂

绿趣课堂,强调以学生为中心,这里的"绿"象征着健康、和谐、自然,寓意着学生在无压力、无束缚的环境中自由学习;"趣"则强调课堂的吸引力和学生的参与度,激发学生的学习兴趣和热情。

一方面是学习内容的生动性。教师应选择贴近学生生活、具有实际意义的数学问题作为教学内容,通过生动的故事、游戏等形式呈现给学生。这样不仅能激发学生的学习兴趣,还能帮助学生更好地理解数学概念和原理。例如,在学习加减法时,教师可以设计"小猫钓鱼"的游戏情境,让学生在游戏中体验加减法的运算过程。

另一方面是学习方法的生动性。教师应采用多样化的教学方法和手段,如小组合作、角色扮演、实验探究等,让学生在参与中体验数学的乐趣和价值。同时,教师还可以借助多媒体等现代教学工具,通过图像、声音、动画等多种形式展示数学内容,使课堂更加生动有趣。例如,在学习图形变换时,教师可以利用动画软件展示图形的平移、旋转等变换过程,帮助学生直观地理解图形的变换规律。

(四) 绿趣课堂是生长的课堂

"生长"一词在绿趣教学理念中,承载了深远的意义。它代表着学生们在数学知识、思维能力、情感态度等多个方面,由浅入深、由表及里的全面发展。这种发展是内在的、积极的,是学生通过自主学习、团队协作、实践探索等多种方式,逐渐实现的。

一是情感体验深化,增强学习动力。绿趣课堂注重学生的情感体验,通过设计各种有趣的数学游戏和活动,让学生在参与数学活动的过程中感受到数学的乐趣和魅力。这种情感体验的深化，不仅增强了学生的学习动力，还让他们更加喜欢数学、热爱学习。同时，教师还关注学生的心理健康和情感需求，及时给予他们关心和支持，让他们在绿趣课堂中感受到温暖和关爱。

二是情感交流促进，构建和谐师生关系。绿趣课堂注重师生之间的情感交流。教师以真诚、平等、尊重的态度对待每一位学生，与学生建立起深厚的师生情谊。这种情感交流不仅有助于了解学生的需求和困惑，还能够及时给予他们指导和帮助。同时，教师还关注学生的个性化需求和发展潜力，为他们提供个性化的指导和支持。这种真诚的情感交流不仅构建了和谐的师生关系，还为学生们营造了一个温馨、舒适的学习环境。

三、持续发展

数学教学中"绿"指学生在数学学习中有可持续发展的学习力，教师通过学习引领不断给学生注入生命的活力。绿趣课堂强调"绿"这一核心元素。绿色象征着生命、自然与和谐。在数学教育中，它代表着教师与学生对自然成长规律的尊重，对个体差异的包容，以及对学习过程的自然引导。

（一）以对话促目标达成

对话是绿趣课堂中不可或缺的一环。教师作为引导者，通过提问、引导讨论等方式，与学生进行深入的交流。这种对话不仅可以帮助学生理解数学概念和原理，还能激发他们的思考能力和探索精神。同时，教师也能从学生的回答中了解他们的学习情况和困惑，从而及时调整教学策略，确保教学目标的顺利实现。生生对话也是绿趣课堂中的一大亮点。学生之间的讨论和交流可以激发彼此的思维火花，促进知识的共享和深化。在绿趣课堂中，教师会鼓励学生分组讨论、互相提问、分享解题方法等，让他们在合作中学习和成长。通过师生对话和生生对话的有机结合，绿趣课堂为学生创造了一个轻松、愉快、富有挑战性的学习环境。在这个环境中，学生可以自由地表达自己的观点和想法，与教师和同学进行深入的交流和探讨。这种互动式的学习方式不仅提高了学生的学习兴趣和参与度，还促进了教学目标的达成。

例如学习《分数的基本性质》这一课时，通过师生之间、生生之间的对话，帮助学生更好地理解和掌握分数的基本性质。课堂上，教师展示一个月饼被均等地切成四份的图片，预设了如下三个任务：

任务一："如果我们把这个月饼看作一个整体，那么每一份月饼应该怎么表示呢？""如果我们把其中两份月饼放在一起，那么这两份又怎么表示？"

通过这两个问题，教师引导学生认识到这里分数是用来表示部分与整体关系的，同时也为后续的分数基本性质的教学做了铺垫。

任务二：你知道什么是分数的基本性质吗？请你想办法证明分数的分子和分母同时乘或除以相同的数（0除外），分数的大小不变。

任务三：分数的基本性质与我们前面学习的哪些知识相类似？想办法证明它们之间的联系。

学生在三个任务的驱动下，通过交流、分享、质疑、补充，在师生互动、生生互动中理解了分数的基本性质，达成了学习目标。

(二) 以思辨促思维进阶

学习是一个逐渐积累、不断演进的过程。学生对某一内容主题的理解存在多个不同的中间水平，在学习某个内容主题时，学生对该内容的理解和思考将日趋成熟，不断深入。[1]正基于此，学者们在大量测量数据基础上提出学生的认知发展过程具有"进阶"的特点，而这种"进阶"过程的描述将有利于把握认知中的关键问题，从而促进学生的认知建构及教学实践活动。[2]在小学数学课堂中，思辨能力的培养是促进学生思维进阶的关键环节。思辨能力不仅涉及学生对数学知识的理解和掌握，更强调他们运用逻辑思维、批判性思维和创新思维解决问题的能力。通过思辨，学生能够更深入地理解数学本质，更灵活地运用数学知识，从而实现思维的进阶。

例如探索四年级《轴对称》时，可将学习的进阶分为：记忆、理解、应用、分析、评价、创造。教师可以设计以下的学习进阶过程，来培养学生的思辨能力，促进他们的思维进阶。

---

[1] 张颖之. 理科课程设计新理念："学习进阶"的本质、要素与理论溯源[J]. 课程·教材·教法，2016，36（6）：115—120.

[2] 翟小铭、郭玉英、李敏. 构建学习进阶：本质问是与教学实践策略[J]. 教学科学，2015，31（2）：47—51.

记忆。学生首先需要记忆轴对称图形的特点，即图形沿一条直线对折后两部分完全重合的特性。回忆常见的轴对称图形，如等腰三角形、等腰梯形、菱形等，并记住它们的对称轴位置。

理解。学生需要深入理解轴对称图形的性质，对称点到对称轴的距离相等，对称点的连线与对称轴互相垂直。

应用。学生应能运用轴对称知识判断图形是否为轴对称，并找出其对称轴。在给定条件下，学生能够绘制轴对称图形的另一半，或根据给定的轴对称图形绘制完整的图形。鼓励学生在生活中寻找轴对称图形的实例，并尝试解释其对称性质。

分析。学生需要分析不同轴对称图形的对称轴数量和位置，以及这些位置如何影响图形的整体形状。分析轴对称图形与其他图形变换（如平移、旋转）的关系，理解它们在数学上的联系和区别。分析轴对称图形在建筑设计、艺术创作等领域的应用实例，理解其美学价值和实用性。

评价。学生应能评价轴对称图形设计的合理性，如对称轴的选择是否恰当、图形是否美观等。鼓励学生互相评价彼此绘制的轴对称图形，并提出改进建议。学生需要对自己的轴对称图形学习成果进行自我评价，总结学习过程中的得失，并明确下一步的学习目标。

创造。鼓励学生发挥创造力，设计独特的轴对称图形，并解释其设计思路和意义。引导学生将轴对称原理应用于实际问题解决中，如设计对称的图案用于装饰、制作对称的玩具等。鼓励学生将轴对称图形与其他学科知识相结合，进行跨学科的创新设计，如将轴对称图形融入科学实验中或文学创作中。

通过这六个步骤的学习进阶，学生不仅能够掌握轴对称图形的相关知识，还能在学习的过程中锻炼自己的思辨能力，促进思维的进阶发展。在这个过程中，教师应注重培养学生的观察、分析、评价和创造能力，以及解决问题的实践能力。

（三）以说理促素养培植

数学教育应该站在培养未来社会需要的人才的角度来思考，把学习的责任真正还给学生，启发学生学会独立思考、学会与人协作、学会解决问题，发展学生的理性思维能力，帮助学生学会学习，建构起属于他们自己的认知方式，从而使其更好、更从容地面对未来世界，成为最好的自己。这正是绿趣课堂可持续发展的重要特征。通过说理还学生以思考的权利、好奇的权利、表达的权利与交流的权利，使学生经历知识的生成之道，再创造知识的证实之理，彰显知识与学生发展的意义关系，重构数学学科教育的图景，促进学生数学思维的提升，培养学生的理性精神，实现数学学科的育人价值。[1]

如，认识周长时，先通过西游记的故事让学生理解什么是周、周上、周内、周外等几个概念，然后出示不同的物体和一些图形来让学生描出它们一周，在这个过程中学生体验到只有封闭图形才有周长。学生通过分享、评价、交流其他同学的作品，在说理中感到周长是物体或图形沿边线一周的长度，是可以度量的。培养了他们的量感、空间想象能力和数学逻辑能力。学生在思考和实践中感受数学的魅力和价值。

第三节　绿趣数学课堂的价值

绿趣课堂是以人为本的课堂，是为促进人的全面发展的课堂，是可持续发展的课堂。它强调绿色、趣味、生命灵动和实际应用等核心元素，让学生在轻松愉快的氛围中学习数学、感受数学的魅力。同时，绿趣课堂也注重培养学生的创新思维和实践能力，为他们的终身发展打下坚实的基础。

一、新课程呼唤绿趣课堂

《义务教育数学课程标准（2022年版）》的发布，不仅为数学教育指明了方向，更为我们构建绿趣课堂提供了有力的理论支撑。课标在总体目标中指

---

[1] 罗鸣亮，陈淑娟. 走向未来教育的"说理"课堂. 小学数学教育，2023，395（17）：54—55.

出：对数学具有好奇心和求知欲，了解数学的价值，欣赏数学美，提高学习数学的兴趣，建立学好数学的信心，养成良好的学习习惯，形成质疑问难、自我反思和勇于探索的科学精神。这些都是为学生的终身发展奠定基础。绿趣课堂不仅仅是一种理念，更是一种具体的教学实践，契合新课标的理念。

（一）突出学科实践，培养探究精神

以"实践"推动学科核心素养的落地是基础教育课程教学改革的必由之路，也是推进育人方式转型的重要抓手。在实际推进过程中，学科实践存在诸多问题和误区，如将其简单等同于综合实践活动、学科与实践"两张皮"、支持不足等，造成学科实践难以落地。新时代呼唤新的学科实践范式和行动路径，实践活动是绿趣课堂的重要组成部分，能够让学生在实践中学习和探究数学知识。绿趣课堂上教师组织一些数学实践活动，如组织学生进行数学测量活动，让他们测量校园内各种物体的尺寸；组织学生进行数学调查活动，让他们调查家庭用水用电情况并计算费用等。让学生在实践中发现问题、解决问题，培养他们的探究精神和实践能力。

（二）创新学习方式，培养理性精神

绿趣课堂注重培养学生的理性精神，新课改背景下，数学教育的高阶目标是提高学生的数学核心素养，促进学生终身可持续发展，而理性精神则为数学素养的核心元素。数学是自然科学发展的基础，不仅具有真理性与客观性，还是对客观想象、规律的概括与总结。学生探索客观事物的数量关系与空间形式能够了解数学事物的真实意义与规律。在教学中，学生习得数学知识与技能，科学地掌握数学事物的意义、规律等，同时用数学思维来理解实际生活问题的过程都彰显出理性思维的特征。因此，培养学生的理性精神，不仅能提高学生的学习效率，激发学生的学习热情，还能促使学生积极地投身于数学研究中，切实体会数学学科的魅力。为了给学生更多开阔视野、发散思维、培养理性精神的机会，教师还可在课堂中设置一些开放性问题，唤醒学生的创新意识，鼓励学生从不同角度来分析并解决问题，促进思维的灵活性发展。事实证明，教师在课堂中创设良好的教学环境，设计具有思考价值的问题，不仅能活跃课堂氛围，驱动学生的思维，让学生从不同维度思考、表达，还能有效增强学生的创造意识，为学生形成求真精神夯实基础。

（三）着力非智力因素，发展创新思维

非智力因素包括动机、兴趣、情感、意志、性格等。"绿趣课堂"强调了在课堂中让学生在轻松愉悦的氛围中学习更能发展自己的非智力因素，进而激发创新思维的火花。创新思维是现代社会对人才的重要要求之一，它要求人们能够独立思考、敢于质疑、勇于探索。而绿趣课堂正是这样一个能够培养学生创新思维的摇篮。在绿趣课堂中，教师会鼓励学生敢于提出自己的见解和想法，即使这些想法看似不切实际或者与主流观点相悖。同时，绿趣课堂还会提供各种资源和平台，让学生有机会去实践自己的想法，从而培养他们的实践能力和创新精神。此外，绿趣课堂还注重培养学生的批判性思维和解决问题的能力，让学生在面对问题时，能够独立思考、分析问题、找出解决方案，从而培养出具有创新精神和创新能力的人才。

二、绿趣课堂顺应事物发展

古人云："人法地，地法天，天法道，道法自然。"这句话深刻揭示了人类与自然之间的紧密联系。作为未来社会的主人翁，学生更应该深刻理解并践行这一理念。绿趣课堂正是基于这样的思考，将自然生态的理念融入教育教学之中，它倡导以学生为本，尊重自然规律，让数学教学顺应事物发展的规律，让学生的学习更加生态，更加自然，更加促进可持续发展。绿趣课堂顺应事物发展，教学中教师不应该仅仅满足于知识的学习，而应该通过激发学生的学习兴趣，引导他们主动思考、积极探索。只有这样，才能真正实现数学学习的目标，培养出具有创新精神和实践能力的人才。

创设"绿色"课堂环境。绿趣课堂需要一个和谐的教学环境。在这个环境中，师生关系平等、民主，学生可以自由地表达自己的观点和想法。教师应该放下身段，倾听学生的声音，关注他们的成长和进步。

引入"趣味"学习元素。在绿趣课堂中，趣味元素是不可或缺的。教师可以通过设计一些有趣的数学游戏、数学实验等活动，让学生在轻松愉悦的氛围中学习数学。例如，在学习几何图形时，教师可以让学生动手制作各种形状的模型，通过观察和比较来加深对图形的理解。这样的学习方式不仅可

以激发学生的学习兴趣，还可以培养他们的动手能力和创新精神。

倡导自主学习与合作探究。在绿趣课堂中，教师应该倡导自主学习和合作探究的学习方式。通过设计一些开放性的数学问题或项目任务，引导学生自主思考、自主探究；同时，鼓励学生之间的合作与交流，让他们在相互学习中共同进步。这样的学习方式可以培养学生的自主学习能力和团队协作精神，为他们未来的学习和生活打下坚实的基础。

绿趣课堂将继续秉持"道法自然"的哲学思想，不断探索和创新教学方式方法，让数学教学更加顺应事物发展的本质规律。同时，我们也将加强与其他学科的融合与交流，共同构建一个绿色、和谐、有趣的教育生态系统。相信在不久的将来，绿趣课堂将成为我们数学教育领域的一道亮丽风景线！

三、学生成长需要绿趣课堂

列夫·托尔斯泰曾言："人类被赋予了一种工作，那就是精神的成长。"全新的时代，学生的成长已不仅仅局限于知识的积累，更多的是必备品格与关键能力的发展。绿趣课堂在学生成长中发挥着至关重要的作用。它不仅能够促进学生的精神成长和自我认知提升，更能够增强学生的社会适应能力和情感发展，拓展学生的实践能力。为学生的全面发展和成长创造更加有利的条件。绿趣课堂符合学生成长自然规律，在绿趣课堂中，教师是学生成长道路上的引导者和伙伴，课堂不再是冷冰冰的知识灌输场所，而是充满了人文关怀和生命活力的温暖之地，课堂上学生不仅能够学到知识，更能够感受到生命的美好和成长的快乐。

（一）提升自我认知水平

绿趣课堂通过激发学习兴趣、培养逻辑思维、增强问题解决能力、促进自主学习、形成数学思想方法来提升学生的认知水平。绿趣课堂上教师会通过设计各种数学实践活动，如数学游戏、数学实验等，让学生在实践中感受数学的魅力。这样的体验能够加深学生对数学知识的理解和记忆，提高他们的数学应用能力，鼓励学生提出自己的见解和想法，培养他们的数学创新思维。绿趣课堂上教师会引导学生从多个角度思考问题，探索不同的解题思路和方法，从而激发创新潜能，提高数学认知水平。绿趣课堂上教师注重拓展学生的数学文化视野，通过介绍数学的历史、发展和应用，让学生了解到数学的重要性和价值。这样的拓展能够帮助学生更好地理解数学的本质，培养他们的数学素养和数学审美能力，提高数学认知水平，为学习未来的学习和生活打下坚实的基础。

（二）增强适应社会能力

"环境影响人的成长，但它实在不排挤意志的自由表现。"车尔尼雪夫斯基的这句话揭示了环境与人成长的关系。绿趣课堂通过模拟真实的生活场景和问题情境，让学生在解决问题的过程中学会与他人合作、沟通和交流，从而培养学生社会适应能力。课堂中，学生不再是孤立的个体，而是团队中的一员，他们需要相互支持、相互协作，共同完成任务。这样的经历不仅能够增强学生的团队意识和合作精神，更能够让他们在未来的社会生活中更加从容和自信。

（三）促进情感发展

"要是每一个孩子的诗情画意都能得到人们的欣赏鼓励，从而取得健康的成长，那么，世界将不愁成为一个富于诗情画意的世界。"殷庆功的这句话表达了对孩子情感发展的重视。绿趣课堂正是这样一个促进学生情感发展的平台。它关注学生的情感体验和内心世界，通过创设富有情趣的教学情境和活动，让学生在参与和体验中感受数学的乐趣和美好。学生不仅能够获得知识上的满足和成就感，更能够在情感上得到滋养和成长，形成积极向上的人生态度和价值观。

绿趣课堂注重培养学生的数学兴趣，让他们在快乐中学习，在探索中成长。正如教育家孔子所言："知之者不如好之者，好之者不如乐之者。"我们深知，兴趣是最好的老师，只有让学生真正喜欢数学，才能激发他们的学习动力，让他们在数学的道路上越走越远。

（四）增进学科素养

小学数学绿趣课堂的价值，不仅在于传授数学知识，更在于培养学生的数学素养和思维能力。正如著名数学家华罗庚所言："宇宙之大，粒子之微，火箭之速，化工之巧，地球之变，生物之谜，日用之繁，无处不用数学。"绿趣课堂中，孩子们学到的不仅是数学公式和定理，更是用数学眼光去观察现实世界、用数学思维去思考现实世界、用数学语言去表达现实世界。

绿趣数学课堂注重培养学生的逻辑思维和创新能力。在数学的世界里，没有绝对的标准答案，只有不断地探索和创新。我们鼓励孩子们大胆假设、小心求证，用数学的眼光去发现问题、解决问题。正如爱因斯坦所说："想象力比知识更重要，因为知识是有限的，而想象力概括着世界上的一切，推动着进步，并且是知识进化的源泉。"在这里，学生学会了用数学的思维去思考问题，用创新的精神去挑战未知。

（五）培养合作能力

绿趣数学课堂还注重培养学生的团队协作和沟通能力。在数学学习中，学生需要相互合作、相互帮助，共同攻克难题。这种团队协作的精神不仅有助于他们在数学学习中取得更好的成绩，更有助于他们在未来的生活和工作中取得成功。正如乔布斯所说："团队的力量是无穷的。"在这里，学生学会了倾听他人的意见、尊重他人的想法、与他人共同合作，这种团队协作的精神将成为他们未来成功的宝贵财富。

绿趣课堂见证学生的成长和进步。他们一个个从对数学充满好奇的孩子，逐渐成长为能够用数学语言去描述世界、理解世界、改变世界的少年。这种成长和进步不仅体现在他们的数学成绩上，更体现在他们的思维方式和行为习惯上。他们学会了用数学的眼光去看待问题、用数学的思维去思考问题、用数学的方法去解决问题。这种数学素养和思维能力的提升将伴随他们一生，成为他们未来成功的坚实基础。

第二章
发展篇——绿趣课堂的构建策略

"绿趣"课堂里的"绿",代表着生命的颜色,象征着生机勃勃、持续发展的教育理念;而"趣",则犹如一朵朵绚烂的花朵,绽放在孩子们的心灵深处,让他们在学习中体验到无尽的乐趣。绿趣课堂倡导以学生为中心,尊重学生的个性差异,激发学生的学习兴趣,以达成思维的发展素养的落地。绿趣课堂中"绿"与"趣"是相互依存、相互促进的。一方面,"绿"为"趣"提供了生长的土壤。一个充满生机和活力的学习环境能够激发学生的学习兴趣;而一个有趣的课堂则能够让学生更加热爱数学学习,从而促进他们的发展。另一方面,"趣"也为"绿"注入了活力。一个有趣的课堂能够吸引学生的注意力,提高他们的学习积极性,这种积极性又能够进一步促进课堂的生机和活力。这种相互促进的关系使得绿趣课堂成为了一个良性循环的学习生态系统。在这个系统中,每个学生都能够得到充分地关注和培养;而教师也能够通过不断地探索和创新,为学生提供更加优质、高效、有趣的学习方式。

第一节 问题激趣,由"趣"引"绿"

生动的学习情境,可以获得较为丰富的学习体验,可以加深学生对数学知识的理解,便于他们更好地将其应用到学习与生活中,从而形成理性的探究精神。激发学生参与的兴趣,促进他们在不断探索中形成牢固的科学基础。教师应结合小学生已有的生活经验,创设多种有趣的学习情境,提供相应的实物、开展相应的实验活动等,激发学生探索的欲望与好奇心,培养理性精神。

(一) 问题解决中激发兴趣

学习来自思考,思考来自疑问。问题驱动作为绿趣课堂有效的教学策略,旨在引导学生逐步深入思考,促进深度学习的发生。问题意识的培养是学生思维品质发展的关键要素。《义务教育数学课程标准(2022年版)》(以下简称"新课标")指出,教学活动应注重启发式,激发学生学习兴趣,引发学生积极思考，鼓励学生质疑问难，引导学生在真实情景中发现问题和提出问题。教学中，设计问题的目的是激发学生的学习兴趣，使每个学生都能从自己的角度审视和解决问题，教师应引导学生从不同的角度对问题形成全面的理解，由浅入深，由此及彼，剖析问题的本质。为了实现"绿"这一目标，教师需要精心设计问题，引导学生逐步深入思考，激发他们的探究欲望。

如"认识分数"一课教学，教师提出：你会表示一个圆的四分之一，那你会表示四个圆的四分之一吗？当学生完成后，教师说："我看到了数字四分之一，没有看到图片的四分之一。"学生经过探讨，把四个圆圈了起来，从而理解了"四个圆片看成一个整体，一个圆片就是这个整体的四分之一"的内涵。问题是联结数学知识与学生思维的重要桥梁，在确定核心问题后，教师要围绕教学关键内容，转化成一系列基础问题，这些基础问题不在多，而在精，每个问题都不是随便提出的，而是有依据、有目的的。学习以问题引入和归结，又以新的问题引入新的学习。在联系紧密的基础问题下，教师循循善诱，引发学生的积极思考，提升学生的逻辑思维能力。上面案例中要让学生进一步感受分数的本质，教师从学生笔盒中拿出8支长短不一的铅笔，取出其中的2支，问："这两支可以表示四分之一吗？"学生说："不能，因为8支笔的长短不一。"这时老师跟进问道："你家有几个人呀，你的爸爸最高算一个人的话，那你弟弟这么矮能算一个人吗？"学生笑了，当分数过渡到分数意义的阶段教学时关注枝数相同就是平均分。有趣的对话让学生更明确了分数的意义，这对于后续的学习至关重要。

其次，教师把握提问的速度和时间，推动教学进程。问题提出的过程具有高度一致性与连贯性，教师的提问直接决定课堂教学的进程和效率，以及完成教学目标的情况。教师提问不是盲目的，由于数学知识和教学活动不同，问题的类型也有所不同，教师要把握好每个问题在课堂教学中的位置，使教学按照既定目标高效开展。例如，关于渗透知识本质、逻辑意义的问题需要放慢速度，帮助学生深刻理解；关于教学难点的问题需要拆解为一定梯度的小问题，为思维发展提供可能；探究性活动的问题需要花费较多的时间去解决，而总结性活动的问题花费的时间相对较少等。

（二）讨论交流中释放"趣"

在绿趣数学课堂中，鼓励学生围绕数学问题展开深入讨论，分享各自独特的见解与解题策略，充分展现数学的趣味和深度。这一过程促进了学生从多维度审视问题，并可能在交流中碰撞出新的解题思路。当学生发现其观点或方法得到认可，或成功帮助他人解决问题时，将产生强烈的成就感与自信心，这是数学学习乐趣的重要体现。

"小数再认识"一课教学，学生在"探讨一个圆可以用1表示，那半个圆用什么表示"这一问题时，当学生说"可以用0.5，也可以用二分之一"的时候，教师引导学生思考：分数与小数有怎么样的联系？教师为学生准备了不同的研究材料，经过讨论后，学生得出"十分之一元与0.1元是相同的"，因为它们都表示1角。以此类推，十分之二元就与0.2元也是相同的，十分之三与0.3也是一样的，十分之四与0.4也是一样大的。有的学生认为：十分之一米与0.1米也是一样的，因为它们都表示1分米长，同理也得出了一样的结论。通过前两个同学的讨论，发现了可以不用单位元，它们的大小是一样的。随后，一名学生指出：一百分之一与0.01的大小也是一样的。学生再次讨论交流，得出结论："不需要借助材料，千分之一与0.001的大小是一样的，千分之三与0.003的大小也是一样的，这样的例子可以举出很多。"在学生深入讨论与交流的基础上，教师进一步引导：我们找出了这么多相同的小数与分数，那小数与分数到底一样在哪里呢？学生再次讨论交流，得出结论：这些小数的整数部分都是零，一位小数对应的是十分之几，两位小数对应的是百分之几，三位小数对应的是千分之几。有的补充：小数是分母为10，100，1000的分数。数学课堂上的讨论与交流有利于激发学生的学习兴趣和求知欲，绿趣数学课堂通过促进学生之间的深入讨论与交流，充分展现数学的魅力与深度，让学生在轻松愉快的氛围中享受到数学学习的乐趣与成就。通过这样的讨论、交流过程，获得了成功的体验，体验到数学表达的严谨性。

（三）开放学习中品味"趣"

在数学课堂练习中，以始为终，先确定目标、逆向设计，以学生自身的发展为出发点，引入一些趣味性强、难度适宜、有针对性的开放题，有利于激发学生大胆思考、主动探究，从而培养他们的求异思维和创新意识。如在学习"小数加减法"时教师出示许多与生活相关的数学信息，让学生从课堂走进生活，接着让学生根据数学信息提出用加法或减法解决的数学问题，出示任务单：①根据学习单上提供的信息，同桌商量，提出不同的用加法或减法解决的数学问题。②列式，用竖式算一算，并根据计算过程，写一写计算中要注意什么，思考为什么数点要对齐。③完成后同桌两人互相交流，做好汇报准备。开放的情境让学生列举出了许多种解决问题的方法，很多是在课堂上从未有过的惊喜发现，有些甚至超出了学生所学。请看教学片断：

生$_1$：在跳绳中的数学问题找列式，我列出的算式是大双比小双多跳了几个，计算时要注意数位对齐，从个位算起，不够减的时候要向前一位借一当十。

生$_2$：我的问题是大双和小双一共跳了几个，要注意的数学问题是数位对齐，满十进一。

生$_3$：在水费问题中列出的算式是56.8+64.39，要注意的是小数点对齐，满十进一。这里小数点对齐也就是计数单位对齐，计数单位相同才能相加减。

生$_4$：64.3−56.36，计算时要注意小数点对齐，计算时可以在被减数的最后面添上一个0，这是根据小数的性质。计算时要注意小数点对齐，还要注意不够减的可以向前一位借一当十，要注意的是在借走一的那一位上面点个点做记号。

开放的活动，赋予了枯燥单调的计算以新的生命力，让学生充分感受到数学的趣味性，有利于培养学生的发散性思维，学生全身心地投入活动中，学习的积极性大大提升。学生在质疑中逐渐得到小数加减法的计算方法，再通过与整数加减法计算进行对比，得到它们的计算本质上是一致的，那就是相同计算单位的个数相加减，它们的表现形式不同，整数计算是个位对齐，小数计算是将小数点对齐，计算时都是从低位算起。

（四）游戏竞赛中升华"趣"

苏霍姆林斯基说："要让学生带着一种高涨、激动的情绪，从事学习和思考。"这样的情绪在学生酷爱的游戏活动中最能发掘。因此，在数学学习中，可以把教学内容寓于游戏之中，变单调、重复、雷同的知识讲授为游戏活动，使学生在玩中获取知识。爱玩和好动是小学生最为明显的特点，在课堂学习中，学生的注意力难以长时间集中。教师要探索更为科学、有趣且有效的教学方法，弥补传统教学中的不足，从而取得更好的教学成果。引入游戏教学，既能够激发学生兴趣，又能够促进学生思维能力发展。在这种游戏化学习活动中，不仅能够集中学生的学习注意力，还能够锻炼学生的知识应用能力，进而促使学生理解并掌握知识，使学生对数学产生兴趣。通过游戏化教学，还能拓宽学生的知识面，培养学生的数感，使学生的数学知识应用能力和数学思维能力获得提升。教师也可以通过游戏导入数学问题，促使学生在无形中通过游戏的方式思考数学知识，从而感受到数学知识的趣味性，从游戏实践中更好地养成数学思维。

教师在设计游戏活动前首先要深入挖掘教材内容，将其作为游戏活动的基础；其次，要明确开展游戏教学的核心是传授知识，在这个基础上营造轻松且愉悦的氛围，促使学生主动学习；最后，游戏的趣味性要强，教师基于学生的思维能力和发展规律要设计多元化且科学化的游戏活动，增强教学活动的吸引力，使学生对数学游戏活动产生兴趣，同时丰富教学内容，提升教学实效性。例如，学习"10"这个数字时，学生需了解能组成"10"的数字有哪些，教师可以借助学生通常会使用到的画笔设计游戏，即教师拿起10支画笔，引导学生观察教师每只手拿起的画笔数量，如左手和右手分别为5支画笔，那么可以得出5+5=10的式子，以此类推，4+6、3+7……学习中教师指导学生开展手指游戏，并一起编成儿歌："一九一九好朋友，二八二八手拉手，三七三七在一起，四六四六乐长久，五五配成一双，十个手指记心头。"通过游戏教学，学生不但了解到"10"由哪些数字组成，并且对相关知识点产生深刻印象，巩固学习效果。当然，数学扑克、数字接龙等游戏都可以应用到教学中，这既能够吸引学生，激发其兴趣，又能够提升课堂教学效果。

第二节　探索有趣，以"趣"促"绿"

一、运用信息技术，激发探究热情

随着现代科技的不断发展，信息技术正逐渐融入小学数学教学中。AI 大模型应用于数学课堂正逐渐常态化，将信息技术与小学数学教学相结合，不仅能够使教学情境更加生动、直观，还能有效激发学生的探究热情，促使他们积极参与到课堂活动中。通过多媒体演示、微课讲解等方式为学生提供学习资源，使学生可以在真实的学习情境中掌握数学知识。

例如，在授课"钟表认知"后，教师可以引入一款名为"连连看"的小游戏，以此增加学生的学习兴趣，并达到复习和巩固的目的。在这一环节中，教师可以运用多媒体课件展示各种有趣的事物或者活动。在大屏幕上，多媒体技术为教师提供了一种高效的教学方式。屏幕等平台展示出不同时期的时间以及每天发生的事件和变化，再将这些内容与学生熟悉的生活场景联系起来。如，向学生展示一个场景，画面的一侧呈现出时间，而另一侧则呈现一天要完成的任务，通过打乱顺序，引导学生结合自身的实际经验，实现了无缝的连接。这样既能帮助学生更好地理解教学内容，又能提高课堂效率。

例如，人教版四年级下册数学教材"三角形"单元中，在展开"三角形分类"数学学习活动时，教师便可将希沃白板技术灵活融入学生的几何特点探究过程之中，并设置科学驱动型学习任务，启发学生主动应用希沃白板绘制形状不同的三角形，让学生学会从边的特征与角的特征两个层面正确分类三角形。

1. 设置前置性学习任务要精准划分学生层次，科学组建学习小组。如，为学生布置自主学习任务"用剪刀随意剪出一个三角形，并用尺子、量角器测量这个三角形的各边长及各个角的度数"，并在学生独立完成这一前置性学习任务后，根据学生任务完成的情况将学生划分为甲乙丙三个层次。其中，甲层为能够用尺子准确测量出三角形各边长与各个角度数的学生；乙层为能够用尺规作图法画出三角形，但无法完成对三角形各个角角度准确测量的学生；丙层则是难以独立完成本次学习任务的学生。在合理划分学生层次后，教师便可以按照甲∶乙∶丙＝2∶3∶2的比例组建学习小组，让小组合作学习模式的助学优势得到最大限度发挥。

设置驱动性学习任务稳步推进教学活动，促进深度学习发生。如，利用希沃白板为学生呈现各式各样的三角形，且预先让学生自备各种不同类型的三角形，以启发性教学问题"如何准确分类不同的三角形？"驱动学生在小组中围绕"三角形的分类"这一课题展开议论与交流，并主动提出相关猜想。

猜想一：有些三角形的三个角都是锐角，有些三角形有一个钝角和两个锐角，而有些三角形有一个直角与两个锐角，所以可按角度将三角形分成锐角三角形、钝角三角形与直角三角形。

猜想二：测量自备的纸质三角形可以发现，有些三角形的三边相等，有些三角形的两边相等，有些三角形的三边均不等，所以可按三角形各边长将三角形分成不等边三角形、两边相等三角形与等边三角形。

学生对三角形的分类提出各不相同的猜想后，教师便可顺势而为地利用希沃白板为各个学习小组发布如下驱动性学习任务，引导学生合理应用信息技术绘图功能、测量功能展开数学实践与数学探究。

任务一：小组合作，在希沃白板中利用绘图功能绘制出形状各不相同的三角形。

任务二：紧密围绕上述合作提出数学猜想，并对白板中的三角形进行分类。

任务三：通过 Venn 图或思维导图的方式梳理分类后几种三角形的关系。

各个学习小组在上述学习任务的驱动下有条理地完成对三角形的科学分类，数学思维能力与创新实践能力得到锻炼与提高。

2. 组织学习成果展评活动，发展几何直观、推理意识等数学核心素养。在各个学习小组合作利用希沃白板完成"分类三角形"这一学习任务后，教师将各组学生所绘制、所设计的 Venn 图或思维导图统整起来，各学习代表上台讲解说明本组分类三角形的思路以及对三角形其他几何特点的发现。在这一过程中，教师还可组织其他小组利用智慧教室中内置的打分功能对展示小组的学习成果、所绘制的 Venn 图或思维导图进行评分，以增强小学数学教学评一致性。同时，让学生通过批判质疑、反思内省更为全面地把握从角的特征、边的特征两个层面上合理分类三角形的方式方法，使其对三角形这一平面几何图形的特点形成更为清晰、全面的认识。

3. 激发学生对几何知识的主动性学习，不但要让学生强化对数学知识的理解，而且需要给予学生更多探究机会，让学生自主学习。几何中很多内容都与生活相关联，在教学中融入生活化元素，不仅能调动学生的学习热情，而且能促进学生学会运用数学知识解决生活中的常见问题，达到学以致用的目的。因此，教师在进行几何图形的教学时，应该充分结合生活中常见的几何知识，为学生分享生活化内容，通过课上知识和课下生活的融合，促进学生学会主动探究生活中蕴涵的几何知识，充分了解所学知识的特点，使复杂的知识简单化，促进学生学习效果的提升。

二、挖掘学科魅力，引导自主探究

数学学科本身存在较大魅力，只是教师对此挖掘不够，加上"题海"教学给学生留下较大阴影，导致学生对数学学科没有较好印象，甚至感觉数学学科是无趣的、枯燥的，从而丧失自主学习欲望和主动性。为此，教师需要挖掘学科魅力，改变学生对数学学科的固有印象和错误认知，可以将数学内容与现实生活、学生感兴趣的事物相联系，让学生眼前一亮，从而被数学内容吸引，然后跟上教师的思路，发现数学的实用价值，教师还可以引入生活案例供学生思考、作答，满足学生心理需求，学生对数学的热爱之情便会油然而生。

为了让学生在实践中感受到学习的乐趣，我们可以采用实践体验的方法来引导他们进行学习。在学习"圆锥的体积"时，教师可以事先准备一些圆柱形的萝卜，让学生用刀将其削成最大的圆锥形状，同时引导学生对自己削出的圆锥形萝卜的体积产生疑问。如"哪种方式可以验证自己的猜测？"等问题，然后在每个学生面前摆上不同尺寸的萝卜，让他们根据自己的猜想进行判断和计算。实验体验能够唤起学生的求知欲，激发他们积极参与验证活动的热情。在教学过程中，还应该鼓励学生大胆猜想和提出问题。通过自主实验，独立发现规律，有些学生采用学习工具进行装水实验，最终发现圆锥的体积相当于与其等底等高的圆柱体积的三分之一。

虽然学生在学习数学方面有一定的经验，但由于年龄、思维不成熟等原因，无法合理处理新问题，因此，在新的学习活动中，教师要积极运用自主探究教学法，让学生在相对有限的时间内更加认真地推进学习，显著提高学习效率，激活学生的思维。如学习"梯形面积"，教师预先准备两架无任何差别的梯子，让学生使用手中的梯子组装一个新的图形，如正方形、三角形、平行四边形等。教师可以先设计这样的问题：三角形和平行四边形的面积公式是什么？你能描述一下面积公式推导的整个过程吗？教师可以先利用多媒体系统展示图形的转换方法，使学生掌握计算梯形面积公式所必需的类比推理，然后让学生根据三角形和平行四边形的面积公式，解释他们在推理过程中获得的收获，同时进行有效的排序，让学生在小组中进行自主研究，发展自己的能力，获得对转换方法的感受。教学中，教师也可以将学生分成多组，以组作为学习单元。组内互相提问题，共同商量、共同探究、解决问题。协同探索得到的答案一定是令人印象深刻的，具有推进学习的效果。学生也会乐于分享自己的成绩，无形中学会了帮助他人，锻炼了思维。在课后的练习中，学生将在学习中遇到的问题或尚未掌握的知识点反馈给教师。教师根据学生反馈的信息，协助他们寻找问题所在，总结学习状况，再次引导、鼓励学生对遇到的问题进行自主探究，从而寻找到解决问题的策略与方法。这样的方法发挥了小学生学习的主动性，在让学生认识与梯形面积计算方法相关的专业知识后，建立基于自主研究活跃的专业知识和经验的知识体系。

三、激活数学思维，提升探究能力

在小学数学教学课堂中，教师能够有序地为课堂教学步骤、学生在课堂上的互动设计一个个计划，促使学生对数学问题进行有序的思考，使学生可以了解数学思维方法，进行课堂逻辑思维能力的塑造。因此，在探究新知识的过程中，教师要大胆放手，充分相信学生能够让学生独立完成的就让学生独立完成，能够通过同伴间的合作探究完成的就让他们合作探究完成。学生在探究活动中，哪怕只是获取了一点点的成就，教师都不能吝啬自己的赞扬和肯定，以使学生燃烧的探究之火更旺、更好。在探究活动中，学生如果出现了差错，教师不能求全责备，而要满腔热情、帮助他们对错误原因进行分析，使他们在探究的道路上跟上班级大部队前进的步伐。如此这般，充满生机的数学课堂才能常常出现，学生才能获得更为强大的探究能力。

如：在学习推导"三角形的面积计算公式"时，教师让学生借助两个完全一样的三角形，自主探究三角形的面积公式。有学生用完全一致的两个三角形拼凑出了平行四边形，他们拼凑的方法是平移和旋转。三角形面积公式的推导也在班级引起了热烈讨论。"三角形的面积＝底×高÷2"这一公式的推导很显然是来自于学习平行四边形面积计算公式方法的迁移。可有一位学生对此提出了质疑："'高÷2×底'或'底÷2×高'作为三角形面积公式难道就不可以吗？"质疑的声音刚落下，学生间就像炸开了锅，说行的有，说不行的也有，谁也不能说服谁。教师此时不能袖手旁观，应当对敢于质疑的学生进行肯定和表扬，适时将全班同学分为三个讨论小组，引导学生将前面出现的三种三角形面积公式进行实际运用。再次进行全班交流时，大家又碰到了三个小组使用不同公式计算的得数是一样的情况。教师及时进行引导："只是得数一样，是不是就能说明刚才那位同学提出的三角形面积计算公式是正确的？谁能证明？"学生探究这一问题的兴趣瞬间倍增，有的画图，有的剪纸做实验，小组内自发进行讨论，这些措施充分培养了学生的自主探究精神。

自主探究学习课堂主要以学生根据学习任务的进度自主学习知识内容为主，是塑造学生自主学习能力的正确方法之一。这样的课堂教学方式不仅体现了学生的课堂主体地位，也体现新课改的方向，目标是为提升学生的数学思维能力。从具体的教学过程来看，关键可以分为三个阶段。导入部分，教师结合关键知识点对探究的主题和案例进行明确。如，学习"条形统计图"时，教师结合今年刚刚结束的奥运会，通过视频展示奥运健儿夺金的高光时刻，激发学生的爱国热情，接着提出探究主题：今年这些优势的夺金项目，能让大家一眼就看出这些项目的情况吗？在明确研究主题后，教师提出了探究任务：你能用自己的方式整理数据，并用喜欢的方式表达出来吗？学生经过独立思考，然后表达数据并在小组交流自己的想法，最后在全班分享，他们结合已有的知识经验绘制了统计表、象形统计图，还有的同学结合课本，绘制了条形统计图，但是他们对条形统计图的认识是粗浅的。这时教师又提出任务：我们可以用统计表、象形统计图表达数据了，为什么又要学习用条形统计图来表达数据呢？学生借助完整的条形统计图进行分析："在统计表中我们只看到了统计的数据，如果数据很大，我们比较起来就比较麻烦了，比如金牌数足够多，我们要比较游泳和体操哪个项目的金牌更多，那就得去数数位，看看哪个数的数位更多，或者它们的数据相同，我们还得去从高位上一直比下来，只有数的统计表，不够直观。再来看象形统计图，象形统计图里要比较哪个项目的人数多还得看大家画的图形大小是不是一样，有的看上去直条很高，如果这个项目的图画得很大，实际的人数是少的；再有象形统计图如果统计比较大的数，也要一个一个地数出这个项目上的图形的个数，显得很麻烦。相比之下，用条形统计图来表达数据画在相同规格的格子里，不但直观，一眼就可以看出谁多谁少，易于进行数据之间的比较，还能根据纵轴上的数据很快读取每一个项目的数据，是结合了统计表与象形统计图的表达。这里学生提出问题：既然条形统计图这么好用，为什么在生活中我们也常常看到统计表呢？在开放的任务式的课堂中，让学生主动提问，教师就这个问题作为下一个任务，通过交流分享感受到统计在日常生活中有着广泛的应用，它没有对错，只有合适与不合适，我们要结合生活的实际情况选择合适的统计图表来表达数据。课堂教学任务完成后进行课内回顾是必不可少的重要环节，回顾时让学生对自己在本节课的学习进行评价，回顾哪些知识原来是不会的，通过课上交流分享后理解，回顾自己的表现，回顾同学的表达，哪些方面自己还可以做得更好一些。最后还要进行课后回顾，课后回顾是很多老师忽略的，觉得课已经上完了，接下来的环节就是完成作业，如果在完成作业之前增加一个回顾的环节，那更有助于提高学生的思维品质，他们去回顾课上的收获，去反思接下来的这节课要上什么，可以借助哪些经验进行学习，避免前面的错误，做一些提升的准备，完成这些如同把课的重点又思考了一遍，从而帮助学生解决自主探究中存在的疑惑和问题，同时也有利于学生对知识的条理性地记忆和掌握，巩固和强化学生自主探究学习的成果。

第三节 思想生趣，因"趣"增"绿"

日本数学家米山国藏曾有名言："作为知识的数学出校门不到两年就忘了，唯有深深铭记在头脑中的数学的精神、数学的思想、研究的方法和着眼点等，这些随时随地地发生作用，使人终身受益。"这句话强调了数学思维、数学精神和方法的重要性。数学思想能够帮助学生形成系统的思考方式和解决问题的能力，培养学生的可持续发展能力，这与绿趣课堂的内涵高度一致。在绿趣数学课堂中，巧妙地将数学思想融入到学习中，使他们在数学学习中保持持久的热情和动力。

史宁中教授先建立了判断数学基本思想的原则：第一，数学产生与发展必须依赖的那些思想；第二，学习过数学的人应当具有的思维特征。然后根据这两个原则把数学基本思想归结为三个核心要素：抽象、推理、模型。

数学思想不同于数学方法或数学思想方法。数学思想往往是观念的、全面的、普遍的、深刻的、一般的、内在的、概括的，而数学方法往往是操作的、局部的、特殊的、表象的、具体的、程序的、技巧的。数学思想常常通过数学方法去体现，而数学方法又常常反映了某种数学思想。数学思想是数学教学的核心和精髓，数学教学中应该努力反映和体现数学思想，让学生体会和领悟数学思想，提高数学素养。

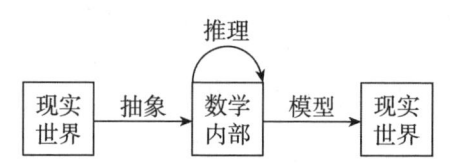

```
                   推理
                  ┌──┐
     ┌────┐  抽象  ↓  │  模型  ┌────┐
     │现实│ ────→ │数学│ ────→ │现实│
     │世界│       │内部│       │世界│
     └────┘       └────┘       └────┘
```

抽象就是对同类事物抽取其共同的本质属性和相关特征，进而舍去非本质的属性或者特征的思维过程。其中比较内容就是在思维中确定对象之间的相同点和不同点，而区分是指把比较得到的相同点和不同点在思维中定势，并根据已获得的知识把对象分成不同类。然后，再进行舍弃与概括，舍弃是指学生在思考的过程中将对象的某些特点考虑进去，而收括则是把对象的性质固定下来，并且用合适的词语表达出来，这样的过程就是抽象的过程。推理是指从一个或者多个已有的判断中得出一个新的思维形式，能够获取更多的知识。而推理所依据的判断即前提，而所依据的前提就可以得到相应的结论与定义。一般来说，推理可以分为两种形式，一是演绎推理，二是合情推理。演绎推理的特点是当前提理论为真时结论一定就是真的，其主要有四种常用的形式：选言推理、假言推理、关系推理以及三段论。这四种形式可以启发学生的创新思维，还可以帮助学生更好地思考问题。而合情推理是从已有的事实出发，并且根据自身经验和直觉，统计与推理出新的结果。数学建模的思想是用数学的语言描述出相应的数学现象，再根据实际的题目设计出合适有效的数学方法，从而解决实际问题的整个过程。在现实中为了更好地解决数学实际问题，教师应该合理运用数学语言去形象描述和概括出现实世界事物的特点、数量关系和数量空间形成的一种合适有效的数学结构，其是计算、分析与解决数学问题的一种合适有效的途径。而经过长期的教育实践可以看出，数学模型的主要表现形式可以分为两种，一是数学符号表达式，二是数学图表，可以说数学模型描述主要就是为特定的事物系统建构成一个科学合理的数学关系结构。

数学思想方法是数学的精髓，源于数学知识和数学方法。根据小学数学内容的特点和小学生的认知水平，蕴含在小学数学中的数学思想方法主要有以下几种。

(一) 归纳的思想方法

归纳是通过对具体的示例、材料的分析，舍去次要的要素，从中发现事物的本质并概括出普遍的结论。简单来说，就是从特殊到一般的推理方法。归纳分为完全归纳和不完全归纳。小学数学中的归纳大多是建立在类比和抽象分析之上的归纳，属于不完全归纳。例如加法结合率、乘法交换率、乘法分配率的教学，就可以先例举具体的实例，让学生体验、感悟，接着鼓励学生自己验证，体验现象的普遍性，最后在教师的引导下归纳概括出这些定律。

（二）演绎的思想方法

演绎与归纳相反，是从一般到特殊的推理方法。人们通常的认识是从特殊到一般，而在数学中往往先解决具体的问题，然后再解决一般问题。例如，小学生知道"三角形是由首尾相连的三条边组成"，那么就可以知道"锐角三角形、直角三角形和钝角三角形都是由首尾相连的三条边组成"。再如，通过归纳知道加法结合律$(a+b)+c=a+(b+c)$，学生就可以利用它来计算$1+2+3+4+5+6+7+8+9$，$27+11+3+39$，$82+39+18$等。像这样，学生根据已知的定义、定理、公式等，解决一个个具体的问题，使抽象的概念具体化，从而促进数学知识的理解和掌握，发展推理能力和思维能力。

（三）转化的思想

转化思想是通过将数的一种形式转化为另一种形式，一种运算转化为另一种运算，一个关系转化为另一个关系，一个量转化为另一个量，一种图形转化为另一种或几种图形的方式，使学生将待解决或未解决的问题转化为能解决或比较容易解决的问题，从而求得原问题的答案的数学思想方法。在小学数学教材中蕴含着很多转化的思想方法，在小学数学教学中，我们不难发现学生们在自主探究中所获得的知识往往要比教师简单传递的多，理解起来也更加轻松和深入。因此，教师在教学时应更加注重对学生自主探究能力的培养，让学生亲身经历知识被发现的过程，并将相应的数学思想方法渗透其中，让他们在探究知识的过程中自主感悟数学思想，最终学会将这些数学思想运用到实际的数学问题中，获得数学能力的有效提升。例如，在学习"平行四边形的面积"这一知识时，教师可以先教导学生针对这一问题进行自主猜测："同学们，在之前的课堂中我们已经学过了长方形与正方形的面积，大家能否猜猜平行四边形的面积公式是怎样的？和长方形与正方形的面积公式有无相似之处？我们应当如何计算呢？"在经过一番思考后，有的学生猜到："平行四边形和长方形比较相似，其面积很可能也是将相邻的两条边相乘。"还有的学生猜测："平行四边形面积有可能是用底乘高来计算的。"随后，教师便让学生利用提前准备好的教具自主探究"平行四边形的面积公式"。学生将平行四边形剪贴成了长方形，再通过两者的对比，将平行四边形的底与高对应成长方形的长和宽，这样就得出了平行四边形的面积公式：底乘以高。学生在自主探究中不仅运用转化思想将新旧知识融合，还在这个过程中开拓了思维，促进独立思考能力的提升，并且最终根据对比思想自主得出了平行四边形的面积计算公式。学生将各类知识联合起来形成了自己的知识体系，加深了对相关问题的理解和掌握程度，从本质上获得了数学能力的发展。

（四）数形结合的思想

数形结合思想就是在研究问题时把数和形结合起来考虑，借助"形"的直观来表达数量关系，运用"数"来刻画、研究形，将抽象思维与形象思维结合起来，使复杂问题简单化，抽象问题具体化，以达到解决问题的目的。以形助数、以数解形及数形互助是小学数学数形结合思想的主要表现形式。

1. 以形助数。以形助数一般是指将较为抽象的数学语言及数量关系以直观明了的位置关系、几何图形呈现出来。学生通过直观明了的图形实现对某种数量关系的认识与理解，既避免了复杂的数学推理与数学计算，也有助于理解相关数学概念，从而快速洞察数学问题的本质。例如，教师提问："从1开始连续奇数相加的和除了用加法的交换律和结合律来计算，还可以有更简便的方法吗？"为了探索新的算法，教师可以引导学生运用数形结合的方法，将"数"转化为"形"，根据加数的大小依次拿出相应个数的图形并将之排列成正方形，如此一来，数与形之间的关系直观地呈现了出来，学生通过观察很快找到"算式的和等于加数个数的平方"的简便算法。

2. 以数解形。以数解形一般是指运用精准的数量关系来对直观性的图形进行解释，将图形数量化，进而揭示隐藏在复杂图形内部的变化规律。例如，人教版小学数学五年级"多边形面积"一课的教学重点是让学生掌握多边形面积的计算方法。需要注意的是，教师在教学时不仅要帮助学生理解和掌握具体的多边形面积计算方法，还应引导学生积极探索图形与数量之间的联系，促进学生对数形结合思想的理解和运用，培养其学科核心素养。以平行四边形面积的计算为例，教师授课时可创设教学情境，引入"割补法"来引导学生探究平行四边形面积的计算方法。学生在已经掌握正方形和长方形面积计算方法的前提下，很快就能得出"任意一个平行四边形都可以转化为一个长方形，它的面积和原来平行四边形的面积相等，长和宽分别和原来平行四边形的底和高相等"的结论，进而归纳总结出平行四边形面积的计算公式。

3. 数形互助。数形互助一般是指通过"数"与"形"之间的相互转化与相互补充的方法来加深学生对数学知识的理解。数形互助的内容在小学数学中一般体现在"鸡兔同笼""位置"等相关问题中，虽然涉及范围较小，但与人们的实际生活息息相关。教学实践发现，该类型的数学题目对多数小学生具有一定的挑战性，教师在数学课堂教学工作中可以把以形助数和以数解形这两种思想结合起来，引导学生更好地理解"数"与"形"之间的关系。

数学家华罗庚曾精辟地概括了数形结合方法的内涵："数形本是相倚依，焉能分作两边分。数缺形时少直觉，形少数时难入微。数形结合万般好，割离分家万事非。几何代数统一体，永远联系莫分离。"

第三章

实践篇——绿趣课堂的实施

"核心素养"无疑占据举足轻重的地位。单纯的知识积累已不足以应对复杂多变的社会挑战。如何培育学生的核心素养，使学生具备必备品格和关键能力，是绿趣课堂亟待解决的问题。而单元整体教学，作为一种富有活力的教学模式，为我们提供了一个巧妙的视角来审视和解决这一问题。课程方案强调探索大单元教学，数学课程标准提出重视单元整体教学设计。两者目的都是加强知识间的内在关联，促进知识结构化；促进学生整体理解与把握学习内容，培养学生核心素养。单元整体教学基于课程标准，围绕单元主题，对教材等教学资源进行深入解读、分析，着力整合、建构。这种教学模式，以单元主题为核心，通过搭建由单元大主题统领、各篇目次主题相互关联、逻辑清晰的完整教学单元，使数学教学能够围绕一个主题，设定单元目标，落实素养要求。

　　把相关内容整合成一个大单元的教学中，教师要充分考虑学生学习难度、思维跨度等问题；分散在几个单元进行教学的，教师要从整体上把握内容要求梯度，实现整体设计、统筹实施，让探究活动贯穿学习过程始终。无论是哪一种安排，整体内容都要一步一步学习，分步学习的内容都要构成一个完善的体系。分节学习时，教师和学生都要有整体思想，不强求一节课把所学的内容一次性"学深""学通""学透"，要从长计议。一个单元的学习要把分散的内容体系化，要从树木到森林，既见树木又见森林。大单元整体教学设计给学生数学学习带来了本质变化，学生在学习一个大单元内容之前就知道内容的全貌，学习中时时了解自己的学习进程，学习后能构建知识体系，从而对所学内容有整体、系列、透彻理解。大单元教学和单元整体教学设计，不只要整合内容、变换形式，关键是要促进知识结构化和学生对数学的整体认知，从课程目标、课程内容、课程结构和课程评价各方面进行优化。大单元教学和单元整体教学设计都是为了营造适合学生自主探究的学习环境，让学生经历完整、真实的数学学习情境，经历数学应用的一般性过程，包括提出有价值的数学问题，探究解决问题的策略和方法，合理解释数学结论的现实意义，体会数学的价值和思想方法，增强创新意识和应用意识。在教学中，教师要注意把握内容的整体性和连续性，让学生经历发现问题、提出问题、分析问题和解决问题的全过程从而更好培养学生问题解决能力，实现提高学生数学核心素养的目标。

第一节　基于绿趣课堂的单元教学设计研究

营养早餐　智慧生活
——《营养早餐》单元整体教学设计

一、单元主题

综合与实践是小学数学学习的重要领域。学生将在实际情境和真实问题中，运用数学和其他学科的知识与方法，经历发现问题、提出问题、分析问题、解决问题的过程，感悟数学知识之间，数学与其他学科知识之间，数学与科学技术和社会生活之间的联系，积累活动经验，感悟思想方法，形成和发展模型意识、创新意识，提高解决实际问题的能力，形成和发展核心素养。《营养早餐》通过调查人体每日营养需求，几类主要食物的营养成分，感受合理膳食的重要性。在对人体营养需求和食物营养物质的调查研究中，进一步理解百分数的意义；调查学校餐厅或自己家庭一周早餐食谱的营养构成情况，会用扇形统计图整理调查结果，分析如何实现营养均衡，提出建议；开展独立活动以及小组活动，设计一周合理的营养早餐食谱，感悟在实际情境中方案的形成过程，形成重视调查研究、合理设计规划的科学态度。引导学生结合生活经验提出问题，通过经历调查研究、解决实际问题的过程，感悟设计调查方案的重要性，知道如何利用百分数等数学知识和科学、营养学等知识解决问题，积累用统计方法解决现实生活中不确定问题的经验。

二、单元内容分析

《营养早餐》是小学"综合与实践"领域第三学段的教学内容，以项目式学习的方式，面向六年级学生展开活动。此课例与学生的生活有着紧密的联系，将数学、科学、信息技术、美术等学科内容进行了有机融合。主要由"查找资料，了解人体每日营养需求，几类主要食物的营养成分，感受营养均衡、合理膳食的重要性""调查学校餐厅或自己家庭一周早餐食谱的营养构成情况，提出建议""开展独立活动或小组活动，设计一周合理的营养早餐食谱""组织对一周营养早餐食谱进行评选"等内容组成，可分成 6 个课时完成。其中第 1－2 学时，分别调查了解人体所需要的营养物质和几种主要食品所含营养物质，计算相应的百分数，看懂相应的扇形统计图；第 3－4 学时，收集学校食堂或自己家庭一周的早餐食谱，分析其中的营养成分，进行类似的统计分析。第 5 学时，综合所有数据，分析早餐营养与人体所需营养之间的关系，小组之间进行交流，达成人体对早餐所需营养的共识；第 6 学时，把学校或自己家庭早餐营养统计数据与达成的共识进行比较，提出改进建议，并且设计一周的营养早餐，小组之间进行交流。

《义务教育数学课程标准（2022 年版）》课程内容指出："根据不同学段的学生特点，适当采用项目式学习的方式，设计真实的情境，引导学生综合运用数学学科和跨学科的知识与方法解决实际问题。"《营养早餐》这一内容的设置是为了让学生在实际情景和真实问题中，经历调查研究、解决实际问题的过程，感悟设计调查方案的重要性，知道如何利用百分数等数学知识和科学、营养学等知识来解决问题，积累用统计方法解决现实生活中不确定问题的经验，感受数学知识之间、数学与其他学科之间、数学与科学技术、社会生活之间的联系，发展数据意识、应用意识、创新意识、模型意识、信息素养、反思意识、解决问题策略多样化能力等，形成重视调查研究、合理设计规划的科学态度，发展核心素养。

三、学情分析

1. 学生在本课前已经学习了百分数、扇形统计图、复式条形统计图等方面的数学知识，能根据统计图表进行数据分析，能根据营养标准直接计算午餐中各种营养物质的总含量，并与标准量进行对比，判断早餐是否符合营养标准。

2. 学生对"健康饮食"有一定的感性认识，初步了解人体需要的多种营养成分，以及这些营养成分对人体的重要作用；掌握初步的获取信息、筛选信息、合理使用、关联信息的意识和能力；具备运用多种表现形式进行海报设计的绘画技能。

3. 学生经历过第一、二学段的综合与实践活动，已经具备了查阅资料的活动经验，具备了独立思考、自主探索、合作交流等学习方法和发现、分析、解决问题的能力。

四、单元学习目标

1. 让学生会用扇形统计图、复式条形统计图等表示数据，理解百分数的意义，积累数学活动经验，形成数据意识和初步的应用意识。

2. 让学生尝试在真实的情境中发现和提出问题，应用数学和其他学科知识与方法解决问题，形成模型意识和创新意识。

3. 在解决问题的过程中经历初步的小组合作、选择研究对象、汇报交流、评价反思、改进方案等做研究的过程，提升实践能力。

4. 在调查、了解营养早餐的活动中，体会数学与生活的密切联系；在设计方案的过程中，培养自主思考和团队合作意识；在为特殊人群制定营养早餐的过程中，形成热爱劳动、勇于创新等良好品质。

五、单元设计理念

1. 单元引入

设计理念：本单元以"营养早餐 智慧生活"为主题引入，旨在通过贴近学生日常生活的实例，激发学生对数学学习的兴趣，同时培养其健康饮食的观念。通过展示不同种类的早餐图片或视频，引导学生思考：什么样的早餐既美味又营养？如何运用数学知识为自己设计一份均衡的营养早餐？这样的引入不仅能让学生感受到数学的实用性，还能引发他们对科学饮食的好奇心。

2. 数学应用

设计理念：本部分重点在于将数学知识（如比例、分数、四则运算、统计图表等）融入营养早餐的设计中。例如，让学生计算每种食物所含的热量、蛋白质、脂肪等营养成分的比例，并运用比例知识调整食物分量以达到营养均衡；使用分数表示每种食物在总餐量中的占比；通过四则运算计算早餐的总成本或总热量；利用统计图表（如条形图、扇形统计图）直观展示早餐的营养成分构成，加深对数学知识的理解与应用。

3. 科学搭配

设计理念：结合科学、营养学知识，讲解食物金字塔、营养素的分类与作用，引导学生了解不同食物对身体的重要性。通过小组讨论或案例分析，让学生学会如何根据个人的年龄、性别、活动量等因素，科学搭配早餐食材，确保蛋白质、碳水化合物、维生素及矿物质等营养素的均衡摄入。这一环节旨在培养学生的健康饮食意识，促进身心健康发展。

4. 跨学科融合

设计理念：本单元强调跨学科融合，不仅限于数学与科学的结合，还可融入信息技术（如使用电子表格进行数据处理）、美术（设计早餐摆盘）、语文（撰写早餐计划报告）等学科。例如，利用信息技术软件绘制营养早餐的营养成分图表，通过美术手法设计吸引人的早餐海报，以及撰写一篇关于健康早餐重要性的短文。这样的跨学科融合有助于提升学生的综合素养，促进知识的综合运用与创新。

5. 实践操作

设计理念：组织学生亲手制作自己设计的营养早餐，通过实践操作加深对理论知识的理解和应用。学生可以分组进行，每组根据成员的营养需求和口味偏好，共同设计并制作早餐。此环节不仅能锻炼学生的动手能力，还能增进团队合作与交流能力，同时让学生体验到将理论知识转化为实际行动的乐趣。

6. 成本估算

设计理念：教授学生如何估算早餐的成本，包括食材价格、加工费用等，培养学生的经济意识和理财能力。通过市场调查或在线查询，学生需记录每种食材的价格，并运用数学知识计算总成本。这一过程不仅能够帮助学生理解价格与数量的关系，还能让他们学会理性消费，为未来独立生活打下良好基础。

7. 数据展示

设计理念：鼓励学生以多种形式（如海报、PPT、视频等）展示自己小组的营养早餐设计方案、制作过程、成本估算及营养成分分析结果。数据展示不仅能够锻炼学生的表达能力，还能让他们在展示中相互学习，分享经验，进一步加深对营养早餐的理解。

8. 反思与评价

设计理念：单元结束时，组织学生进行自我反思与相互评价。学生可以反思自己在整个单元学习过程中的收获与不足，特别是在数学应用、科学搭配、实践操作等方面的进步与挑战。同时，通过同伴评价和教师评价，肯定学生的努力与成就，指出改进方向，促进学生的全面发展。此外，鼓励学生将学到的知识应用于日常生活中，持续关注自己的饮食健康，形成良好的生活习惯。

六、单元流程图

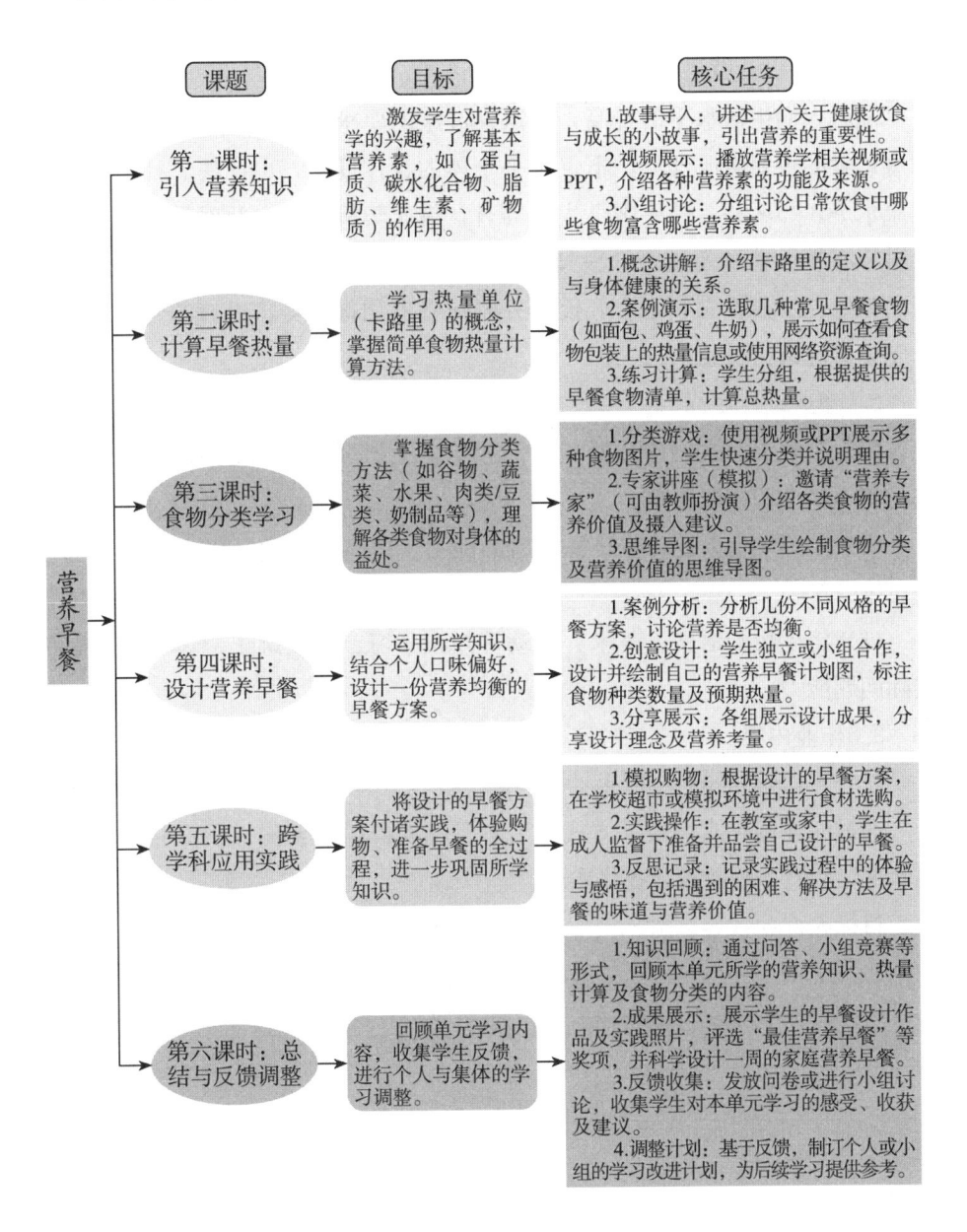

```
                    ( 课题 )              ( 目标 )                    ( 核心任务 )

              ┌─ 第一课时：      激发学生对营养       1.故事导入：讲述一个关于健康饮食
              │  引入营养知识    学的兴趣，了解基本    与成长的小故事，引出营养的重要性。
              │                  营养素，如（蛋白     2.视频展示：播放营养学相关视频或
              │                  质、碳水化合物、脂   PPT，介绍各种营养素的功能及来源。
              │                  肪、维生素、矿物     3.小组讨论：分组讨论日常饮食中哪
              │                  质）的作用。         些食物富含哪些营养素。

              │                                       1.概念讲解：介绍卡路里的定义以及
              │  第二课时：      学习热量单位         与身体健康的关系。
              ├─ 计算早餐热量    （卡路里）的概念，   2.案例演示：选取几种常见早餐食物
              │                  掌握简单食物热量计   （如面包、鸡蛋、牛奶），展示如何查看食
              │                  算方法。             物包装上的热量信息或使用网络资源查询。
              │                                       3.练习计算：学生分组，根据提供的
              │                                       早餐食物清单，计算总热量。

              │                                       1.分类游戏：使用视频或PPT展示多
              │                  掌握食物分类         种食物图片，学生快速分类并说明理由。
              │  第三课时：      方法（如谷物、蔬     2.专家讲座（模拟）：邀请"营养专
      营      ├─ 食物分类学习    菜、水果、肉类/豆    家"（可由教师扮演）介绍各类食物的营
      养      │                  类、奶制品等），理   养价值及摄入建议。
      早      │                  解各类食物对身体的   3.思维导图：引导学生绘制食物分类
      餐      │                  益处。               及营养价值的思维导图。

              │                                       1.案例分析：分析几份不同风格的早
              │                  运用所学知识，       餐方案，讨论营养是否均衡。
              │  第四课时：      结合个人口味偏好，   2.创意设计：学生独立或小组合作，
              ├─ 设计营养早餐    设计一份营养均衡的   设计并绘制自己的营养早餐计划图，标注
              │                  早餐方案。           食物种类数量及预期热量。
              │                                       3.分享展示：各组展示设计成果，分
              │                                       享设计理念及营养考量。

              │                                       1.模拟购物：根据设计的早餐方案，
              │                  将设计的早餐方       在学校超市或模拟环境中进行食材选购。
              │  第五课时：跨    案付诸实践，体验购   2.实践操作：在教室或家中，学生在
              ├─ 学科应用实践    物、准备早餐的全过   成人监督下准备并品尝自己设计的早餐。
              │                  程，进一步巩固所学   3.反思记录：记录实践过程中的体验
              │                  知识。               与感悟，包括遇到的困难、解决方法及早
              │                                       餐的味道与营养价值。

              │                                       1.知识回顾：通过问答、小组竞赛等
              │                                       形式，回顾本单元所学的营养知识、热量
              │                  回顾单元学习内       计算及食物分类的内容。
              │  第六课时：总    容，收集学生反馈，   2.成果展示：展示学生的早餐设计作
              └─ 结与反馈调整    进行个人与集体的学   品及实践照片，评选"最佳营养早餐"等
                                 习调整。             奖项，并科学设计一周的家庭营养早餐。
                                                      3.反馈收集：发放问卷或进行小组讨
                                                      论，收集学生对本单元学习的感受、收获
                                                      及建议。
                                                      4.调整计划：基于反馈，制订个人或小
                                                      组的学习改进计划，为后续学习提供参考。
```

七、单元作业设计

1. 作业设计背景

随着人们生活水平的提高，对饮食健康的要求也越来越高。营养餐作为健康饮食的重要组成部分，不仅关乎个体的身体健康，也反映了社会的营养健康水平。"5·20"是中国学生营养日，借此契机，大力开展学生营养与健康科普宣教活动，通过跨学科知识的学习与实践，实现作业与生活相联系、劳动教育与学科教育相融合，设计并制作营养均衡、美味可口的营养餐，提升学生的健康饮食意识。

2. 作业设计目标

（1）了解不同食物的营养成分，让学生了解早餐的重要性，掌握营养早餐的基本概念和搭配原则。

（2）培养学生设计营养早餐食谱的能力，提高他们的动手实践能力和创新思维。

（3）将生物、语文、美术、劳动等知识学习、实践融于一体，提高解决实际问题能力。

3. 作业内容

任务一：营养知识小能手

通过问卷调查或访谈等方式，了解目标人群的饮食偏好、营养需求和健康状况，为营养餐的设计提供参考。

目标人群：＿＿＿＿＿＿＿ 访谈调查对象：＿＿＿＿＿＿＿

常见菜品成分调查表

食材名称	营养价值

[设计意图] 通过问卷调查或访谈等方式，了解目标人群的饮食偏好、营养需求和健康状况，并调查记录常见食材的营养价值，为营养餐的设计提供参考。

任务二：健康小明星

根据生物学和营养学等相关知识，考虑食物种类、营养成分以及饮食习惯等，合理搭配食材，确保营养均衡，为家人设计一份食谱，关心家人饮食健康。

日期	主食	菜品1	菜品2	菜品3	菜品4	汤粥
星期一						
星期二						
星期三						
星期四						
星期五						
星期六						
星期日						
设计理念						

[设计意图] 让学生根据学习的相关知识，考虑食物种类、营养成分以及饮食习惯等，合理搭配食材，确保营养均衡，为家人设计一份食谱，学以致用。

任务三：美食小达人

制作营养餐记录表			
姓名		班级	
美食名称			
美食类别	主食	菜品	汤粥
选用食材（注明食材名称及分量）			
制作方法			
营养餐说明书			

任务要求：

1. 学生完成记录表，邀请家长协助录制烹饪过程的视频、提交营养餐成品照片，要求清晰美观，能够展现出食材的色彩搭配和整体美感。

2. 邀请家长对制作的早餐进行品尝和评价。

[设计意图] 菜谱里藏着许多大学问，学生利用周末进入厨房学习烹饪。烹饪过程中，在符合营养标准的前提下，不断优化食材搭配。

任务四：评选班级美食小达人

学生进行成果展示，使用 PPT、视频、图片等媒体资源介绍讲解自己设计的营养餐食谱，并对食谱中的菜肴进行烹饪制作的讲解，最终评选出班级美食小达人。

[设计意图] 让学生全面了解营养早餐的相关知识，掌握设计营养早餐食谱的技能，培养他们的动手实践能力和创新思维，同时促进他们养成良好的饮食习惯和生活方式。

八、课时教学设计

第一课时　《营养早餐——营养知识知多少（1）》

【主题】

早餐中的营养知识。

【学情分析】

学生处于认知发展由具体运算阶段逐步转变为形式运算阶段的过程，在这一阶段中学生已经具有守恒的概念，从具体思维逐步发展成更复杂的逻辑思维。

关于营养知识的内容学生并不是一无所知，他们在日常生活中能知道蔬菜、水果、肉类具有的营养，对于营养知识有了亲身经验，了解这些营养成分对人体的重要作用；掌握初步的获取信息、筛选信息、合理使用、关联信息的意识和能力。

【教材分析】

《营养早餐》是《义务教育数学课程标准（2022 版）》以及教材中的一次

综合实践的主题。根据课标要求，设计真实的情境，引导学生综合运用数学学科和跨学科的知识与方法解决实际问题。《营养早餐》一共分为 6 个课时，本课主要内容是"查找资料，了解人体每日营养需求，几类主要食物的营养成分，感受营养早餐的重要性"。

【课时设计思想】

学为中心理念：综合实践领域的教学活动强调以解决实际问题为重点，以跨学科主题学习为主，跨学科主题学习注重学生的积极参与和协作学习，以学生为学习的主体，充分调动学生收集数据、调查分析、小组协助的主动性和积极性，发挥主题活动的实践性。

问题导向：

以真实情境、真实问题为基础，围绕"营养知识知多少"的核心问题设置一系列子问题"不吃早餐有什么危害？""什么是营养早餐？"，这些整合了数学、科学、信息技术等多学科知识与方法，培养学生解决问题的能力，以问题为目标导向，以解决问题为路径引领。

【教学目标】

1. 通过调查、数据整理，知道现在学生使用早餐的情况，理解吃早餐的必要性。

2. 资料调查，知道人体每日所需营养物质，以及日常食用的早餐所包含的营养物质。

【教学重点、难点】

重点：会进行问卷调查、整理数据、信息收集。

难点：在实践中，经历数据收集、思维调整的过程。

【教学资源与工具】

学生资源：课外调查，调查小组成员一周的早餐情况。

【教学方法】

自助探究、讨论法。

【教学策略】

1. 问题驱动：在真情境、真数据中，展开学习。

2. 学生主体：在动手操作、观察思考、互动交流、总结发现等活动中，激发学生对营养早餐的思考。

3. 在问卷调查、数据整理、资料调查等过程中培养相关数学能力，培养学生量感、应用意识、创新意识等核心素养。

【教学过程】

核心问题	教师活动	学生活动	设计意图
任务一：明确研究问题	引导学生明确研究问题，在调查对象、方式、依据上做引导	学生就围绕"什么是营养早餐？""调查目的""食物里有哪些营养？""营养有哪些类别？"展开调查。	布置课外任务，让学生在明确调查问题的前提下，发挥自主学习、小组合作的能力。
任务二：确定研究对象、制订研究方案	说一说，平时早餐吃什么，有营养吗？引导学生制作一份"一周早餐"的问卷。	学生集体商讨：研究营养早餐必须先了解小组同学一周的早餐有哪些，这些食物的营养成分是什么。	结合生活实际，通过真情境、真数据，让学习真正发生。
任务三：研究任务分配	引导学生小组合作：应该如何去收集、分配调查任务呢？	学生自行分配调查任务，在调查过程中发现当前学生营养早餐中的问题，并对整个调查结果做小结。	让学生在调查过程中增长科学生活见识、团队合作的能力、数据意识。

第二课时 《营养早餐——营养知识知多少（2）》

【主题】

营养早餐的学问。

【学情分析】

六年级的学生处于认知发展由具体运算阶段逐步转变为形式运算阶段的过程，在这一阶段中学生已经具有守恒的概念，从具体思维逐步发展成更复杂的逻辑思维。能够理解和运用更复杂的概念，并开始展示推理和分析的能力。

在科学学科《食物中的营养》已经对食材与人体所需要的营养有了更深入的了解，因此关于营养知识的收集难度较小，但对于收集、分析早餐中营养成分的含量具有一定难度，需要教师给予一定地指导。

【教材分析】

《营养早餐》是《义务教育数学课程标准（2022版）》以及教材中的一次综合实践的主题。《营养早餐》一共分为6个课时，本课主要内容是调查了解人体所需要的营养物质和几种主要食品所含营养物质，计算相应的百分数，看懂相应的扇形统计图。

【课时设计思想】

学为中心理念：综合实践领域的教学活动强调以解决实际问题为重点，以跨学科主题学习为主，跨学科主题学习注重学生的积极参与和协作学习，以学生为学习的主体，充分调动学生收集数据、调查分析、小组协助的主动性和积极性，发挥主题活动的实践性。

问题导向：以真实情境、真实问题为基础，围绕"营养知识知多少"的核心问题设置一系列子问题"什么样的早餐有营养?""营养成分有哪些?""经常吃的早餐中所包含的营养物质有哪些？占比多少?"这些整合了数学、科学、信息技术等多学科知识与方法，培养学生解决问题的能力，以问题为目标导向，以解决问题为路径引领。

【教学目标】

1. 通过调查、数据整理，知道现在学生使用早餐的情况，理解吃早餐的必要性。

2. 资料调查，知道人体每日所需营养物质，以及日常食用的早餐所包含的营养物质。

3. 在问卷调查、数据整理、资料调查等过程中培养相关数学能力，培养学生量感、应用意识、创新意识等核心素养。

【教学重点、难点】

重点：会进行问卷调查、整理数据、信息收集。

难点：知道人体所需基本营养物质，以及种早餐所包含的营养物质的含量。

【教学资源与工具】

教师资源：课件、学习单。

学生资源：学生课前准备的调查问卷。

【教学方法】

自助探究、讨论法。

【教学策略】

1. 问题驱动：创设符合新时代价值观的问题情境，注重核心问题的提出，深度挖掘知识本质展开教学，围绕着距离的核心要素展开教学。

2. 学生主体：在动手操作、观察思考、互动交流、总结发现等活动中，激发学生对营养学的兴趣，了解基本营养素（如蛋白质、碳水化合物、脂肪、维生素、矿物质等）的作用。

【教学过程】

核心问题	教师活动	学生活动	设计意图
介绍中国学生营养日	创设活动情境，唤醒数学需求： 1. 课件介绍中国营养学日。引导学生数学思考。 2. 怎样的早餐才叫好？并揭示课题。	根据营养知识，结合生活实际，说一说自身感悟。	以中国营养学日为铺垫，结合营养学知识，激发学生的生活体验，引发学生数学思考。
早餐的使用情况调查与反馈	小组汇报问卷结果，交流共享方法。要求学生根据事先问卷调查，了解了同伴的早餐使用情况，并进行数据分析，请小组展示调查结果，并说说结论。	1. 小组课前收集问卷、制作PPT。 2. 小组代表上台汇报，就问卷调查的结果进行说明。	学生在数据的收集逐渐跨入综合实践的学习流程中，根据课前的问卷调查亲身经历数据的形成过程，在小组调研中，发扬合作精神。

续表

核心问题	教师活动	学生活动	设计意图
调查结果汇报	学生围绕"不吃早餐的危害""人体所需要七大营养物质""经常吃的这些早餐中所包含的营养物质有哪些？占比多少？""说说几个你推荐的营养早餐，说说理由"等方面，结合实际数据进行说理分析。	学生根据实际生活情况，结合搜集来的资料，进行分析说理。	让学生经历数据的搜集整理，加深对数据的感悟。在对数据的讲解过程中了解常见食材中的营养物质含量，感受均衡营养、合理膳食的重要性。
回顾反思，总结提升	1. 利用评价表，小组内成员点评一下本次活动过程中小组成员的表现。 2. 通过今天的学习，我们学习到了很多营养学的知识。接下来，我们要学会如何来挑选营养的食物做早餐？如何来搭配一份营养健康的早餐？	1. 回顾本节课的内容，进行小组评价。 2. 为下一阶段合理搭配早餐做规划。	让学生进行组内点评，发现不足，做出改进，让学生学会表达，学会融入。

【板书设计】

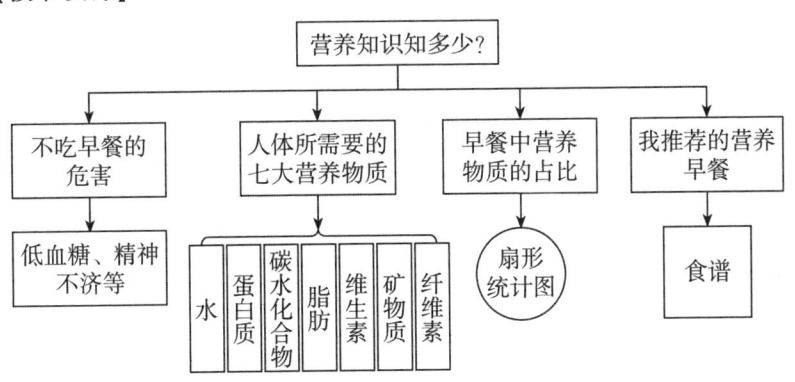

```
                    营养知识知多少？
        ┌──────────┬──────────┬──────────┐
   不吃早餐的      人体所需要的      早餐中营养       我推荐的营养
     危害          七大营养物质      物质的占比         早餐
       │              │              │              │
   低血糖、精神    水 蛋白质 碳水化合物   扇形          食谱
     不济等            脂肪 维生素      统计图
                       矿物质 纤维素
```

第三课时 《营养早餐——我的早餐搭配合理吗（3）》

【主题】

我的早餐搭配合理吗？

【学情分析】

学生处于认知发展由具体运算阶段逐步转变为形式运算阶段的过程，从具体思维逐步发展成更复杂的逻辑思维，能够理解和运用更复杂的概念，并开始展示推理和分析的能力。在之前的学习过程中学生经历了收集数据、分析和整理数据的过程，已经知道早餐中的营养成分，并且知道早餐中常见食物的营养成分，知道早餐中营养成分的占比，具有初步的运算能力和数据意识。

【教材分析】

《营养早餐》是《义务教育数学课程标准（2022版）》以及教材中的一次综合实践的主题。根据新课标要求，本课时主要引导学生结合生活经验提出问题，通过收集信息、经历调查研究，知道如何利用百分数等数学和科学、营养学知识解决问题，积累用统计方法解决现实生活中问题的经验。

【课时设计思想】

学为中心理念：综合实践领域的教学活动强调以解决实际问题为重点，以跨学科主题学习为主，跨学科主题学习注重学生的积极参与和协作学习，以学生为学习的主体，充分调动学生收集数据、调查分析、小组协助的主动性和积极性，发挥主题活动的实践性。

任务驱动：学习活动以学生为主体，在建构主义理论指导下，根据核心问题和子问题设置任务，任务与问题相结合，帮助学生在具体真实的情境中带着任务进行探索，在任务中充分发挥主动性、积极性和创造性。

【教学目标】

1. 通过问卷得知一周早餐情况，进一步激发"我的早餐搭配合理吗"的求知欲望。

2. 自学计算热量的方法，尝试利用数据分析，比较营养搭配是否合理。

【教学重点、难点】

重点：通过分析判断营养搭配是否合理。

难点：在调查研究的过程中，明确营养标准，计算一日营养早餐成分的含量并学会分析。

【教学资源与工具】

学生资源：课外调查，调查小组成员一周的早餐中的营养组成，早餐搭配合理性。

【教学方法】

自助探究、讨论法。

【教学策略】

1. 问题导向：围绕"我的早餐搭配合理吗"这一核心问题展开调查。

2. 学生主体：给学生充分的空间、时间，在自主探究中摸索营养早餐的判定方法。

3. 在学生分析、判断营养搭配是否合理的过程中，树立科学的饮食观，感悟数学与生活的联系。

【教学过程】

核心问题	教师活动	学生活动	设计意图
任务一：计算早餐中的营养成分含量	指导学生通过各种学习渠道，自学查看食物营养含量的方法。	学生通过食品包装袋、电子秤等，计量食物中营养含量。	通过课外学习的渠道，增强学生的生活学习经验，把数学应用到生活中。
任务二：计算营养含量的百分比	根据已有的营养含量的数据，指导学生结合扇形统计图的意义，进一步对早餐的营养成分进行分析。	学生利用小组一周的早餐调查问卷，通过数学计算、科学统计，就一周早餐的合理性做初步判断。	让学生结合生活实际增加对合理搭配营养早餐的感受。

续表

核心问题	教师活动	学生活动	设计意图
任务三：调研小结	在调研过程中，你发现了什么问题？有什么建议？	学生结合课外资料，就调研对象吃早餐的现状提出注意事项和搭配建议。	单纯只通过书面材料得到的知识，由于缺乏实践，对知识的感受往往不够深刻，自主经历探究过程，在实践中将数学与生活有机融合，加深对知识的体验。

第四课时　《营养早餐——我的早餐搭配合理吗（4）》

【主题】

我的早餐搭配合理吗？

【学情分析】

学生处于认知发展由具体运算阶段逐步转变为形式运算阶段的过程，能够理解和运用更复杂的概念，并开始展示推理和分析的能力。学生的注意力逐渐提高，能更好地集中在任务和学习上，记忆力方面也在不断地发展，能有效地记住和应用知识。

在之前的学习过程中学生经历了收集数据、分析和整理数据的过程，已经知道早餐中的营养成分，并且知道每份早餐中所含营养成分的含量，具有初步的运算能力和数据意识，有助于树立营养均衡、科学膳食的理念。

【教材分析】

《营养早餐》是《义务教育数学课程标准（2022版）》以及教材中的一次综合实践的主题。根据新课标要求，本课时主要收集学校食堂或自己家庭一周的早餐食谱，分析其中的营养成分的占比，通过对比分析知道如何利用百分数等数学和科学、营养学知识解决"我的早餐搭配合理吗？"的问题，积累用统计方法解决现实生活中不确定问题的经验。

【课时设计思想】

任务驱动：学习活动以学生为主体，在建构主义理论指导下，根据核心问题和子问题设置任务，任务与问题相结合，帮助学生在具体真实的情境中带着任务进行探索，在任务中充分发挥主动性、积极性和创造性。

评价方式多元化：树立以学生为本的理念，在评价主体多元的基础上，改进评价方式，将信息技术融入课堂评价当中，注重过程性评价和发展性评价，了解学生发展中的需求，帮助学生认识自我建立信心。

【教学目标】

1. 通过交流一周早餐，提出早餐营养搭配问题，激发"我的早餐搭配合理吗"的求知欲望。

2. 通过明确营养标准，交流计算方法，提高调查研究，培养有效处理信息的能力；通过计算一日营养早餐成分含量和利用数据分析，比较营养搭配是否合理，培养数据分析观念，提高解决问题的能力，发展应用意识。

3. 在学生分析、判断营养搭配是否合理的过程中，树立科学的饮食观，感悟数学与生活的联系。

【教学重点、难点】

重点：通过分析判断营养搭配是否合理。

难点：在调查研究的过程中，明确营养标准，计算一日营养早餐成分的含量并学会分析。

【教学资源与工具】

教师资源：课件、每生一份学习任务单。

学生资源：课前调研PPT。

【教学方法】

自助探究、讨论法。

【教学策略】

1. 复习回顾：根据学生已有知识体系，回顾营养元素及其价值。

2. 联系生活：根据生活经验，试着判断一份早餐是否有营养。

3. 问题导向：注重核心问题的提出，问题要有靶向性、层次性、延展性。

4. 学生主体：给学生充分的空间、时间去表达、倾听、质疑、思辨，逐步建构判断营养组成是否合理的模型。

【教学过程】

核心问题	教师活动	学生活动	设计意图
营养知识我知道	揭示课题，引导学生复习、回顾早餐的重要性、七大营养元素。	学生回顾知识，各自说观点。	本节课的学习起点建立在学生对营养学知识的学习基础之上，让学生回顾知识并为后续的分析学习做铺垫。
早餐营养新思考	1. 根据生活经验和材料单说一说什么样的早餐有营养。 2. 教师小结：一份营养的早餐需要包含蛋白质、脂肪和碳水化合物等营养成分，并且每种营养成分需要占一定的比例（出示营养标准）。	学生结合小组一周的早餐调查问卷，依据营养学知识初步判断营养摄入是否达标。学生在交流思辨质疑中，逐渐发现判断方式需进一步改进完善。	结合生活实际，让学生利用身边的真实情境进行数学的数据收集、整理、分析，在分析交流中逐步增加对合理搭配营养早餐的感受。
合理早餐来检验	1. 教师引导学生针对"我的午餐搭配合理吗"这个问题，分解出解决问题的三个步骤：①了解每种食材的营养素含量；②计算午餐所有菜的营养素含量；③调整午餐营养素含量，使之符合标准。 2. 借助百分数，梳理食材营养。 3. 教师小结方法：先从早餐中找出食物重量，再将重量乘上各食物营养成分表中找出的每100克相	1. 学生分组计算一天的午餐营养素含量。基于课前调查，综合所有数据，进一步理解百分数的意义，用扇形统计图呈现各自所占比例。结合观察、分析等方式了解常见食材中的营养物质含量。 2. 全班师生共同交流、分析，感受均衡营养、合理膳食的重要性。	分析关键问题"今日午餐搭配合理吗"，整理出解决问题的清晰步骤，再逐一有序解决。围绕解决关键问题，学生用统计图表整理调查结果，用百分数表达相应数据，并进行分析交流，发展了应用意识和解决问题的能力等。

续表

核心问题	教师活动	学生活动	设计意图
	应营养的百分比,从而计算出该食物所含有的营养含量。根据菜谱中的各营养成分含量绘制一张扇形统计图,并与标准表进行对比,分析各营养成分的比重。		
活动过程齐反思	指导学生根据每个小组的表现分别进行自评和互评,并选出说理达人小组。	1. 根据所学知识,改进自己的早餐搭配。 2. 学生进行组内交流,肯定小组合作中的优点,改进不足。	发展项目化学习,在有目的、有设计、有步骤、有合作、有反思的实践活动中培养学生解决实际问题的兴趣和能力,提高学生的应用意识和创新意识。

【板书设计】

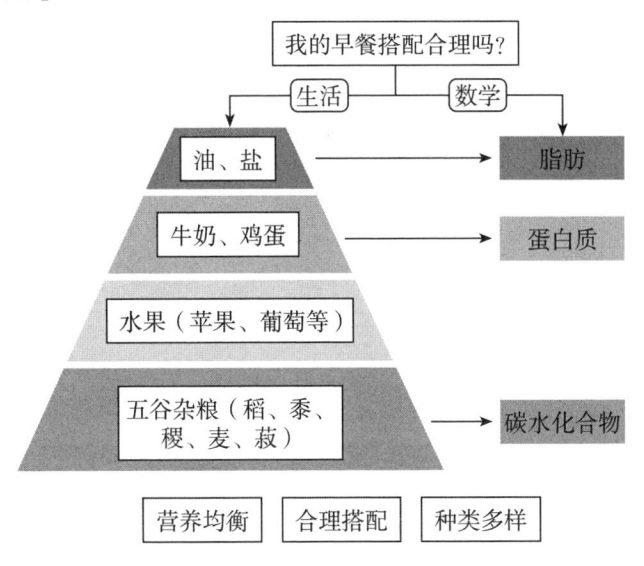

```
            我的早餐搭配合理吗?
             ┌──┴──┐
           生活     数学
    ┌────────┐
    │ 油、盐  │ ────────→  脂肪
    ├────────┤
    │牛奶、鸡蛋│ ────────→  蛋白质
    ├────────┤
    │水果(苹果、葡萄等)│
    ├────────┤
    │五谷杂粮(稻、黍、│ ──→ 碳水化合物
    │ 稷、麦、菽)    │
    └────────┘

  营养均衡   合理搭配   种类多样
```

第五课时 《营养早餐——为特殊人群定制营养早餐（5）》

【主题】

为特殊人群定制早餐。

【学情分析】

学生处于认知发展由具体运算阶段逐步转变为形式运算阶段的过程，从具体思维逐步发展成更复杂的逻辑思维，具有初步的推理和分析的能力。学生的注意力逐渐提高，能更好地集中在任务和学习上。

在之前的学习过程中学生经历了收集和记录早餐、分析每日的早餐是否符合标准，能用扇形统计图和百分数进行合理分析，发展了学生的数据意识、运算能力和解决问题的能力，具备收集和分析信息的能力。

【教材分析】

《营养早餐》是《义务教育数学课程标准（2022版）》以及教材中的一次综合实践的主题。根据新课标要求，本课时通过收集特殊人群的疾病形成原因、饮食禁忌、营养补充等方面，为特殊人群提出相关的饮食建议，树立科学饮食、健康生活的理念。

【课时设计思想】

以生为本：综合实践领域的教学活动强调以解决实际问题为重点，以跨学科主题学习为主，跨学科主题学习注重学生的积极参与和协作学习，以学生为学习的主体，充分调动学生收集数据、调查分析、小组协助的主动性和积极性，发挥主题活动的实践性。

任务驱动：学习活动以学生为主体，在建构主义理论指导下，根据核心问题和子问题设置任务，任务与问题相结合，帮助学生在具体真实的情境中带着任务进行探索，在任务中充分发挥主动性、积极性和创造性。

【教学目标】

1. 资料调查，了解特殊人群（主要有肥胖、心血管、痛风、糖尿病等）与营养的关系；

2. 在资料调查、数据整理、小组合作、分享交流、互动评价等过程中培养解决实际问题的能力及跨学科的能力，发展应用意识、创新意识等核心素养。

【教学重点、难点】

重点：为特殊人群定制早餐。

难点：对特殊人群的饮食展开分析，定制合理的早餐食谱。

【教学资源与工具】

学生资源：从多方面进行课外调查。调查特殊人群的饮食生活习惯，为其搭配营养早餐。

【教学方法】

自主探究、讨论法。

【教学策略】

1. 问题导向：围绕"如何为特殊人群定制早餐"这一核心问题展开调查。

2. 学生主体：给学生充分的空间、时间，对特殊人群的饮食生活习惯展开调查分析，并搭配营养早餐。

【教学过程】

核心问题	教师活动	学生活动	设计意图
任务一：明确研究问题、目的	引导学生明确本次调查的问题、对象，指导学生经历完整的调研过程。	学生明确本次研究任务，并思考调研目的，是为了预防疾病，保持健康。	结合先前的学习，完整经历项目化学习全过程。
任务二：明确研究方法，制定方案	指导学生多方面进行调查，结合调查对象的实际情况，制定调查内容。	学生从发病原因、发病症状、饮食建议、饮食搭配等方面入手，做好小组成员的任务分配。	将前几节课学习的内容、方法进行融会贯通，学以致用培养实践能力，发展团队精神。
任务三：研究小结	通过调查，你会对特殊人群的早餐饮食情况提出怎样的建议？	学生结合食物营养类别、营养成分热量及其占比，对特殊人群的早餐给出搭配建议。	让学生经历数据的收集、整理、分析、研究的过程，学会用数据进行说理，发展数据意识。

65

第六课时　《营养早餐——为特殊人群定制营养早餐（6）》

【主题】

为特殊人群定制早餐。

【学情分析】

学生处于认知发展由具体运算阶段逐步转变为形式运算阶段的过程，从具体思维逐步发展成更复杂的逻辑思维，具有初步的推理和分析的能力。学生的注意力逐渐提高，能更好地集中在任务和学习上，记忆力方面也在不断地发展，能有效地记住和应用知识。

在之前的学习过程中学生经历了收集和记录早餐、分析每日的早餐是否符合标准，能用扇形统计图和百分数进行合理分析，发展了学生的数据意识、运算能力和解决问题的能力。学生已经初步具备分析和选择营养早餐的能力，但是特殊人群有特殊的标准，需要定制不同的早餐，需要教师提供一定的指导。

【教材分析】

《营养早餐》是《义务教育数学课程标准（2022版）》以及教材中的一次综合实践的主题。根据新课标要求，注意引导学生收集特殊人群的信息，通过收集信息，经历调查研究的过程，感悟为特殊人群设计调查方案的重要性，知道如何利用百分数等数学和科学、营养学知识解决实际生活中特殊人群的饮食困境问题，树立科学饮食、健康生活的意识观念。

【课时设计思想】

以生为本：综合实践领域的教学活动强调以解决实际问题为重点，以跨学科主题学习为主，跨学科主题学习注重学生的积极参与和协作学习，以学生为学习的主体，充分调动学生收集数据、调查分析、小组协助的主动性和积极性，发挥主题活动的实践性。

任务驱动：学习活动以学生为主体，在建构主义理论指导下，根据核心问题和子问题设置任务，任务与问题相结合，帮助学生在具体真实的情境中带着任务进行探索，在任务中充分发挥主动性、积极性和创造性。

多元评价：注重过程性评价，借助多元化的评价量表，引导学生进行自评和互评,利用现代信息技术将评价过程呈现,以评促学,进一步培养学生的评价能力。

【教学目标】

1. 资料调查,了解特殊人群(主要有肥胖、心血管、痛风、糖尿病等)与营养的关系。

2. 在资料调查、数据整理、小组合作、分享交流、互动评价等过程中培养解决实际问题的能力及跨学科的能力,发展应用意识、创新意识等核心素养。

【教学重点、难点】

小组合作汇报,学会自评、他评,对作品进行改进,成果体现较好。

【教学资源与工具】

课件、每生一份学习任务单。

【教学方法】

讲授法、讨论法。

【教学策略】

1. 学生主体:给学生充分的空间、时间去表达、倾听、质疑、思辨,逐步建立特殊早餐定制的模型。

2. 任务驱动:根据核心问题设计系列任务,引导学生根据任务要求由浅入深开展教学。

【教学过程】

核心问题	教师活动	学生活动	设计意图
任务一:课前回顾,唤醒思维	1. 教师提问:本次的项目式学习共有六个课时,前面两个课时大家主要围绕营养知识知多少这个主题展开研究,第三、四课时我们研究了的早餐搭配是否合理,大家都有哪些收获? 2. 回顾一下,上课之前我们又做了哪些工作呢?	1. 学生就课前准备活动进行汇报。 2. 学生提出研究问题、选择研究任务、小组进行分工(上网查资料,咨询校医、营养师、医生等)。	在调查研究的过程中培养了实践能力,在参与的过程中发展了团队精神,这些综合能力都为适应未来生活作好储备。

续表

核心问题	教师活动	学生活动	设计意图
任务二：成果汇报	1. 围绕不同人群分析他们的早餐形成的可能原因。 2. 活动评价：小组汇报完后，其他组及时跟进点评。	1. 学生小组汇报。学生围绕特殊人群的特点及在周围人群中的比例、特殊人群的饮食习惯、疾病危害、饮食的注意事项、恰当的食物，以及营养早餐的搭配等方面，通过统计的手段得到数据，进行分析，结合实际情况给予对策。 2. 学生结合集体汇报的内容，点评其他团队方案中的不足，组员记录意见，在下一环节中进行讨论修改。	根据学生的需求提供跨学科技术支持，引导学生在信息技术课上制作调查问卷、收集信息、处理数据。根据调查结果，让学生综合考虑特殊人群的喜好、营养等多种因素，分析菜品和调整搭配，最终形成既符合喜好又符合营养标准的早餐食谱。
任务三：谈改进，说收获	1. 引导学生将合适的建议整合至小组方案中，并派代表汇报。 2. 评选最优秀小组。 3. 谈收获：到这里我们的任务就接近尾声了，回顾一下你们是如何完成任务的？在这个过程中你感受最深的是什么事？有什么话想对自己或同学说吗？	1. 学生就上个环节所整合的意见进行整改，派代表上台就早餐搭配进行合理整改，在集体合作中整理出几套针对不同特殊人群的营养早餐。 2. 参与评选。 3. 学生就本次项目化学习进行反思总结。	通过跨学科的项目化学习，让学生经历调查研究的过程，得到食谱喜好的调研数据，形成复式条形统计图表，让数据可视，思维清晰，建议合理。基于审辩考，让学生用统计法解决问题，提升数据意识。

【板书设计】

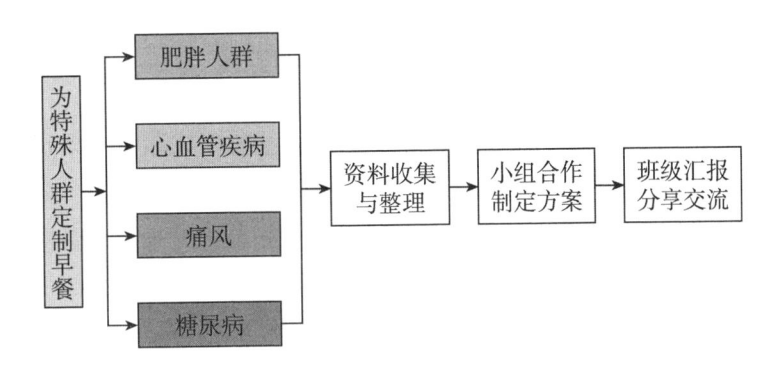

```
                    ┌──肥胖人群──┐
为                  │              │
特  ──┬──心血管疾病──┤   资料收集   │   小组合作   │   班级汇报
殊     │              ├──  与整理  ──┤   制定方案 ──┤   分享交流
人  ──┼────痛风────┤              │              │
群     │              │              │              │
定  ──┴──糖尿病────┘
制
早
餐
```

立足学科实践　探索数据意识落地途径
——《条形统计图》单元整体教学设计

一、单元主题

"统计与概率"作为小学数学四大板块之一，其彰显"用数据说话"的特征得到高度重视。"统计与概率"知识内容的育人价值重在发展数据分析观念，帮助学生体会数学与生活的紧密联系，"初步形成运用数据进行推断的思考方式，养成尊重事实、用数据说话的态度，能明智地应对变化和不确定性，自信而理智地面对充满信息和变化的世界"。条形统计图是"统计与概率"中的内容，是统计图学习的起点，承载着由"表"到"图"过渡的任务，为后续学习折线统计图、扇形统计图提供学习经验和思想基础。

二、单元内容分析

人教版教材在《条形统计图》内容的编排上分两个阶段：四年级上册（单式条形统计图）和四年级下册（复式条形统计图）。四年级上册集中编排单式条形统计图，包括认识单式条形统计图，感受条形统计图能清楚地表示数量的多少的特点，从而初步认识条形统计图的结构特点和优势，进而自主探索以1当2、以1当多的条形统计图的绘制方法，讨论和交流各种条形统计图的联系和区别，从更宏观的角度认识统计图，体会统计思想方法以及建立起初步的数据意识、推理意识。

　　学习完单式条形统计图后，四年级下册学习平均数和复式条形统计图，经历把几个单式条形统计图合并成一个复式条形统计图的过程，感受复式条形统计图具有能反映数量多少和便于比较的特点，能把复式统计图补充完整。

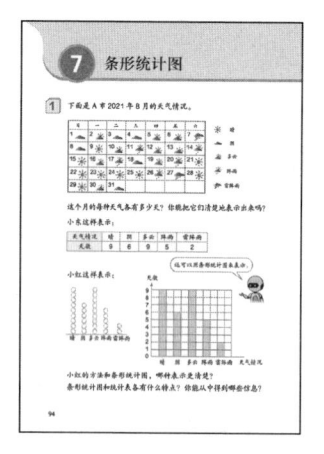

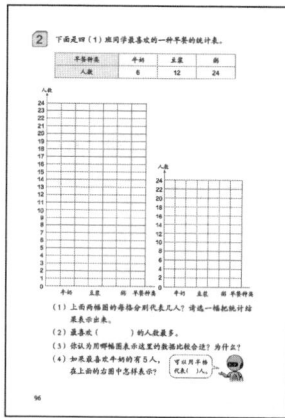

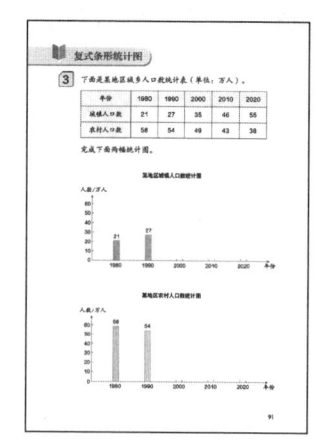

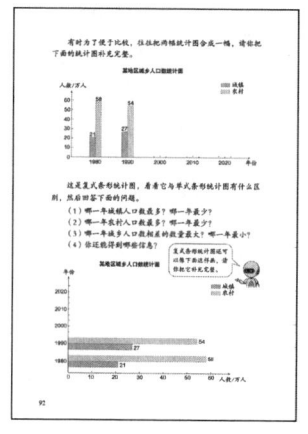

1. 纵向联系知识体系

条形统计图是"统计与概率"知识领域的内容之一。小学阶段统计与概率的学习大体分为五个阶段。第一阶段在一年级下册，包括初步经历简单的数据整理。第二阶段在二年级下册和三年级下册，包括初步学习收集数据和记录数据的方法，初步了解统计表。第三阶段在四年级认识条形统计图，建立初步的数据分析观念。第四阶段在五年级，包括对数据进行简单的分析。第五阶段在六年级上册，主要包括认识扇形统计图。

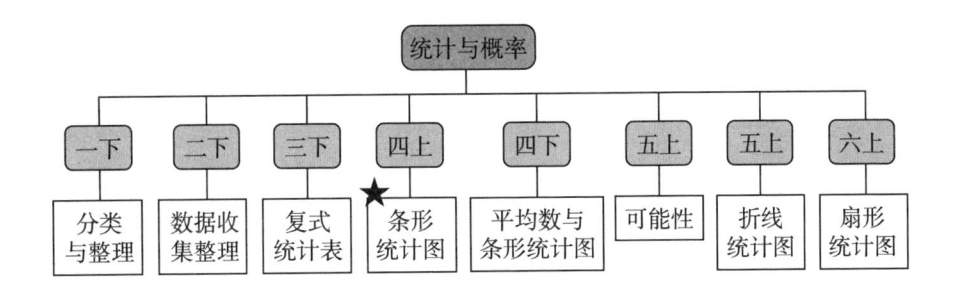

```
                    统计与概率
    ┌────┬────┬────┬────┼────┬────┬────┬────┐
   一下  二下  三下  四上★ 四下  五上  五上  六上
    │    │    │    │    │    │    │    │
   分类 数据收 复式  条形 平均数与 可能性 折线 扇形
   与整理 集整理 统计表 统计图 条形统计图    统计图 统计图
```

由此，条形统计图的教学是小学阶段学生初次接触到的统计图，是从统计表到统计图的一次知识飞跃，学好本单元的知识将为后续相关内容的学习奠定基础，其重要性可见一斑。教学时应帮助学生建立对条形统计图的认识，凸显其作为统计图的表达功能，进而实现学生利用条形统计图进行数据分析。

2. 横向对比各版本教材

人教版、苏教版、北师大版这三种版本教材的引入都是从问题开始，但也有不同。人教版教材：选用的情境是学生熟悉的、数据具有多元化及代表性、可以方便学生读取及分析，内容安排在象形统计图和统计表的基础上引出条形统计图，侧重于各种数据的表示方法。从一系列的数据引发问题，再到数据的整理与表示。在教材梳理过程中我们还发现一个细节，本单元例题中的条形统计图中的直条是没有数据的，但在本册总复习练习和其他年级有关条形统计图的知识都标有数据，所以在教学过程中应引导学生将数据标注在直条上方。苏教版教材：采用画"正"字的方法，并提供了分类统计的记录单。在分段整理数据时，要求学生做到不重复、不遗漏，并把各个数据的正确归属到统计表里。北师大版教材：提出调查的主题及调查的方法，再引出条形统计图，通过师生互动，根据调查的数据在格子图中进行涂色，形成条形统计图。

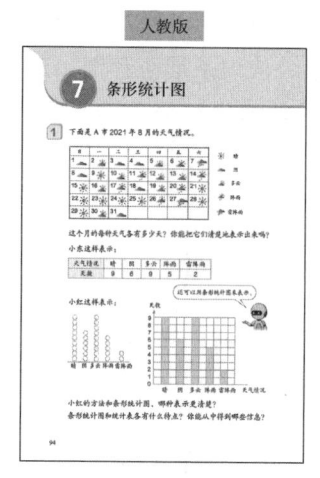

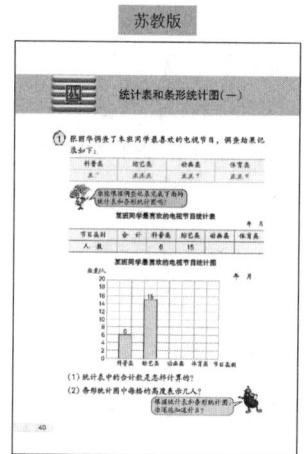

以上三个版本选取的素材都是学生熟悉的，与生活息息相关，都把重点放在学生收集、分析和处理数据的能力培养上。一方面可以加深学生对数学知识的理解，另一方面能让学生在熟悉的情境或事件中用统计去解决问题，从而体会统计和生活的密切联系，感受统计的实用价值。

3. 单元教学重新架构

基于以上的分析，知识具有连贯性。从单元整体教学的视角出发，我们对条形统计图的教学做了适当调整，将单式条形统计图和复式条形统计图的教学融合到一起，让学生经历收集、整理、描述、分析数据的过程，经历"运用数据进行推断"的思考过程，体会学习条形统计图的必要性，感悟数据对于事情发展趋势的判断作用。

本单元整体教学设计共分 5 个课时：认识条形统计图 1（1 格代表 1 个单位）、认识条形统计图 2（1 格代表多个单位）、认识复式条形统计图、复式条形统计图的应用和综合实践。

```
                    ┌─ 认识条形统计图1
                    │  （1格代表1个单位）  关键课题1
         ┌─ 条形统计图 ─┤
         │          └─ 认识条形统计图2
         │             （1格代表1个单位）
         │
条形统计图 ─┤          ┌─ 认识
         │          │  复式条形统计图
         ├─ 复式条形统计图 ─┤
         │          └─ 复式条形统计图
         │             的应用         关键课题2
         │
         └─ 综合实践  关键课题3
```

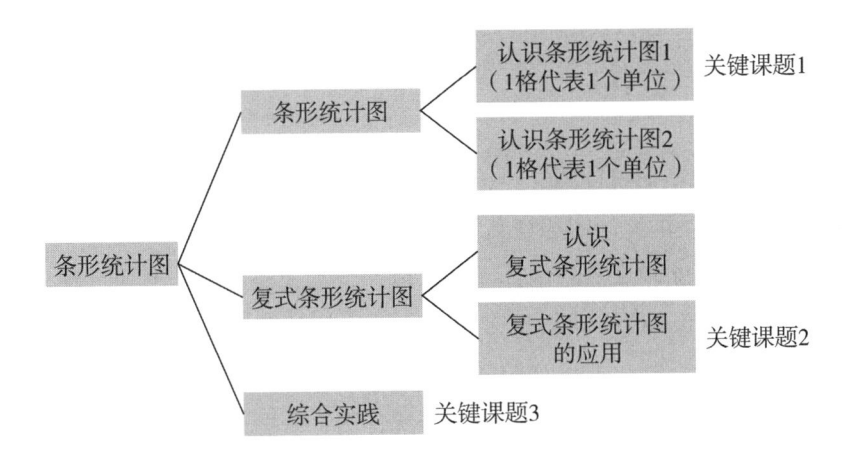

三、学情分析

1. 逻辑起点

在认识条形统计图时，学生已经学习了简单的统计知识，初步体验了数据的收集、整理、描述和分析的过程，会用简单的方式（画图、文字、表格等）来描述数据，并能根据统计表提出简单的问题加以解决，具有初步的统计意识和能力。四年级的学生其实或多或少见到过条形统计图，但没有深入了解。他们通过以往的学习，积累了一定的统计经验，该年龄段的学生思维比较活跃，接受知识的能力较强，具备一定的逻辑推理能力和分析问题能力。

2. 现实起点

根据以往教学经验和前测的情况，学生存在如下学习困难：（1）对条形统计图的制作及运用是陌生的，学生对怎么用条形统计图描述和表达数据，及条形统计图有什么特点不容易理解；（2）数据分析的意识是淡薄的，对数学学习的价值体验不深。

因此，本节课学生知识生长点应建立在已有的知识体系上，加强新旧知识的勾连，激发学生积极思考、对比新旧知识的联系与区别，体会运用数据进行表达与交流作用，是学生从数据分类学习向数据的收集、整理与表达的进阶迈进。

四、单元学习目标

1. 认识单式条形统计图、经历条形统计图创作的过程，掌握整理数据的基本方法，理解条形统计图的意义。

2. 经历把几个单式条形统计图合并成一个复式条形统计图的过程，感受复式条形统计图具有能反映数量多少和便于比较的特点，能把复式条形统计图补充完整。

3. 比较横向条形统计图与纵向条形统计图，掌握两种条形统计图在形式上的不同和本质上的相同，体会条形统计图表示数据的多样性。

4. 体会学习条形统计图的必要性，引导学生经历数据收集、整理、描述和分析的过程，感悟条形统计图直观形象的特点。

5. 读懂生活中的条形统计图，能根据条形统计图中的数据提出并解答简单的问题，体会数学与生活的紧密联系，初步形成运用数据进行推断的思考方式，发展数据意识。

五、单元设计理念

伟大的哲学家、科学家和教育家亚里士多德如是说："实践是知识的唯一来源。"数据意识跟计算、作图等技能有着本质的不同，学生需要在亲身经历实践的过程中形成对数据的综合感受。因此，整理数据的实践过程是培养学生数据意识的关键环节。对于条形统计图的学习，教师如果仅停留于读图提取数据、识图分析数据等较为浅层意义的问题探究上，而没有让学生亲身经历统计图的形成过程，就很难让学生感受到数据背后所蕴含的信息，学生也很难真正体会到运用数据进行表达与交流的重要性。这显然不利于学生数据意识的形成。

2022年版课标指出："条形统计图教学要通过现实背景，让学生理解条形统计图中横轴和纵轴的意义及二者之间的关联，知道条形统计图的主要功能是表达数量的多少，借助条形统计图可以直观比较不同类别事物的数量。"因此，在教学中，教师要关注核心问题的设置，驱动学生在实践过程中经历纵轴、格子图与直条图的产生，经历从统计表、象形统计图到条形统计图的形成过程，使学生感受到条形统计图在直观呈现不同类型数据的数量、反映数据分布状态方面所具有的优越性，为其后续正确分析与应用数据，进行判断与决策打基础。

培养学生的数据意识既是条形统计图教学的核心目标，也是培养学生数学素养、实现育人目标的重要组成部分。我们应充分发挥统计图学习的独特价值，基于学生认知的最近发展区，自然渗透，逐步培育"用数据说话"的思维习惯，将学科育人落到实处。

统计是数据分析的科学和艺术，统计课程的核心是发展数据分析观念。基于以上理解，结合数据分析观念主要体现的三个方面，对本单元素养作业的设计作以下思考：

1. 依托情境脉络，亲近数据，唤醒分析意识。依托真实情景，依靠数据背景，让数据"活"起来。了解在现实生活中有许多问题应先做调查研究，收集数据，通过分析作出判断，体会数据中是蕴含信息的。以学生正在进行的"爱阅读"活动为载体，创造性地使用真实前沿的社会热点作为情境，经历真实数据的产生，感悟数据统计的必要。

2. 借助多种方法，分析数据，激活丰富表征。立足问题需要，借助多种方法，让数据"动"起来。了解对于同样的数据可以有多种分析的方法，需要根据问题的背景选择合适的方法。同样是历年各类粮食产量的数据，却有多种不同的数据表达，以问题为媒介，灵活选择不同的图表，感悟分析方法的多样。

3. 灵活分析推断，实践数据，发挥统计价值。拓宽数据视野，合理推理发展，让数据"用"起来。通过对不同统计图与相应结论的选择，以及调查方案的迁移，发挥数据分析的价值，将数据真实应用于生活，培养学生适应未来社会生活，建立长远发展的格局。

六、单元流程图

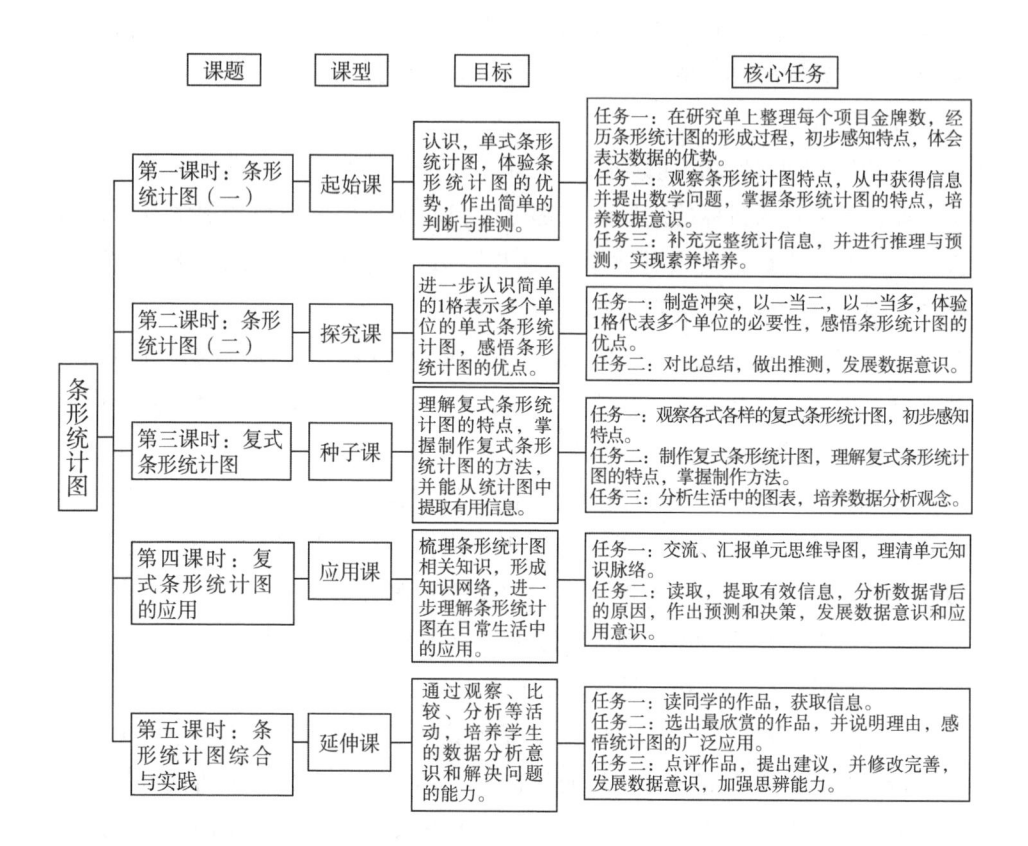

课题	课型	目标	核心任务
第一课时：条形统计图（一）	起始课	认识单式条形统计图，体验条形统计图的优势，作出简单的判断与推测。	任务一：在研究单上整理每个项目金牌数，经历条形统计图的形成过程，初步感知特点，体会表达数据的优势。 任务二：观察条形统计图特点，从中获得信息并提出数学问题，掌握条形统计图的特点，培养数据意识。 任务三：补充完整统计信息，并进行推理与预测，实现素养培养。
第二课时：条形统计图（二）	探究课	进一步认识简单的1格表示多个单位的单式条形统计图，感悟条形统计图的优点。	任务一：制造冲突，以一当二，以一当多，体验1格代表多个单位的必要性，感悟条形统计图的优点。 任务二：对比总结，做出推测，发展数据意识。
第三课时：复式条形统计图	种子课	理解复式条形统计图的特点，掌握制作复式条形统计图的方法，并能从统计图中提取有用信息。	任务一：观察各式各样的复式条形统计图，初步感知特点。 任务二：制作复式条形统计图，理解复式条形统计图的特点，掌握制作方法。 任务三：分析生活中的图表，培养数据分析观念。
第四课时：复式条形统计图的应用	应用课	梳理条形统计图相关知识，形成知识网络，进一步理解条形统计图在日常生活中的应用。	任务一：交流、汇报单元思维导图，理清单元知识脉络。 任务二：读取、提取有效信息，分析数据背后的原因，作出预测和决策，发展数据意识和应用意识。
第五课时：条形统计图综合与实践	延伸课	通过观察、比较、分析等活动，培养学生的数据分析意识和解决问题的能力。	任务一：读同学的作品，获取信息。 任务二：选出最欣赏的作品，并说明理由，感悟统计图的广泛应用。 任务三：点评作品，提出建议，并修改完善，发展数据意识，加强思辨能力。

七、单元作业设计

板块一：知识梳理，构建全局意识

本单元我们学习了"条形统计图"的知识，请你按照以下脉络整理绘制本单元的思维导图。

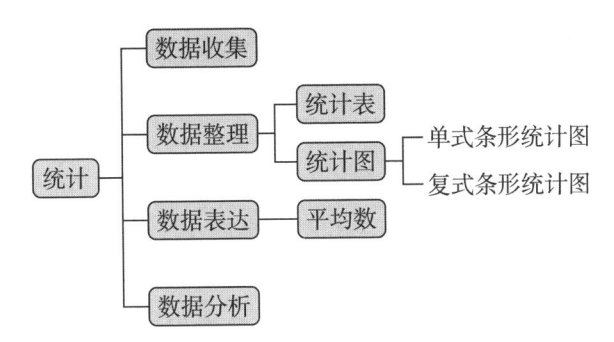

```
                    ┌─ 数据收集
                    │
                    │              ┌─ 统计表
                    ├─ 数据整理 ──┤
                    │              │           ┌─ 单式条形统计图
    统计 ───────────┤              └─ 统计图 ──┤
                    │                          └─ 复式条形统计图
                    ├─ 数据表达 ─── 平均数
                    │
                    └─ 数据分析
```

[设计意图] 借助思维导图的形式帮助学生更好地梳理本单元的重要知识。提供如上图所示的框架能帮助学生更好地从统计的全局视角出发，不但理清本单元知识点之间的关系，更能知道"平均数"和"复式条形统计图"在整个统计流程中所处的环节和地位，更好地感悟这两个概念的统计意义和价值。

板块二：知识闯关，落实数学素养

1. 下列情况中最适合用平均数来进行决策或判断的是（　　）。

A. 调查一（1）班学生跳绳的平均数，据此估计一（2）班小红跳绳的下数

B. 水塘的平均水深是 1.4 m，据此判断身高 1.5 m 的小朋友去游泳是否有危险

C. 分别调查两个公司的平均工资来比较两公司中甲乙两员工的工资水平

D. 根据两个国家儿童的平均阅读本数来比较两个国家儿童的总体阅读量

[设计意图] 本题意在检测学生对平均数"代表性"和"虚拟性"的理解。知道平均数可以刻画一组数据的集中趋势，但是不能完全代表个体的水平。同时，丰富的生活场景也可以让学生感受数学与生活的密切联系，逐渐培养用数学的眼光观察世界的意识。

2. 明明所在班级的数学平均分是 92 分，那么小明的成绩可能是（　　）。

A. 92 分　　　　　　　　B. 80 分

C. 100 分　　　　　　　D. 以上都有可能

[设计意图] 本题选取与学生息息相关的成绩作为背景，检测学生对平均数"虚拟性"的认知。

3. 第二小学开设了 8 个兴趣小组，其中参加篮球组的人数最多，有 36 人，参加书法组的人数最少，有 15 人。平均每个兴趣小组可能有（   ）人。

　　A. 36 人　　　　B. 15 人　　　　C. 23 人　　　　D. 14 人

[设计意图] 本题检测学生对平均数"区间性"的理解，知道平均数应位于最大值和最小值之间。

4. 第二小学组建篮球队，已知 5 位队员平均身高是 1.6 米，如果姚明（身高 2.26 米）也加入篮球队，这时篮球队队员的平均身高（   ）。

　　A. 变高　　　　B. 变矮　　　　C. 不变　　　　D. 无法确定

[设计意图] 本题检测学生对平均数"敏感性"的理解，知道平均数会受到个别值，特别是极端数据的影响。

5. 下列选项中虚线的位置最能表示聪聪三次踢球的平均水平的是（   ）。

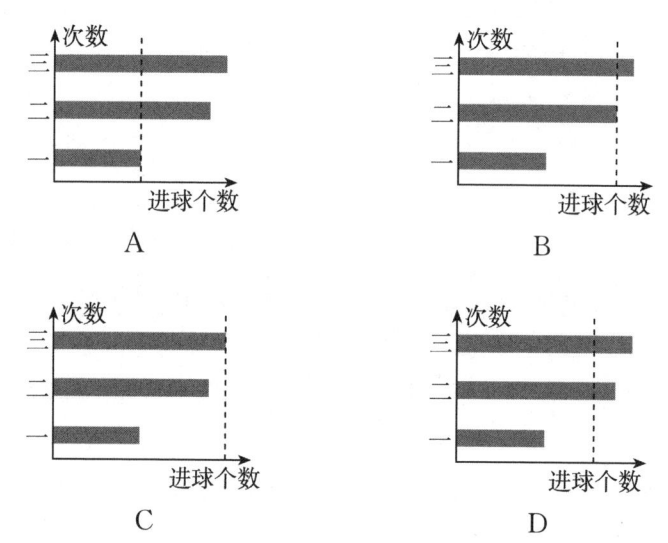

A

B

C

D

[设计意图] 本题将本单元两大板块的知识进行了融合，是数形结合的完美体现，同时也考查了用移多补少计算平均数以及平均数的虚拟性这两个知识点，培养学生的几何直观素养和数据意识。

板块三：生活实践，解读生活中的统计信息

根据下面两位同学的成绩挑选一个参加朗诵比赛。

明明的成绩					天天的成绩				
92	89	89	88	92	90	96	85	83	96

（1）算一算，他们的平均成绩各是多少？

（2）如果你是评委，你会选谁参加？说说你的理由。

[设计意图]通过认识当两组数据的平均数一样时，各个数据特别是极端数据对于平均数的影响，进一步丰富学生对平均数特点的认识。

板块四：项目驱动，开展综合实践活动

书籍是人类进步的阶梯，某校正如火如荼地开展多种形式的爱阅读活动，评选"爱阅读书香班级""爱阅读榜样个人"等。

1. 某学校四年级各班参加"爱阅读书香班级"评选。

班　级	四（1）班	四（2）班	四（3）班	四（4）班
人数	40	39	40	38
最低年阅读量	21	15	/	/
最高年阅读量	109	120	/	/
平均年阅读量		65	45	65

（1）四（1）班平均年阅读量可能是（　　）。

A. 18 本　　　B. 110 本　　　C. 62.5 本　　　D. 21 本

（2）四（2）班原来年平均阅读量为 65 本，新转来一位同学的年阅读总量为 105 本。现在四（2）班年平均阅读量可能为（　　）。

A. 64 本　　　B. 65 本　　　C. 66 本　　　D. 67 本

（3）四（3）班一位同学的年阅读量为 59 本，结合下列统计表，他在班级里阅读量偏（　　），他在年级里阅读量偏（　　）。

四年级各班学生年阅读量分段统计表

	四（1）班	四（2）班	四（3）班	四（4）班
15—29本	1	1	3	0
30—44本	6	4	14	4
45—59本	11	9	15	10
60—74本	20	22	5	21
75—89本	1	2	1	2
90—104本	0	1	2	0
105—120本	1	0	0	1

（4）下面的统计图中，横线所在的位置能反映四年级平均阅读量的是（　　）。

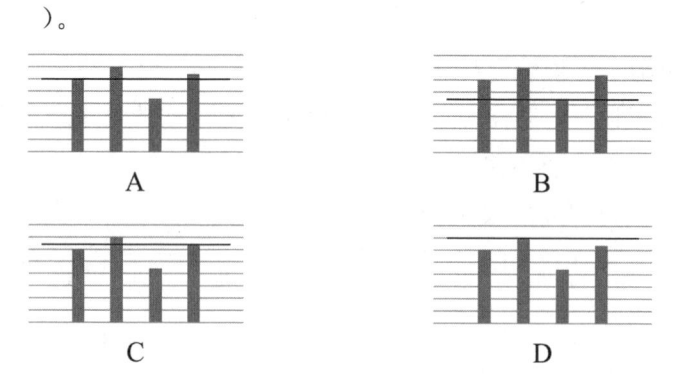

A　　B

C　　D

[设计意图] 通过阅读活动，让学生在对比中加深对条形统计图特点的认识，学会灵活运用统计知识来分析问题和解决问题。不提供竖轴上的数量，让学生学会观察比较图上每个直条的长短和数据，从直观感受和推理出未知直条数据的多少，体现了数据意识与推理的结合。

2. 汤汤和荷荷积极参与"爱阅读榜样个人"评选，下面是她们2024上半年每月的阅读量。

2024年上半年每月阅读书本数量统计表

	1月	2月	3月	4月	5月	6月	月平均
汤汤	13	11	8	9	8	11	
荷荷	14	13	6		4	8	9

（1）将上表补充完整。

（2）小明也想参评"爱阅读榜样个人评选"，她2024年上半年阅读量至少要达到（　　）本，才能参加评选。根据这个阅读量，小明1~3月共阅读了37本，剩下三个月，每个月平均阅读了（　　）本。

（3）想要对比两人每月的阅读量，绘制成（　　）更适合，请你动手绘制一下。

［设计意图］引导学生观察现实情境中蕴含的数据大小，学会分析信息，寻找数据与信息的联系，并能根据开放的信息让学生猜想并推理出符合条件的数据来绘制条形统计图，会根据统计图回答问题，给出合理建议。

八、课时教学设计

第一课时　《认识条形统计图（1）》

【主题】

聚焦统计本质，让"数据"说话。

【学情分析】

在第一学段，学生已经初步经历了简单的数据整理过程，能够用自己喜欢的方式（文字、图画、简单的统计表等）呈现分类计数的结果，会用简单的方式（画图、文字、表格等）来描述数据，并能根据统计表提出简单的问题并加以解决，具有初步的统计意识和能力。本节课的学习是进一步学习复式条形统计图、折线统计图、扇形统计图等知识的基础。

【教材分析】

条形统计图是"统计与概率"知识领域的内容之一。人教版教材在《条形统计图》内容的编排上分两个阶段：四年级上册（单式条形统计图）和四年级下册（复式条形统计图）。本节课是第一课时——单式条形统计图，不仅在日常生活中有着广泛的应用，而且也是学生进一步学习复式条形统计图、折线统计图等知识的基础，教材以日历的形式呈现了北京市 2012 年 8 月的天气情况，让学生把这个月的天气情况清楚地表示出来，结合学生已有经验先呈现学生的表示方式：统计表、画圈圈的象形图，在此基础上再给出条形统计图，通过条形图与统计表、象形图的对比，感受条形图的特点。本节课对素材进行调整，以现实情境"奥运会"为主线，表示获金牌的主要比赛项目数量为问题导向，引导学生经历数据分类整理和用不同方法描述数据的过程，体验从条形统计图中获得信息的方法，初步感受条形统计图具有直观形象表示数据的特点和优势，进一步培养学生的统计意识和能力，有助于数据意识和应用意识的发展。

【课时设计思想】

2022 年版新课标指出：统计教学应引导学生在学习过程中，了解统计的基础知识，感悟数据分析的过程，形成数据意识；注重发挥情境设计与问题提出对学生主动参与教学活动的促进作用，使学生在活动中逐步发展核心素养。

鉴于此，本节课在教学时进行学科融合，以现实情境"奥运会"为主线，以"表示获金牌的主要比赛项目数量"为问题导向，学生在具体的情境中经历数据的收集、整理、描述和分析的过程，依据统计的结果进行分析，培养学生的数据意识和应用意识，渗透爱国教育，感受统计的价值。

【教学目标】

1. 认识单式条形统计图、经历条形统计图创作的过程，掌握整理数据的基本方法，理解条形统计图的意义。

2. 经历在现实情境中用不同方式整理数据的对比过程，体验条形统计图的优势，能根据图中的信息作出简单的判断和推测，培养学生数据意识。

3. 使学生体会统计在现实生活中的作用，感受数学与生活的密切联系，激发学生学习数学的兴趣，建立学好数学的信心，养成勇于探索的科学精神。

【教学重点、难点】

重点：理解条形统计图的特点，会制作条形统计图，能根据图中的信息作出简单的判断和推测，培养数据意识。

难点：会根据条形统计图中的信息作出简单的判断和推测，培养数据意识。

【教学资源与工具】

教师资源：人教版小学数学四年级上册课本和教学用书，专门为本课设计的课件，每生一份探究单与作业单。

学生资源：人教版小学数学四年级上册课本，课前调查。

【教学方法】

讲授法、讨论法。

【教学策略】

1. 问题驱动：创设符合新时代价值观的问题情境，注重核心问题的提出，深度挖掘知识本质展开教学，围绕着数据意识的培养展开教学。

2. 知识重构：不断提出新的情境，打破原有认知结构，自主建构新的知识体系。

3. 多重操作：引导经历完整的数据收集整理、分析、表达、预测的过程。

4. 学生主体：在自主尝试、观察思考、互动交流、总结发现等活动中，完成知识构建。

【教学过程】

核心问题	教师活动	学生活动	设计意图
一、问题驱动，自主探索 1. 分享课前收集的信息，引出研究主线。	1. 分享奥运会的相关信息。简要介绍奥运会的核心知识及精神。 师：在这次奥运会中，中国代表团奋力拼搏，获得40金、27银、24铜共91枚奖牌。 2. 出示统计的主要内容。	1. 课前调查了解第23届奥运会中国获奖牌情况，分享奥运会获奖牌的相关信息。 2. 学生尝试表示在研究单上。	2022年版新课标指出：注重发挥情境设计与问题提出对学生主动参与教学活动的促进作用，使学生在活动中逐步发展核心素养。

续表

核心问题	教师活动	学生活动	设计意图
2. 任务驱动，自主探索。 任务一：怎样整理能让人一眼就看出每个项目有几枚金牌呢？	师：大家从互联网上调查发现40枚金牌分别在14个运动项目中，其中主要在这6个项目。老师也和大家一样用"正"字法收集了这6个项目的金牌数。 板书：收集 课件： 第33届夏季奥运会中国获金牌的主要比赛项目统计情况 体操 乒乓球 跳水 射击 拳击 举重 丁　正　正下　正　下　正 3. 巡视、观察、指导。 板贴：整理 4. 展示汇报作品。 (1) 展示"统计表"统计法。 小结：用统计表来表示数据看起来要比"正"字统计法更清晰。 (2) 展示"象形图"统计法。 师：他是用画图的方式来表示的。谁看懂了？ 引导学生评价这种方法的优缺点。 (3) 展示不完整的"条形统计图"统计法。 师：这位同学很有想法，他自己创造了这样的图，说说看，你是怎么想的？指名上台说明，并请其他学生评价说理。	3. 汇报交流。 学生上台说出数数量的过程。 生₁：1个圆圈代表1枚金牌数，体操项目得3枚金牌，就画3个圆圈。 预设：图形画的有大有小，竖排画的也不够整齐。 预设：为了让图形更规范，我们可以添上表格，在表格里画圆。这样就可以画出整齐的图形了。 生₂：为了更清楚地看出数据的多少，可以在旁边标上数据。	鉴于此，本节课在教学时进行学科融合，以现实情境"奥运会"为主线，以"表示获金牌的主要比赛项目数量"为问题导向，学生在具体的情境中经历数据的收集、整理、描述和分析的过程，依据统计的结果进行分析，培养学生的数据意识和应用意识，渗透爱国教育，感受统计的价值。 经历条形统计图的形成过程，初步感知条形统计图的特点，体会用条形统计图表达数据的优势，为后面的数据意识培养奠定基础。

续表

核心问题	教师活动	学生活动	设计意图
	5. 经历条形统计图的形成过程，初步感知条形统计图的特点。 课件：从象形图过渡到条形统计图的动态演绎过程。 师：通过刚才的思考和创造，我们创造出了一种新的整理表达数据的方法——条形统计图。 板贴：条形统计图		
二、识图析图，聚焦本质 任务二：理解分析图中信息，掌握条形统计图的特点，培养数据意识。 问题：认真观察，条形统计图有什么特点？从中你能获得哪些信息？你能提出什么数学问题？	课件： 第33届夏季奥运会中国获金牌的主要比赛项目统计图 （金牌数（枚）：体操2，乒乓球5，跳水8，射击5，拳击3，举重5） 1. 小结统计图的各部分，（课件逐一呈现）横轴、纵轴、标题等。 (1) 指导规范画条形图直条的方法。 (2) 读图、析图，培养数据意识。 师：从条形统计图中你能获得	(1) 集体交流，明确条形统计图1格代表一个单位。 (2) 学生书空画直条。 (3) 学生读图、析图，畅所欲言，发现统计图中的数学信息并提出数学问题。 生：条形统计图更清楚，因为不用数，一眼就能看出来。 预设：统计表中有数，能够一眼看出是多少，但要想知道谁最多、谁最少，还得将这些数	2022年版新课标指出：统计教学应引导学生在学习过程中，了解统计的基础知识，感悟数据分析的过程，形成数据意识。 条形统计图其实就是一种无声的数学语言，实现了信息、数据和我们之间的沟通和交流。 学生经历条形统计图创作的过程，掌握整理数据的基本方法，理解条形统计图的意义；经历在现实情境中用不同方式整理数据的

续表

核心问题	教师活动	学生活动	设计意图
	哪些信息?(板书:表达) 问:哪个比赛项目获金牌数最多? 小结:不看数据,直接通过直条的长短就能直观地看出数量的差异,这就是条形统计图最大的特点(优势),借助直条这个"形"来直观地表示数据,正是做到了"数与形"的有效结合。 师:跳水项目获金牌数最多,源于国家重视对苗子的从小培养,中国跳水队具有独具一格的训练模式和培养理念。刚才同学们对这个统计图的数据进行了分析。(板书:分析) 师:你想对运动健儿们说什么? 2. 比较分析,进一步体会条形统计图的特点及三者之间的联系。 师:回顾一下,现在我们已经知道表达数据的方法不仅有统计表,还有统计图。 课件出示:统计表、象形图和条形图,仔细观察这三种不同表达数据的方法,它们有什么特点和联系?先独立思考,再和同桌交流。	进行比较。而条形统计图不用看数据,通过直条的高低就能快速(直观)看出,更便于比较。	对比过程,体验条形统计图的优势,能根据图中的信息作出简单的判断和推测,培养数据意识。

续表

核心问题	教师活动	学生活动	设计意图
	(1) 把条形图与象形图进行对比，深刻体会"清楚"这一特点。 师：正是因为条形统计图有了纵轴上的数据，所以能更清楚地表示数据的多少。 （板书：更清楚） (2) 条形图与统计表进行对比，体会"直观、便于比较"的特点。 师：统计表和统计图都能反映出数量的多少，但条形统计图更能形象直观地表示数据的多少。 （板书：直观） 小结：它们各有自己的特点，也有着密切的联系，我们要根据生活的需要选择合适的表达方式。条形统计图能更直观地看出数量的多少，做到了"数与形"的有效结合。 （板书：数形）		
三、知识拓展、活学应用 任务三：结合统计图表，补充完整统计图	1. 冬奥会。 师：2022年2月4日至2月20日，我国北京举办第24届冬季奥运会。下面是第24届冬奥会奖牌榜前四个国家的金牌情况。 课件：	(1) 学生结合统计知识阐述读统计图中数据的方法。 学生观察，进行合理猜想。 (2) 学生独立补充图表信息。个别学	从夏季奥运会到冬季奥运会，又回到夏季奥运会的总奖牌数，结合当前热点话题，串联情境，并联结构，力求教学主线一致

87

续表

核心问题	教师活动	学生活动	设计意图
息，并进行推理与预测。	下面是2022年北京冬奥会奖牌榜前四个国家的金牌情况。 中国 美国 挪威 德国 金牌数（枚） 20 19 18 17 16 15 14 13 12 11 10 7 6 5 国家名称 （1）出示最左边第一根直条。你认为这是哪个国家的金牌数？多少枚？你怎么看。 是呀，读直条信息时要横轴、纵轴结合着看。 师：那其他三个国家分别得几枚金牌呢？看，你能读懂下面的图表信息吗？请补充完整。 下面是2022年北京冬奥会奖牌榜前四个国家的金牌情况。	生汇报完成较快的秘诀，其他学生核对学习。 （3）生结合图表描述。 学生进行合理的预测，抒发自己的爱国情感。 学生感受条形统计图能更直观地表示数量的多少，加深对知识本质的理解，同时感受中国的强大，增强文化自信。	性，开展绿趣课堂，聚焦统计本质，在落实数据意识培养的同时，激发爱国情怀，增强文化自信，实现学生的素养成长。 学生能结合条形统计图中的信息及背景信息发表自己的感想，接受爱国教育，同时培养数据意识。 进一步让学生感受条形统计图能更直观地表示数量的多少，加深对知识本质的理解，同时呈现数据更大，不够画在一张统计图里，启发学生思考："怎么办？怎么画在一张条形统计图里呢？"为下节课学习《一格表示几》做准备，启发课后预学，培养孩子自主学习的好习惯。

续表

核心问题	教师活动	学生活动	设计意图

国家	挪威	德国	中国	美国
金牌数	16	12	9	

把统计图、表补充完整,并回答问题。
(1)每格代表( )枚。
(2)美国比中国少1枚金牌。

师拍照上传完成较快的同学的练习,并请他们介绍完成这么快的秘诀。课件适时出示,先标出纵轴,画条形直条时先画外框,再涂阴影。

(2)问:你还能获得哪些信息?提出什么问题?分析数据背后的信息。

师介绍背景信息:第24届冬奥会挪威获得金牌最多,挪威是世界上最靠近北极的国家,常年冰雪覆盖,经济高度发达,在那里,参与冰雪运动,就像吃饭睡觉一样。

89

续表

核心问题	教师活动	学生活动	设计意图
问题：根据这些背景信息，请你预测：下一届冬奥会中国可能会得到几枚金牌？为什么这么预测？	虽然冰雪项目不是我们国家最擅长的体育竞技运动，但现在我们也十分重视，也在不断完善青少年培养系统。如在冰雪政策及冰雪体育赛事的多重利好下，近年来我国冰雪产业市场规模不断扩大，行业发展进入快车道。出示图片： （3）教师引导学生进行合理合情预测。 2. 夏季奥运会。 你们知道吗？我们的很多体育强项都出现在夏季奥运会上，看，这次奥运会我们的总金牌数就与美国并列排名第一。		

续表

核心问题	教师活动	学生活动	设计意图
	第33届夏季奥运会前四名国家金牌数量统计图 （条形统计图：中国40、美国40、日本20、澳大利亚18） 问：什么感觉？ 师：是的，我们骄傲，我们自豪，这次我们中国获得的总奖牌数为91枚，美国126枚，日本45枚，澳大利亚53枚。		
任务四：感受生活中的条形统计图，进一步培养数据分析意识	问：数据越来越大，条形统计图不够画，怎么办？怎么能画在一张条形统计图里呢？并作为预学作业布置。 1. 欣赏生活中的条形统计图。 四（1）班男同学身高情况统计图 （条形统计图：130~134为1人、135~139为6人、140~144为5人、145~149为3人、150~154为3人）	学生欣赏生活中的其他条形统计图，认识横式条形统计图。 学生结合条形统计图进行合情推理与分析。	从奥运会素材到生活中的其他条形统计图，感受数学与生活的紧密联系，同时依据统计结果进行分析，并提出一些合理的建议，使学生再次感受统计的价值，体会统计在现实生活中的作用。 出示未体现数据的

续表

核心问题	教师活动	学生活动	设计意图
	四（1）班同学参加艺术节活动人数统计图 唱歌 10 跳舞 9 绘画 14 书法 10 0 1 2 3 4 5 6 7 8 9 10 11 12 13 14 15 2. 练习辨析，培养思维灵活性。 师先出示统计图，让生思考推理可能统计什么？ 再问：上面的统计图适合统计（　　）。 A. 优优 7—10 岁连续四年的身高情况 B. 5 种彩色笔的销售情况 C. 4 名同学的考试得分情况 D. 不同性别的人数情况		条形统计图，让学生先思考可能的统计内容，旨在培养学生的推理能力、估测能力、应用意识等；接着辨析选择，不仅要求学生能收集整理分析数据，也要能够根据已有数据进行合情的推理，提升学生的数据分析意识。

续表

核心问题	教师活动	学生活动	设计意图
四、总结反思、提升思考	师：通过这节课的学习，你有什么收获与反思？ 引导学生可以这样反思总结： 收获反思： 今天的学习，我学会了_____。我在_____方面有进步，在_____方面表现不够，以后要注意的是_____。	学生反思总结。	通过反思总结经验，促进自身能力的发展。

【板书设计】

$$统计 \begin{cases} 收集 \\ 整理 \\ 表达 \\ 分析 \end{cases}$$

条形统计图
↙　　↘
数　　　形
数据直观　便于比较

【作业设计】

1. 学校在 5 月份"童心阅读，悦读阅读"读书节活动中调查"你最喜欢看哪类书？"四年级有 60 个学生的回答情况如下表：

文学类	正 正 正
科技类	丅
故事类	正 正 正 正 正 丅
漫画类	正 正 正

下面统计图与上面表格信息依次相符的是（　　）。

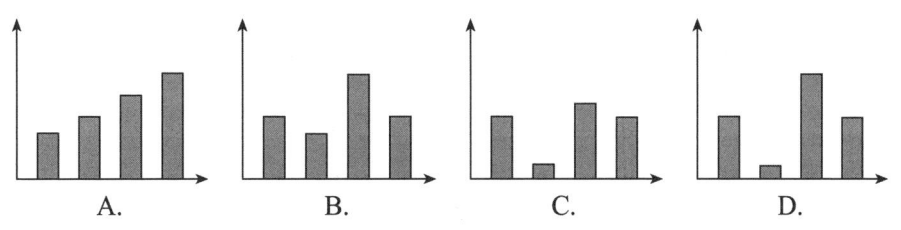

A.　　　　B.　　　　C.　　　　D.

我是这样想的：_____。

［设计意图］不提供竖轴上的数量，让学生学会观察比较图上每个直条的长短和数据，从直观感受和推理出的信息依次比较，有效地培养了数据意识与推理意识。

2. 你经常在家里做一些力所能及的家务吗？下面是四（1）班同学家务劳动情况统计：

四（1）班同学家务劳动情况统计表

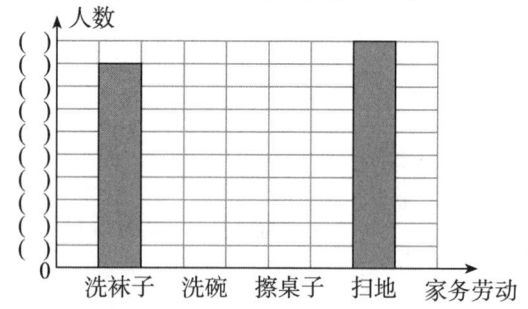

家务劳动	洗袜子	洗碗	擦桌子	扫地
人数	9	7	10	（ ）

四（1）班同学家务劳动情况统计图

补充如上的统计表和统计图，并回答如下问题。

①四（1）班共有（　　）人。

②请你提出一个数学问题并解答。

③对待家务劳动，我想说：_____。

［设计意图］新课标提出：加强学科综合、注重关联，加强课程内容与学生经验、社会生活的联系，进行跨学科融合。创设家务劳动的统计情境，学生结合调查的数据信息进行辨析解决，促进学生数据意识与应用意识的提升，同时渗透思政教育。

【学习评价】

自我评价	☆☆☆☆☆	完成时间	
家长评价	☆☆☆☆☆		
教师评价	☆☆☆☆☆		

第二课时 《条形统计图（2）》

【主题】

重构知识，发展数据意识。

【学情分析】

在第一学段，学生已经初步经历了简单的数据整理过程，能够用自己喜欢的方式（文字、图画、简单的统计表等）呈现分类计数的结果。前一节课例1的教学已使学生初步认识条形统计图（1格代表1个单位），会用条形统计图（1格代表1个单位）描述数据，表示统计结果。

【教材分析】

教材为了培养学生的数据分析观念和应用意识，创设了贴近生活的情境，让学生完整地经历收集数据、整理数据和分析数据的过程。

例2的数据比例1的数据大，随着统计数据的增大，如果还用1格代表1个单位，就不方便了。课例2突出了"以一当多"的条形统计图的必要性及其特点，使学生感受到学习"以一当多"条形统计图的必要性。

【课时设计思想】

教学时，紧紧围绕培养学生数据意识和应用意识展开。培养学生的数据意识，让学生经历完整地收集数据、整理数据和分析数据的过程，逐步提出用数据表达的问题。通过收集、整理、展示数据以及选择和运用适当的方法分析数据，从而回答问题，做出判断。

【教学目标】

1. 进一步认识简单的1格表示多个单位的单式条形统计图，感悟条形统计图的优点。

2. 经历数据收集、整理、描述和分析的过程，能用条形统计图直观、形象地表示目标，确定数据。

3. 通过发现问题并解决问题，体会统计在生活中的应用价值，发展数据意识。

【教学重点、难点】

重点：认识简单的1格表示多个单位的单式条形统计图，并能根据统计图中的数据解决简单的实际问题。

难点：能根据数据的特点，合理选择1格代表几。

【教学资源与工具】

教师准备课件及条形统计图数份。

【教学方法】

教法：情境教学法、目标教学法、启发式教学法。

学法：讨论交流法、合作学习法。

【教学策略】

1. 问题驱动：创设符合新时代价值观的问题情境，注重核心问题的提出，深度挖掘知识本质展开教学，围绕着数据意识的培养展开教学。

2. 知识重构：不断提出新的情境，打破原有认知结构，自主建构新的知识体系。

3. 多重操作：引导经历完整的数据收集整理、分析、表达、预测的过程。

4. 学生主体：在动手操作、观察思考、互动交流、总结发现等活动中，完成"以一当多"知识构建。

【教学过程】

核心问题	教师活动	学生活动	设计意图
复习旧知，绘制1格代表1个单位的条形统计图。	1. 引导学生根据课前收集整理全班同学最喜欢观看的巴黎奥运会比赛项目统计表绘制条形统计图。 四（ ）班学生最喜欢观看的比赛项目 | 1 | 2 | 3 | 4 | 5 | 7 | | 8 | 9 | 10 | 11 | 12 | 13 | 14 | | 15 | 16 | 17 | 18 | 19 | 20 | 21 | | 22 | 23 | 24 | 25 | 26 | 27 | 28 | | 29 | 30 | 31 |	1. 课前进行调查，数据汇总，制作成统计表。根据统计表进行统计图绘制。	结合当下巴黎奥运会热点，创设学生喜闻乐见的真实情境，激发学生学习欲望。通过课前的调查整理让学生经历收集数据、整理数据的过程。在课上让学生展示数据并分析数据，让学生经历完整的数据分析过程，发展数据分析

续表

核心问题	教师活动	学生活动	设计意图
	四（ ）班同学最喜欢观看的奥运会比赛项目（五项中选一项） | 项目	乒乓球	羽毛球	游泳	跳水	跑步	… | |---|---|---|---|---|---|---| | 人数 | | | | | | | 2. 投影展示学生代表作品。 四（ ）班同学最喜欢观看的奥运会比赛项目（条形统计图，纵轴人数0-9，横轴比赛项目：乒乓球9、羽毛球6、游泳9、跳水6、举重2） 3. 提问：这些统计表一格都代表几？ 4. 选择一个统计图说一说你获得了哪些数学信息。	2. 展示汇报作品。 3. 集体交流，明确数据较小的时候，可以1格代表1个单位。 4. 学生畅所欲言，发现统计图中的数学信息。	意识。 同时，对上节课以一当一的条形统计图进行复习，为后续的学习奠定基础。
制造冲突，以一当二	1. 出示两个班最喜欢观看的奥运项目统计图。	1. 学生观察，进行合理猜想。	1. 数据分析的能力要求学生不仅要能根据统计表整理绘制统计图，也要能从统计图的动态变化中推测出数据的变化。引导学生在数据的动态变化中产生认知冲突并

97

续表

核心问题	教师活动	学生活动	设计意图
	2. 对比观察两幅图表示游泳的直条，为什么比第一个统计图还低？你能提出自己的猜想吗？ 四（ ）和四（ ）两班同学最喜欢观看的奥运会项目统计图 3. 出示统计表验证学生的猜想。 4. 提问：这时为什么要用1格表示2个单位呢？表示1个单位还合适吗？ 5. 出示由电脑生成的1格代表1个单位的统计图，给学生感官上直接的不合适的感受。 6. 引导观察以一当二的条形统计图：这半格表示什么意思？	2. 交流讨论：明确此时1格不可能代表1个单位，可能代表2个单位。 3. 观察给出的相对应的统计表，确定表2是一格代表2个单位。 4. 交流讨论：数据较大，如果1格还代表1个单位，需画的格子较多，比较麻烦且不够美观。这时可以用1格代表2个单位。 5. 明确在以一当二的条形统计图中，当数据为单数时，可以用半格表示。	选择合适的单位。 2. 通过对比，让学生感受"以一当二"的必要性，为后续"以一当多"做好铺垫。

续表

核心问题	教师活动	学生活动	设计意图
增大数据，以一当多	1. 出示整个年段的调查数据，这时你还会画出整个年段喜欢观看的奥运会比赛项目的条形统计图吗？这时，以一当几比较合适？ 2. 展示学生作品。 3. 引导交流，发现信息。	1. 思考以一当几比较合适，并独立绘制统计图。 2. 学生代表上台展示讲解作品。 3. 交流发现的信息。	注重体现学生把教材知识结构转化为他们的数学认知结构，然后利用数学知识和学生认知结构之间的矛盾冲突，充分体验"1格代表多个单位"的必要性，从而突破教学重点，促进学生的数学认知结构由不平衡状态向新的平衡状态发展。
再次增大数据，提出合理猜想	1. 如果要绘制整个学校的呢？你觉得以1当几更合适？你是怎么想的？ 2. 对于全校同学都喜欢观看的奥运会比赛项目你有什么猜想？	1. 交流讨论，此时可以以1格表示10个单位甚至更大的单位。 2. 提出猜想，交流讨论。言之有理即可。	数据意识不仅要求学生能收集整理分析数据，也要能够根据已有数据进行合情的推理，体会数据分析的价值。
对比总结，梳理提升	1. 观察一个班、两个班、全年段、全校同学最喜欢观看的奥运会比赛项目。你有什么想说的？ 2. 你能否根据上面的统计图预测全市的四年级小学生喜欢观看的奥运会比赛项目的数据？	讨论总结：1小格可以表示1个或2个单位，如果要表示的数量比较多，还可以用1小格表示5个单位，这样既快捷又方便；如果要表示的数量更多，甚至可以用1格表示10个单位、100个单	引导学生体会1格表示多个单位，同时出示相应的统计图，由此引发学生对1格代表更大单位新知识学习的向往，为以后的学习做准备。把统计引向更广阔的社会生

续表

核心问题	教师活动	学生活动	设计意图
		位、1000个单位……	活,从而加深对统计在现实生活中的意义和作用的认识。

【板书设计】

条形统计图

1个格表示1个单位

1个格表示2个单位

1个格表示5个单位

1个格表示多个单位

【作业设计】

1. 下图是四(1)班学生报名参加运动会项目统计图,你认为参加D项目的人数大约是(　　)人比较合理,你是怎样想的?

①10　②15　③18　④24

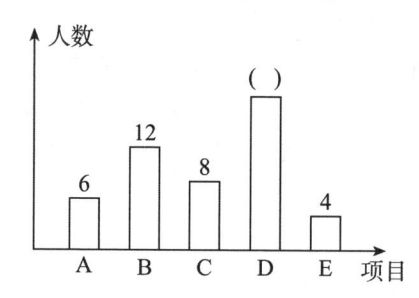

我是这样想的:＿＿＿＿＿＿＿＿＿＿＿＿＿＿＿＿＿＿＿＿＿＿＿＿＿＿＿

[设计意图] 不提供竖轴上的数量,让学生学会观察比较图上每个直条的长短和数据,从直观感受和推理出未知直条数据的多少,体现了数据意识与推理的结合。

2. 四(1)班和四(2)班同学分别统计他们喜欢的图书情况。

四（1）班同学喜欢的图书情况统计表

图书类别	动画	植物	人物	动物
学生数/人	27	3	24	2

四（2）班同学喜欢的图书情况统计图

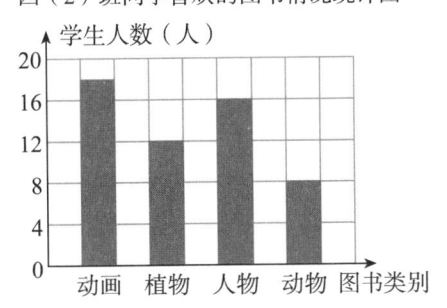

(1) 对比四（1）班的统计表和四（2）班的条形统计图，你更喜欢哪种统计方式？理由是：＿＿＿＿＿＿＿＿＿＿＿＿＿＿＿＿＿＿＿＿＿＿＿＿。

(2) 把四（1）班和四（2）班的数据进行汇总，并用统计图表示出来。

四年级两个班学生喜欢的图书人数统计图

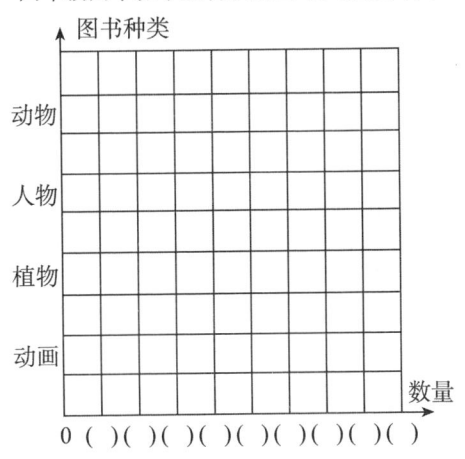

(3) 上面的统计图每格代表（　　）人。喜欢（　　）书的人最多，是（　　）人，喜欢（　　）书的人最少，是（　　）人。

(4) 通过统计，你有什么想对同学们说的？

[设计意图] 统计的核心是数据分析，鼓励学生要学会读懂信息，从数据中提取有效信息，会对数据进行汇总操作，并会根据新的数据，重新选择一格表示几个单位更合适，并绘制成横向条形统计图。

3. 6月5日是"世界环境日"，学校对四年级的同学开展了"爱护环境，做好垃圾分类"的调查活动，调查情况如下图。

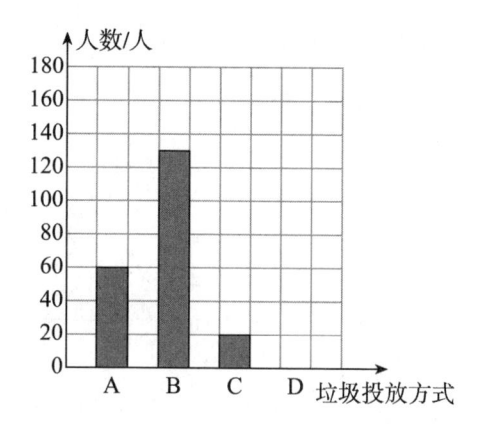

（1）仔细观察上面的统计图，并根据下面的信息把垃圾投放方式（A、B、C、D）分别填入下面的括号里。

①少数人随手将垃圾放在垃圾桶外面。（　　）

②只将垃圾放进垃圾桶，但不会进行垃圾分类投放的人最多。（　　）

③较多的人开始尝试将垃圾分类投放到相应的垃圾桶。（　　）

④随手乱扔垃圾的人最少，不到 20 人。（　　）

（2）请根据上面的信息把统计图补充完整。

（3）一共调查了多少名学生？

（4）结合调查的主题，请你给垃圾投放不正确的同学提出合理的建议。

[设计意图] 第3题引导学生观察现实情境中蕴含的数据大小，学会分析信息，寻找数据与信息的联系，并能根据开放的信息让学生猜想并推理出符合条件的数据来绘制条形统计图，会根据统计图回答问题，给出合理建议。

【学习评价】

自我评价	☆☆☆☆☆	完成时间
家长评价	☆☆☆☆☆	
教师评价	☆☆☆☆☆	

第三课时 《复式条形统计图》

【主题】

重构知识,发展数据分析观念。

【学情分析】

四年级的学生处于思维活跃期,乐学善思,在一、二年级学习中学会收集数据,简单分析数据的能力。三、四年级时在经历将多个单式统计表整合成一个复式统计表、创作条形统计图的过程中积累了丰富的知识经验和活动经验。因此本节课要引导学生在已有知识和经验的基础上自主探索复式条形统计图的绘制方法,讨论和交流复式条形统计图与单式条形统计图的联系和区别,进而从更高的角度认识统计图和统计量,进一步发展统计观念。

【教材分析】

本课教学内容是在学生已有知识和经验的基础上,引导学生与以前学过的复式统计表及条形统计图等进行对比,明确它们各自的特点和作用,从而加深对复式条形统计图的认识,同时为以后学习折线统计图作经验铺垫。让学生进一步体验数据的收集、整理、描述和分析的过程,认识纵向复式条形统计图,并结合实际问题,进一步教学根据统计图表进行简单地数据分析,做出合理地判断和决策,这样就把数据分析与解决问题结合在一起,使学生更好地理解统计在解决问题中的作用,逐步形成统计观念。

【课时设计思想】

教学时,紧紧围绕发展学生的统计观念,培养学生自主探究的学习能力展开。在对比分析中培养学生的统计意识,让学生对比单式和复式条形统计图、纵向和横向复式条形统计图,认识这些统计图各自的特点。让学生感悟用统计研究问题的方法:"提出问题—调查收集数据—整理数据—分析数据—得出结论",从中体会数据在研究解决问题中发挥的重要作用。在展示数据及拓展应用中,培养学生处理信息和解决问题的能力。

【教学目标】

1. 让学生经历收集、整理、表达数据的过程,认识复式条形统计图,学会读图中的信息并做出简单的判断和预测,发展数据意识。

2. 引导学生经历从"单式"到"复式"的合并过程，自主探索复式条形统计图的绘制方法，感受图例的作用，能根据统计图提出问题并解答，能发现信息并进行简单的数据分析，培养学生的数据分析观念和初步的推理能力。

3. 体会统计在现实生活中的作用，感受数学与生活的密切联系。

【教学重点、难点】

重点：体会复式条形统计图的特点，会绘制复式条形统计图。

难点：根据复式条形统计图描述和分析数据。

【教学资源与工具】

多媒体课件及实物投影仪。

【教学方法】

教法：谈话式启发教学法、目标教学法、演示教学法。

学法：讨论交流法、合作学习法。

【教学策略】

1. 问题驱动：注重核心问题的提出，深度挖掘知识本质展开教学，围绕着数据分析观念的培养展开教学。

2. 知识重构：通过旧知铺垫，不断提出新问题，打破原有认知结构，自主建构新的知识体系。在动态演示和解说复式条形统计图的绘制过程中，使学生明确绘制复式条形统计图的基本步骤和注意问题，帮助学生进一步认识复式条形统计图。

3. 学生主体：引导学生对比、分析，充分交流，使学生亲历"复式条形统计图"的产生过程，并逐步完善对复式条形统计图的认识，也充分体现了学生的主体地位。

【教学过程】

核心问题	教师活动	学生活动	设计意图
单式条形统计图的特点	一、开门见山，揭示课题 师：今天这节课我们要一起来学习"复式条形统计图"。 （一）回顾旧知，铺垫搭桥	一、开门见山，揭示课题 学生齐读课题。 （一）回顾旧知，铺垫搭桥	1. 建构主义认为，学习不是简单的信息积累，而是新旧知识相互作用以及由此引发的认知结

续表

核心问题	教师活动	学生活动	设计意图
	1. 在这个之前，我们学习过什么？ 2. 上个学期我们知道"单式条形统计图"，它的特点是什么？	1. 学生回顾旧知"单式条形统计图"。 2. 集体交流，明确单式条形统计图的特点：一下子就可以看出数据的多少，非常的直观！	构的重组。通过回忆单式条形统计图的特点，唤醒学生对旧知识的记忆。在回忆的过程中，引发学生对新问题的思考，激发求知欲，让学生带着问题进入到"探究"环节。
学生提出问题	（二）提出问题，目标引领 当看到这个题目的时候，你有什么问题要问吗？上一节课没发言的有哪些同学？ 师板书：作用、区别、特点、画法。	（二）提出问题，目标引领 学生畅所欲言，提出复式条形统计图的作用、区别、特点、画法。	2. 上课之初把目标问题呈现给学生，学生学习的效率会大大提高，且能有效激发学生的学习动机，让学生在学习中体验快乐、成功和自我提高的成就感。
介绍百度搜索方法	二、自主探究，构建新知 （一）明确学习方法 1. 看来问题很多，那我们围绕着这些问题来进行今天的学习。这些问题有没有你会解决的？ 2. 我有没有教过你怎么学到的？ 3. 要想知道复式条形统计图它到底长什么样子	二、自主探究，构建新知 （一）明确学习方法 1. 学生思考，进行合理猜想。 2. 交流讨论：明确看书、上网看视频、预习、请教别人等都是学习的方法。 3. 学生学习用百度	核心素养导向下，小学数学教师要加强对学生自主学习意识、自主学习能力的培养，将教学重点放在思维与能力培养上，实现数学思想、学习方法的渗透与教育，使得学生掌握适合自

105

续表

核心问题	教师活动	学生活动	设计意图
	的,我们可以怎么做? 4. 介绍百度搜索方法,并强调要文明上网。 (二)认识横向复式条形统计图 1. 引导学生浏览网络上各式各样的复式条形统计图。 2. 你能给它取个名字吗? (三)现场制作复式条形统计图 1. 播放巴黎奥运会夺冠视频。 2. 这是谁呀?厉害吗?你知道奥运会的体育精神吗? 师:课前请大家调查各个国家奥运会获得的奖牌数,现在交流一下。 3. 表格里的数据很多,我们要截取有用的信息。这时候你又想什么? 4. 我们收集了各个国家	搜索。 4. 学生观察网页图片上各种各样的复式条形统计图。 (二)认识横向复式条形统计图 1. 学生观察网络上的各式各样的复式条形统计图:有两个直条的,有三个直条的,有立体的、柱状的,还有横向的。 2. 学生给横向的条形统计图取名为横向复式条形统计图。 (三)现场制作复式条形统计图 1. 学生观看巴黎奥运会夺冠视频。 2. 学生讨论交流,畅谈奥运体育精神。 3. 学生观察:从统计表里的数据中获取相关的信息,汇报各个国家奥运会获得的金牌数: 中国的有 40 枚, 美国的有 40 枚, 日本的有 20 枚,	身的学习方法,提高小学生数学学习的主动性与积极性。真正做到"授人以鱼不如授人以渔",体现新课程标准下的新理念。通过认识多样的复式条形统计图,让学生感受复式条形统计图的不同呈现形式。这样不仅可以使学生更好地认识复式条形统计图,也使他们的视野更加开阔,认识更加丰富。 根据巴黎奥运会实际情况,灵活选取教学素材,加强对学生进行情感态度和价值观的教育,使学生进一步明确统计在生活中的重要作用。 让学生参与整理数据的过程,体验和感悟用统计表描述数据能更加清楚地

第三章 实践篇——绿趣课堂的实施

续表

核心问题	教师活动	学生活动	设计意图
现场制作一分钟跳绳统计图	奥运会获得的奖牌数。如果我们今天要在这里现场制作一张条形统计图，画一画，你们知道画的过程吗？我们先画什么？ 5. 估一估，你要多长时间画出来？ 6. 五分钟多一点，确实要很长时间。可是林老师只要几秒钟就能画好，既然科技改变生活，让我们一起来见证奇迹。 7. 这是电脑自动生成的。看，画好了，孩子们，我是不是两秒钟就解决了？如果要做得更美一些，那我们可以在这边调整一下。 （四）对比分析，达成共识 1. 这张表代表的是什么？	澳大利亚的有18枚，法国的有16枚，…… 4. 学生明确绘制条形统计图的基本步骤：先画横轴、纵轴，然后画标题等。 5. 学生想象估计：5或6分钟。 6. 学生观察电脑快速制作条形统计图过程：先选中数据，再点插入全部图表。 2024年第33届巴黎奥运会前5名国家的金牌情况统计图 7. ①学生齐读标题：2024年第33届巴黎奥运会前5名国家的金牌情况统计图。 ②学生学习调整统计图。 （四）对比分析，达成共识 1. 学生分别指出金牌、	反映出数据的多少，突显出整理数据的意义和作用，并为后续将两幅单式条形统计图合并成一幅复式条形统计图做了充分的铺垫，为学生充分认识复式条形统计图创造条件。 以简明的语言，让学生领悟到画图的技巧和注意的问题，做到准确、直观清楚地根据数据来绘制复式条形统计图，有效帮助学生突破教学重难点。 认识复式条形统计图是本课的重点。从比较两幅条形统计图的不便，利用知识的迁移，将两个统计表合并成复式统计表，过渡到合并两个单式条形统计图，创造出复式条形统计图，然

107

续表

核心问题	教师活动	学生活动	设计意图
复式条形统计图和单式条形统计图有相同点和不同点吗？	这张呢？ 2. 有问题了吗？你能一眼看出日本的金牌比中国的银牌少多少吗？ 出示两幅条形统计图，观察其优势，进行比较，左指一指，右指一指，让学生看出很麻烦，很累。让学生想个办法解决这个难题。（将两幅图合并成一幅图） 3. 让学生展示交流： （1）单色图、无标注。 （2）单色上下合并图。 （3）文字图。 （4）双色，有标注图。 4. 比较四幅图，喜欢哪一幅？说说理由，介绍图例。梳理合图过程，出示规范的复式条形统计图的制作过程。 5. 根据分析复式条形统计图，大家发现复式条形统计图的优势了吗？ 6. 复式条形统计图和单式条形统计图有相同点和不同点吗？ 7. 我们把这样的统计图叫作什么？（师手指不同	银牌统计图。 2024年第33届巴黎奥运会前5名国家的银牌情况统计图 2. 学生指出不容易比较的原因。 3. 尝试创造复式条形统计图。 2024年第33届巴黎奥运会前5名国家的奖牌情况统计图 4. 同桌合作，想办法把两幅单式条形统计图合并成一幅，让别人一眼看出差距，而且便于比较。 5. 分析复式条形统计图的优势。（除了能直观地表示数据的多少，还便于比较两组数据。）	后分层处理学生创造的统计图资源，引导学生对比、分析，充分交流，使学生亲历复式条形统计图的产生过程，并逐步完善对复式条形统计图的认识，突出图例的作用。通过动态演示解说复式条形统计图的绘制过程，使学生明确绘制复式条形统计图的基本步骤和注意问题，帮助学生进一步认识复式条形统计图，并逐步完善对复式条形统计图的认识，也充分体现了学生的主体地位。 通过同桌交流，使学生了解复式条形统计图与单式条形统计图的联系和区别。在对比中突出了复式条形计图的制作要点，便于学

续表

核心问题	教师活动	学生活动	设计意图
	的统计图） 8. 请观察，你看到这些数据，想说什么？说说数据背后隐藏的话。 9. 如果你是运动员，看了这个数据，你有什么感想？	6. 学生独立思考，同桌交流后上台汇报：（1）统计的数据不再是一组，所以需要两个直条，并用不同的颜色表示。（2）复式条形统计图不但能直观、清楚地看出数量的多少，而且便于比较。（3）复式条形统计图还多了一个图例。 7. 学生分别指出单式条形统计图与复式条形统计图。 学生根据老师讲解并观察网上显示明确复式条形统计图的直条可能是两个或者两个以上。 8. 学生观察后汇报。 9. 学生畅所欲言，明确数据在帮我们有针对性地去寻找策略，做出分析判断。	生更好地掌握制作方法，提高学生整理和描述数据的能力。加深学生对复式条形统计图特点的认识，使学生在观念和知识上得以提升。 引导学生运用数学知识对生活问题进行预测、决策，体验到学习数学无穷的魅力，激发了学生学习兴趣，使学生进一步体会统计在实际生活中的重要作用，形成初步的统计意识，培养数据分析观念，感悟统计的意义。

续表

核心问题	教师活动	学生活动	设计意图
你觉得下面的复式条形统计图可能表示的是什么？ 分析生活中的图表	三、及时练习，巩固提高 1. 继续看这一张图，有问题吗？ ①如果让你加一个标题，这是什么标题？你觉得它可以用来统计什么？ ②林老师给你一个标题，我们来看，第一小组有几个人？ ③出示第一小组同学投球情况统计图。你觉得还要知道什么？ 师：好的，我们来看这边，它可以表示投球者是几号，这边应该表示投中的什么？投中的距离有多远。 ④你感觉双手投得远，还是单手投得远？	三、及时练习，巩固提高 1. 学生观察后发现没有图例与标题。 ①学生各抒己见，提出不同的看法。 ②学生观察汇报：有7个人。 ③生：我们还需要知道图例。 ④学生边观察边分析推理、辩论： A. 粉色是双手投球，蓝色是单手投球，因为蓝色直条基本上比较高，而粉色是双手投球比较低。 B. 感觉双手投得远。 C. 复式条形统计图一般双手投球的距离会比较远，而且两只手的力气会比一只手的力气大。所以我觉得红色是双手投球。 D. 蓝色是单手投球，粉色是双手投球，因为单手投比较远。 下面是第一活动小组同学的投球情况。	通过引导学生从提出问题到整理数据、分析判断的过程，提升与概括研究问题的方法与经验，使学生收获的不仅仅是知识，更重要的是解决问题的方法，帮助学生体会复式条形统计图的价值和意义，有效地发展了学生的数据分析观念，凸显了统计知识教学的本质。 本着数学来源于生活，又服务于生活的原则，设计的这一系列有针对性的练习，让学生体会到图例是看懂一幅复式条形统计图的关键，养成细心观察的良好学习品质。 从学生熟悉的现实的事例入手，让学生感受到要解决的问题真实而必要，

续表

核心问题	教师活动	学生活动	设计意图
	⑤我们来看看到底是哪一组投的比较牛。出示数据，现在你能确定是双手投球远还是单手投球比较远吗？ ⑥刚才是谁在帮助我们做出判断啊？ 2. 孩子们，李老师又带来了一张同学的图片。你觉得谁的成绩提高得比较快？ 数学自测成绩统计图 （成绩（分）　2016年12月　■小亮 ■小明） 从图中可以看出，（小亮）的成绩提高的幅度较大。 ①我们再来借助这张图片，看一看他在哪个项目里面用的时间多？你觉得是什么在帮助他提高成绩呢？ 学习时间分配统计图 （成绩（分）　2016年12月　■小亮 ■小明） 从图中可以看出，（小亮）看书，思考的时间多。	投球者／单手投球的距离（m）／双手投球的距离（m） 1号　12.5　11.0 2号　13.0　9.5 3号　12.5　11.0 4号　11.5　13.0 5号　12.0　9.0 6号　10.5　10.5 7号　13.0　12.5 ⑤学生观察数据后明确单手投球比较远。 ⑥学生思考：复式条形统计图帮助我们做出判断。 2. 学生观察发现小亮提高得比较快。 ①学生观察图片后汇报：思考与看书。看书的时候能多记一些知识，思考时就可以把那些看到的知识结合起来。这样做题也就更快。 ②生：指导时间。 小结：我们获取知识的方法有很多。比如说我们课前可以看书、问同学等等。但不懂就看不会就问，都只是浅层次的学习。学习要想更深入，就要	从而使学生的学习更具有主动性，更容易体会到统计在生活中解决问题的价值和意义。 把数据分析与解决简单的实际问题结合起来，引导学生运用数学知识对生活问题进行预测、决策，体验到学习数学无穷的魅力，激发了学习兴趣，使学生进一步体会统计在实际生活中的重要作用，形成初步的统计意识，培养数据分析观念，感悟统计的意义。 统计的核心是数据分析，对统计结果的恰当运用是完整统计过程的必要组成部分。本环节中学生经历了分析现实数据、得出有价值结论、提出科学化建议、做出可行

111

续表

核心问题	教师活动	学生活动	设计意图
	②在这个时间分配上小亮在哪一个时间花的比较多？怎样学习更深入？ 3. 下面是2024年夏季第33届巴黎奥运会前4名国家的奖牌情况统计图。 2024年夏季第33届巴黎奥运会前4名国家的奖牌情况统计图 ■金牌 ■银牌 ■铜牌 中国 40 27 24 美国 40 44 42 日本 20 12 13 澳大利亚 18 19 16	多一点的思考，不停地思考，然后不断地探索，这样才能够让我们的学习更加的深入。 3. 根据复式条形统计图回答问题。 (1) 获得金牌总数最多的国家是哪个？ (2) 哪两个国家哪种奖牌数相差最大？差多少？ (3) 你想对中国运动员说些什么？	性决策等过程，体会到学习复式条形统计图的价值，有效提升了数据意识。让学生体会数学在生活中处处存在，提高学生学习数学的内驱力，增加学生学习兴趣。
回顾一下，你有什么收获呢？	四、对比总结，梳理提升 师：回顾一下，你有什么收获呢？我们把收获写下来，再做一个今天课堂上的思维导图，最后林老师布置一项作业，这项作业和上一节课陈老师的作业一起，等我们准备下次教到这个单元的时候，利用一节课的时间来进行分享。	四、对比总结，梳理提升 学生回顾总结。	通过引领学生回顾知识产生的全过程，提升与概括研究问题的方法与经验，使学生收获的不仅仅是知识，更重要的是解决问题的方法，帮助学生体会复式条形统计图的价值和意义，有效地发展了学生的数据分析观念，凸显统计知识教学的本质。

【板书设计】

复式条形统计图

作用区别	直条可能是两个或者两个以上
特点	便于比较
画法	图例

【作业设计】

一、你觉得还有哪些地方需要进一步完善？

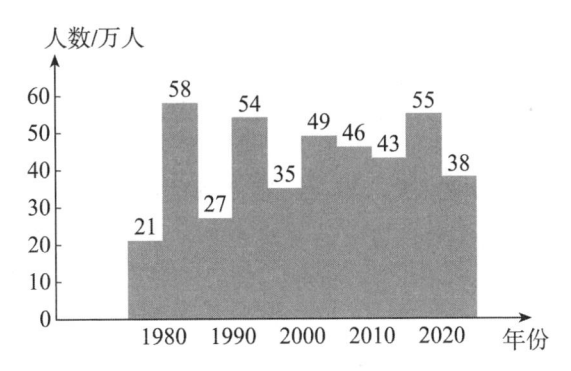

二、完成下面的复式条形统计图。

育才小学四年级两个班4~7月份回收易拉罐情况统计图

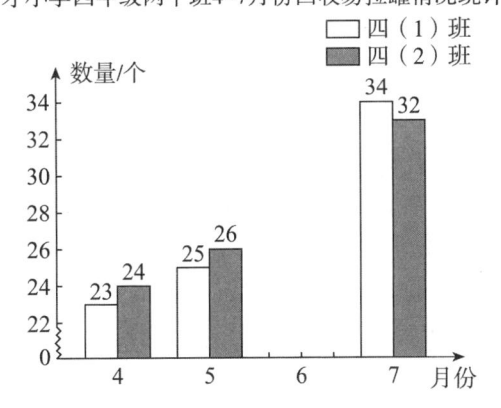

1. 两个班（　　）月共回收的易拉罐最多，四（2）班平均每月回收（　　）个易拉罐。

2. 如果四（2）班加上8月份回收的易拉罐，平均每月回收量就变成了32个，那么四（2）班8月份回收了多少易拉罐？

三、根据下面统计图，你能获得哪些信息，你能提出什么数学问题？你有什么感想？

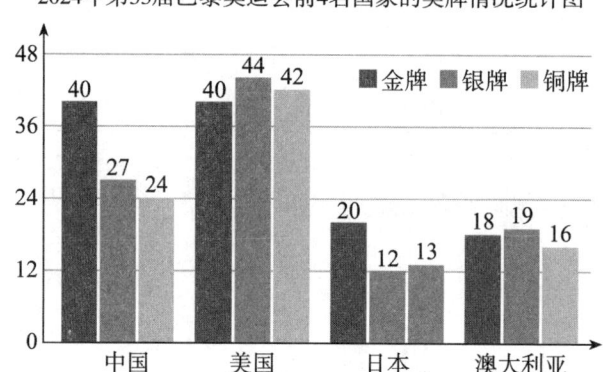

2024年第33届巴黎奥运会前4名国家的奖牌情况统计图

[设计意图] 新课标提出要用数学的眼光观察现实世界；会用数学的思维思考现实世界；会用数学的语言表达现实世界。本环节的练习，培养了学生运用数学知识解决生活中的问题的能力。

【学习评价】

自我评价	☆☆☆☆☆	完成时间
家长评价	☆☆☆☆☆	
教师评价	☆☆☆☆☆	

第四课时　《复式条形统计图的应用》

【主题】

梳理单元网络，增强知识应用。

【学情分析】

四年级学生正处于直观形象思维到抽象逻辑思维过渡的关键期，能够对数据作出简单的推理和猜测。在此之前，学生刚学习完单式条形统计图和复式条形统计图，懂得用抽象的形（长方形直条）来统计具体的数据，也积累了一些数据分析的经验，但对应用条形统计图、在复杂情境中分析数据还不够熟练。基于以上分析，本课有针对性地设计条形统计图的相关练习，同时梳理单元知识网络，以强化学生对知识的理解和应用。

【教材分析】

《复式条形统计图的应用》是人教版四年级下册第八单元的内容,是在学生认识了单式条形统计图和复式条形统计图的特点,经历了数据的收集、整理、分析和预测的基础上进行教学。本课是对之前课时的整理和应用,旨在梳理条形统计图的相关知识,应用已有知识经验解决现实世界或数学中的问题,对提升学生数据意识和应用意识具有重要作用。

【课时设计思想】

随着信息化时代的到来,数据在我们的日常生活和工作中扮演着越来越重要的角色。不论是社交媒体的用户分析、商业决策还是科研项目,数据已经成为决策的基石。因此,早期培养学生的数据意识和统计技能显得尤为重要。学生刚刚学习完复式条形统计图,对条形统计图的知识全部学习完毕,恰好是应用统计知识,提升学生数据意识的一次良好契机。

【教学目标】

1. 能根据单式条形统计图和复式条形统计图的相关知识梳理知识网络,在对比交流中积累整理知识的方法习惯。

2. 在独立思考、小组合作中加深对条形统计图知识的理解和应用,提高在生活实际中应用数据分析解决问题的意识。

3. 在经历问题解决的过程中感悟数据分析在生活中的重大作用,激发学习数学的兴趣。

【教学重点、难点】

重点:条形统计图知识的梳理。

难点:在应用知识的过程中提升数据意识。

【教学资源与工具】

课件、学习单。

【教学方法】

讲授法、讨论法。

【教学策略】

1. 注重结构:根据学生已有知识,梳理知识结构,形成科学的知识网络,避免碎片化。

2. 循序渐进：问题的设置由浅入深，由简单到复杂，促进学生数据意识的提升。

3. 问题导向：注重核心问题的提出，问题要有靶向性、层次性、延展性。

4. 学生主体：给学生充分的空间、时间去想象、表达、倾听、质疑、思辨，让数据意识在课堂上"看得见""听得着"。

【教学过程】

核心问题	教师活动	学生活动	设计意图
理清单元知识脉络	一、交流分享，构建知识网络 1. 小组内交流课前整理的条形统计图思维导图。 2. 挑选相对完整的作品，小组上台汇报。 3. 生生之间点评交流的结果，学习其他小组成员好的整理知识的方法。 4. 教师针对条形统计图的知识作回顾梳理。	1. 议一议，小组内分享自己整理的思维导图。 2. 说一说，其他成员整理的成果如何。 小组成员上台分享，其余学生认真倾听、对比。 发表自己对其他成员作品的见解，说出值得借鉴之处或需要改进之处。 和教师一同回顾。	这部分内容既是"统计与概率"领域的基本内容，也是需要学生理解并掌握的基础性内容。纵观全科，在深入理解教材编排意图的基础上，让学生真正投入统计活动的全过程，着眼学生的发展，使学生在丰富多样的活动中形成认识、学会应用、感悟价值、提升素养。
	二、巧设练习，加强知识应用 1. 根据营养学专家介绍，1千克黄豆和1千克花生所含营养成分如下表。		2022年新课程标准内容要求指出：学生能在简单的实际

续表

核心问题	教师活动	学生活动	设计意图
单式条形统计图和复式条形统计图分别在什么情况下使用？	 　　｜蛋白质｜脂肪｜碳水化合物｜ 花生(g)｜270｜410｜230｜ 黄豆(g)｜350｜200｜280｜ （1）请你根据上图表格选择合适的统计图反映它们之间的关系。（　） A. 1千克花生所含营养成分 （柱状图） 1千克黄豆所含营养成分 （柱状图） B. 1千克花生和1千克黄豆所含营养成分 （复式柱状图：蛋白质、脂肪、碳水化合物；花生、黄豆）	通过单式条形统计图和复式条形统计图的特点合理选择统计图。	情境中，合理应用统计图，形成初步的数据意识和应用意识。学业要求中也指出：能用条形统计图合理表示数据，说明数据的现实意义。基于此，通过真实情境经历收集、整理、表达与分析解决问题的过程，学生能够感受到条形统计图与生活的密切联系，并能够用条形统计图反映的数据信息对现实问题进行解释、判断和简单的预测。

117

续表

核心问题	教师活动	学生活动	设计意图
选择黄豆还是花生更有利于健康？	C. 1千克花生和1千克黄豆所含营养成分 碳水化合物／脂肪／蛋白质 0 50 100 150 200 250 300 350 400 450 ■黄豆 ■花生 （2）身体肥胖说明体内脂肪过多，如果你身边有肥胖的同学，他多吃以上（　）更有利于减肥。	基于统计图和统计表中的数据选择有利于减肥效果的食品。	
提取正确信息。	2.你有读书的习惯吗？过去一年，你读了几本书？4月23日在杭州开幕的第二届全民阅读大会，发布第20次全国国民阅读调查结果。 综合阅读率 ■2021 ■2022 图书 59.8 / 69.7 报纸 23.5 / 24.6 期刊 17.7 / 18.4 数字化阅读方式 80.1 / 79.6 综合 81.8 / 81.6 （1）阅读以上统计图，我读懂了：_____ 各类数字化阅读方式接触率（％） PAD（平板电脑）阅读 21.7 / 21.3 电子阅读器阅读 27.3 / 26.8 网络在线阅读 71.6 / 71.5 手机阅读 77.4 / 77.8 ■2022 ■2021	根据表格中的种类、数据的多少和直条的高低提取正确的统计信息。	苏霍姆林斯基说过，让学生生活在思考的世界里——这才是应在学生面前展示的生活中最美好的事物！小学生的数学思维存在

续表

核心问题	教师活动	学生活动	设计意图
读懂横式的复式条形统计图。 对数据背后的原因作出分析。 针对数据呈现的结果提建议。	（2）阅读以上统计图，整体来说（　）接触率最高，2022年接触率第二与最低的相差（　），2021年手机阅读和Pad（平板电脑）阅读总和是（　）。 （3）根据以上图表，可能会面临什么问题？（多选）（　） A. 报纸和期刊越来越少人看。 B. 使用电子产品阅读导致视力下降。 C. 纸质阅读将消失。 D. 图书的使用率不是很高。 （4）面对以上问题，你建议可以做些什么？ ＿＿＿＿＿＿＿＿＿＿ 3. 全球"粮食危机"加剧，端稳"中国饭碗"。 【全球现状】 "前所未有的粮食危机正在全世界蔓延"，根据联合国有关消息，由于气候冲击、冲突、新冠疫情以及粮食和燃料成本的不断	迅速找到最大值和最小值、2021年手机阅读和Pad（平板电脑）阅读的数据，并进行简单的加法计算。 结合自身生活实际和已有的经验分析现状原因。 基于"有利性原则"提出利于健康的建议。	局限性，因此，教师应立足学生的实际情况，加强数据分析教学资源的开发和利用，尽可能让学生投入收集、整理、描述、分析整个统计的过程中，建立起"用数据说话"的意识和观念，并主动用数据分析方法，思考和解决问题，从而不断提升学生的数学核心素养。 课堂始终围绕如何提高学生的数据意识、推理意识、应

续表

核心问题	教师活动	学生活动	设计意图
对比国内外的粮食情况，感受我国强大的综合国力和科技水平。	攀升，再加上俄乌战争的影响，可能导致 81 个国家至少 4700 万人濒临饥荒。 【中国粮仓】 2021 年全国粮食总产量 6828.5 万吨，比上年增加 133.5 万吨。全年粮食产量再创新高，连续 7 年保持在 6500 万吨以上。玉米、小麦播种面积增加，稻谷略有减少。有着中国"北大仓"之称的东北黑土地，东北三省粮食产量占全国超五分之一，是保障国家粮食安全的"压舱石"。 以下是根据我国历年粮食产量数据生成的各类统计图表。观察并思考。	文字阅读。把握关键信息。	用意识和创新意识展开。要发展学生的数据意识，首先就要让学生体会统计从生活中来，是解决现实生活中很多问题的需要。这一观点要靠学生在课上慢慢感悟，因此真实情境的设置非常重要。
单式条形统计图和复式条形统计图分别在什么情况下使用？		通过单式条形统计图和复式条形统计图的特点合理选择统计图。	

续表

核心问题	教师活动	学生活动	设计意图
要统计的内容对应哪一张统计图或统计表？ 统计的目的不同，所选择的统计方式也不同。 统计表、单式条形统计图和复式条形统计图分别在什么情况下使用？	（1）要解决以下问题，应该选上述哪幅图表？（填序号） 我国历年各类粮食总产量分别有多少？（　　） 我国历年粮食产量中，哪类粮食产量增长最快？（　　） 我国历年粮食产量中，哪一年各类粮食产量相差最大？（　　） 我国历年各类粮食产量数据分别是多少？（　　） （2）同样一份数据，却有这么多不同的表示方法，你有什么感受？ _____ _____ （3）要将下面各具体事例制作成统计图表，你会选择哪种？（填序号） ①统计表 ②单式条形统计图 ③复式条形统计图 A. 菜场今日各类粮食的价格统计。（　　） B. 我国今年各类粮食的进、出口数量统计。（　　） C. 四大粮食中，我们班	通过单式条形统计图和复式条形统计图的特点合理选择统计图。 结合自身日常生活经验，说说节约粮食的方法。	在较为复杂的数学生活情境"粮食危机"中，学生需要对不同条形统计图所反映的信息进行筛选，整理分析，做出简单的预测和判断，培养学生的数据意识。通过回忆本单元学习过程，不仅注重知识的形成，也重视学习技能的形成，学生能够将所学习的条形统计图的方法迁移到后续的折线统计图学习中，达到知识和能力的迁移，培养学生迁移能力。

续表

核心问题	教师活动	学生活动	设计意图
如何节约粮食？	同学最喜爱的主食统计。（ ） (4) 面对全球粮食问题，日常生活中，你觉得应该怎么做？ _____ _____		
自我评价与反思	三、回顾反思，分析学习成果 回顾今天的学习，哪些环节让你印象深刻？	将一些收获、技巧分享给大家，也可以说说哪些知识题目比较困难，课堂上又是如何解决的。	提升学生自我评价和自我反思的能力。

【板书设计】

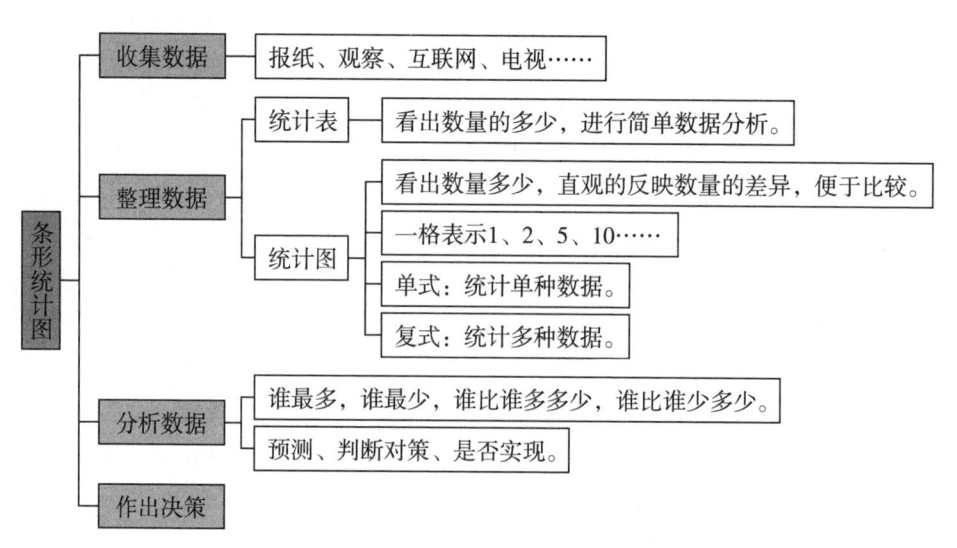

条形统计图
- 收集数据：报纸、观察、互联网、电视……
- 整理数据：
  - 统计表：看出数量的多少，进行简单数据分析。
  - 统计图：
    - 看出数量多少，直观的反映数量的差异，便于比较。
    - 一格表示1、2、5、10……
    - 单式：统计单种数据。
    - 复式：统计多种数据。
- 分析数据：
  - 谁最多，谁最少，谁比谁多多少，谁比谁少多少。
  - 预测、判断对策、是否实现。
- 作出决策

【作业设计】

阅读下列信息，运用本单元所学知识，做大数据时代的前瞻者。

材料：观人口数据，推发展趋势

人口是一个国家的根本，是国家发展的未来，也往往是国家面临社会问题的根源，准确把握国家的人口发展趋势，可以很大程度上指导国家各种政策的制定。当前，我国正处在人口变化的关键时期，每一年都对我国人口数据进行详细盘点，具有重要意义。（2021年）

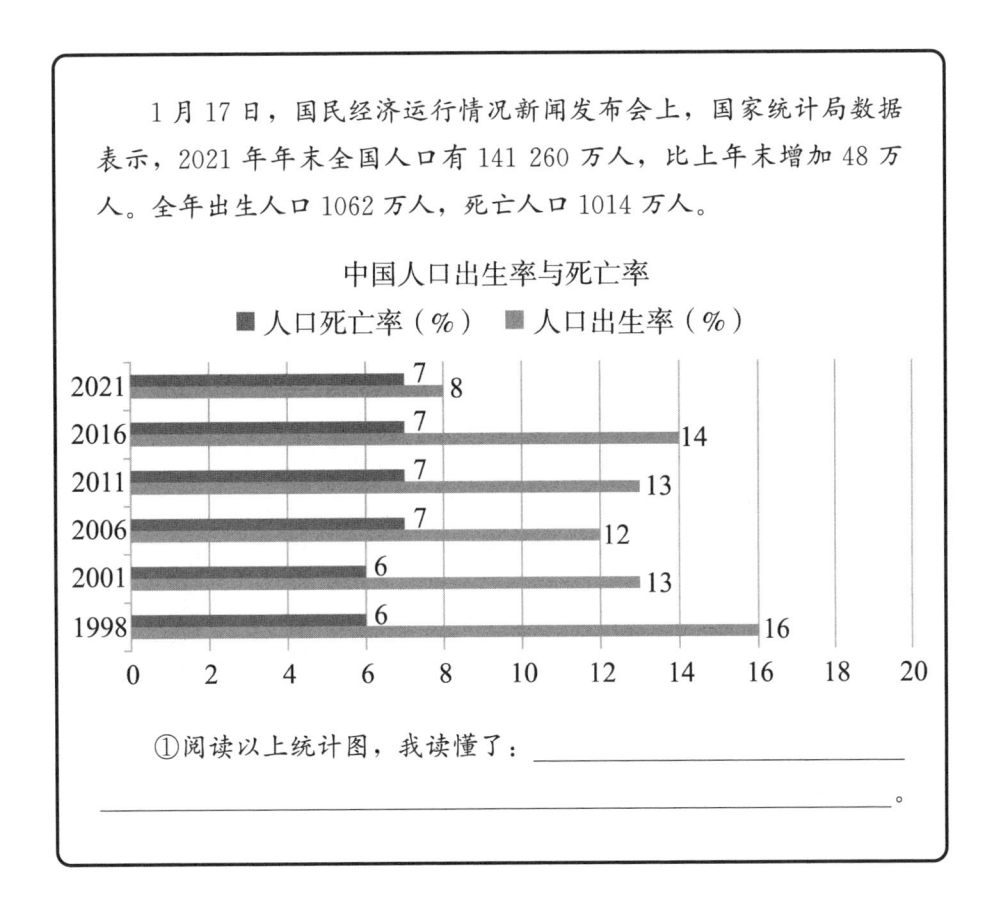

> 1月17日，国民经济运行情况新闻发布会上，国家统计局数据表示，2021年年末全国人口有141 260万人，比上年末增加48万人。全年出生人口1062万人，死亡人口1014万人。
>
> 中国人口出生率与死亡率
>
> ■人口死亡率（%）　■人口出生率（%）
>
> | 年份 | 人口死亡率（%） | 人口出生率（%） |
> |---|---|---|
> | 2021 | 7 | 8 |
> | 2016 | 7 | 14 |
> | 2011 | 7 | 13 |
> | 2006 | 7 | 12 |
> | 2001 | 6 | 13 |
> | 1998 | 6 | 16 |
>
> ①阅读以上统计图，我读懂了：_____
> _____。

国家统计局数据显示,2021年我国60岁及以上人口有26 736万人,其中65岁以上人口20 056万人。

中国历年65岁及以上人口
单位:万人

②阅读以上统计图,我读懂了:_____
_____。

城乡人口方面,居住在城镇的人口为90 199万人,居住在乡村的人口为50 979万人,与2010年相比,城镇人口增加了23 642万人,乡村人口减少了16 436万人。

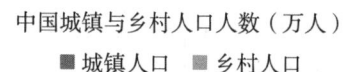

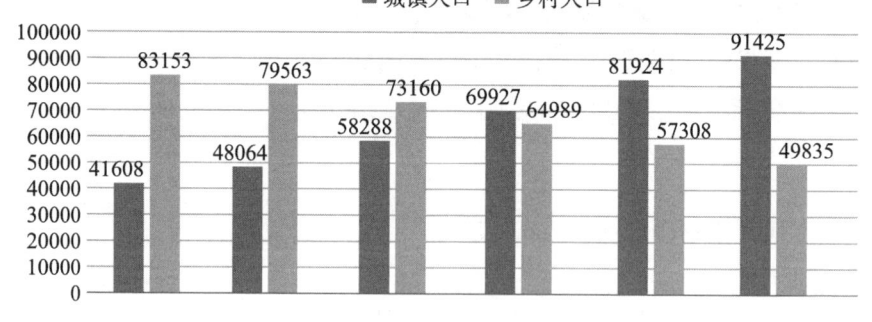

中国城镇与乡村人口人数(万人)
■城镇人口 ■乡村人口

③阅读以上统计图,我读懂了:_____
_____。

(1) 阅读以上三则信息与统计图，你分别读懂了什么？请写在材料对应横线处。

(2) 综合阅读以上三则信息，你又有什么新的发现？

_____

_____

(3) 根据以上图表，我们可能会面临什么社会问题？（多选）（　　）

A. 人口老龄化，劳动力短缺

B. 人们想要到农村去，城镇大量工厂招不到员工

C. 中国人口总量降低，人口已经在减少

D. 中国人口总量仍然上升，但是新生儿每年在减少

(4) 面对以上问题，我们可以做些什么？

_____

[设计意图] 数据分析活动源于具体的生活情境，主要体现在从实际问题转化为统计问题的过程中。本设计把有价值的现实情境引入练习，将与社会问题、学生生活等相联系的真实问题素材贯穿始终，将数学学习与现实世界之间建立紧密联系，力求知识点不零散，数据分析观念发展步步深入。让学生亲历应用真实数据分析解决真实问题的过程，在活动中逐步体会数据分析在日常生活中的作用和价值。

【学习评价】

自我评价	☆☆☆☆☆	完成时间
家长评价	☆☆☆☆☆	
教师评价	☆☆☆☆☆	

第五课时　《条形统计图（3）》

【主题】

跨学科实践，助力数据意识发展。

【学情分析】

学生先前已经通过对凌乱的数据进行整理，借助统计表中的信息，进一步用画图的方法表示信息，从而得到条形统计图；通过初读条形统计图，感

悟条形统计图直观形象的特点，再通过认知冲突，从而突破"以一当多"的知识点。紧接着，联系生活实际并根据条形统计图的数据进行预测，培养了学生的数据分析能力；开展调查天气情况的活动，并制作条形统计图，学生经历简单的数据收集、整理、描述和分析的过程中，提高自己运用数据分析问题、解决问题的能力。学生在科学课上已经初步认识电，生活中亦接触有关电的知识，有一定的相关生活经验。但在知识基础上，学生还不了解功率，不会计算用电量，这些都需要在本次实践活动中去了解、去学习、去探究。

【教材分析】

本节课是人教版小学数学四年级上册第五单元第五课时《条形统计图综合实践》的内容。这节课的内容是学生在学习"条形统计图"的前几个课时后，进一步以整体经历数据的收集、整理、分析为基础，增加数据意识与生活的联系为目的，结合学生的生活经历，进一步感受条形统计图的作用和意义。

【课时设计思想】

基于2022年版课标第二学段"综合与实践"活动的要求，在内容编排上，将"条形统计图"的相关知识学习融入主题活动中，体现统计知识内容的现实意义与价值，在多领域、多学科的协同作用下发展学生的核心素养。在活动设计上，尝试设计多学时的长程学习，鼓励学生综合运用多学科知识，开展收集资料、调查记录、数据分析、提出问题、制订方案等实践活动，培养解决实际问题的兴趣及能力，积累数学活动经验。在学业要求上，能够借助网上国网APP调查家庭用电量，能绘制简单数据统计图表，并借助统计图表分析与表达数据中蕴含的信息，形成初步的数据意识。

【教学目标】

1. 通过自主探究，能够借助网上国网APP调查家庭用电量，能绘制简单数据统计图表。

2. 经历自主学习、操作、讨论等数学活动与方法，借助统计图表分析与表达数据中蕴含的信息，形成初步的数据意识。

3. 在交流讨论中，对数据做出预测，体会数学与生活的联系。

【教学重点、难点】

重点：调查家庭用电量，能绘制简单数据统计图表。

难点：利用数据进行分析，小组交流点评修正后，就数据做出分析。

【教学方法】

讲授法、讨论法。

【教学策略】

1. 问题导向：围绕"家庭用电量调查"这一核心主题，多角度展开调查。

2. 学生主体：给学生充分的空间、时间，以数据视角分析家用电器用电量，提出节约用电小妙招，培养应用意识。

【教学资源与工具】

教师资源：人教版小学数学四年级上册课本和教学用书，专门为本课设计的多媒体课件，多媒体教室，每生一份学习任务单。

学生资源：人教版小学数学四年级上册课本。

【教学过程】

核心问题	教师活动	学生活动	设计意图
任务一：明确活动意义，制定活动主题	1. 介绍什么是"双碳"，为什么提出"双碳"政策。 2. 请学生分享课前做的两项小调查：电是怎么产生的？火力发电有什么危害？ 3. 观看"如果全球停电一天"的视频，感受电的重要性。 4. 指导学生查询用电量及电费的小教程，了解调查方法，布置调查"7日家庭用电量""全年家庭用电量"。	1. 全班讨论"双碳"政策的落实对我们未来的生产、生活产生哪些积极深远的影响。 2. 师生共同厘清燃烧煤、产生二氧化碳与发电三者之间的关系。针对"发展与环保不能两全"的问题，讨论解决办法，达成节约用电的共识。	借助课件，师生共同感受节电助力"双碳"的必要性。了解什么是"双碳"承诺，知道"双碳"与电之间的关系，为解决发展与环保之间的矛盾，提出了节约用电的倡议，并指导大家进行家庭用电量调查。

续表

核心问题	教师活动	学生活动	设计意图
任务二：交流分享家庭用电量调查结果	一、分享7日的家庭用电量调查结果，借助条形统计图发现数学信息及问题 1. 小组交流，请大家拿出任务单1，通过网上国网APP的课前查询，这里记录了你们家里4月3日至4月9日共计7天的用电量，先和小组内的同学交流各自的调查结果。 2. 学生交流时，教师巡视，选取两个用电量差别较大的学生做汇报准备。 3. 组织交流：谁来和大家交流一下？（核心问题）现在把两位同学的调查结果放在一起，对比一下，你有什么想法？ 二、分享一年的家庭用电量及费用的调查结果，发现数学信息及问题 1. 请大家拿出收集好的一年的家庭用电量及费用的调查结果统计图，先和小组内的同学交流各自的调查结果。 2. 肯定学生的收集成果。（核心问题）每天看起来	1. 学生逐一介绍自己家的用电情况。 2. 清楚表达每天的用电量是多少，哪天用电量最多、哪天用电量最少。 3. 能看图说清楚用电量的范围及变化趋势。由于教师的选材是用电量差别较大的调查，学生会发现不同家庭的用电量不同。 学生分享调查结果，并进行讨论。 生$_1$：这是我家12个月的用电量，通过月用电分布图我知道了每个月的用电量。 生$_2$：我还知道了哪个月的用电量最多、哪个月的用电量最少。 生$_3$：下面的数据表示	借助对同伴作品的解读与赏评，拓展统计视野，积累活动经验，感悟统计图的广泛应用，从调查的用电量结果图出发，实事求是地分析数据背后的信息，感悟、提取数据中蕴含的信息。

续表

核心问题	教师活动	学生活动	设计意图
	用电量才几度，但日积月累下来1个月、1年会有什么变化呢？ 3. 组织分享，哪位同学来分享一下你家2023年的用电量及电费呢？	的是每个月的用电量及所需的电费。 生$_4$：我还发现了哪个月的电费是最多的、哪个月的电费是最少的。 生$_5$：我知道了全年电费是多少元，还有用电高峰期是7—8月。	
任务三：基于数据整理，深入解读数据信息	一、分析调查结果 师：对于这位同学的月用电量统计图表，大家还有什么问题？ 师：（补充资料）6月份为什么会有两个账单呢？通过查阅资料，我们知道了这是因为全省抄表周期调整，由原来的每月月中改为月末，为此6月份抄录了两次。 二、发现问题，交流解惑 师：想一想，这两个用电量，哪个才是真正的6月份的用电量呢？电费又该怎么看呢？ 学生观察、讨论，教师等待学生有想法后组织交流。 师：针对生$_3$的想法，教师进行评价：借助条形统	生$_1$：在某月后面有一个"MAX"，是什么意思？ 生$_2$：这是"最多"的意思，表示这个月的用电量最多。 生$_3$：怎么有两个6月份的电量及电费呢？ 生$_1$：可能是两个数据相加得到6月份电费。 生$_2$：6月比7月的少，比5月、4月多。 生$_3$：所以6月份接近××度，上面的那个数据是对的。 学生在相互补充交流中，明确6月电费是	借助统计图表呈现家庭用电量，整理、分析数据，发现并提出数学问题，用数学的眼光观察和思考身边的生活问题。在平等、宽松的氛围中展现个性想法，在真实情景中体验探索乐趣，在倾听分享、质疑反思中让不同水平的学生都得到指导并完善设计。在发展数据分析观念的同时，培养学生乐学善学、不遗寸长的学习态度，加强思辨能力，达成综合育人目标。

129

续表

核心问题	教师活动	学生活动	设计意图
	计图，找到参照量，从而确定 6 月份的真实用电量。 三、交流分享中了解我市现行电费计费标准，知道阶梯费用 师：我们一起再来看一看淘气家 2022 年的月用电量及电费，有什么想说的？ 师：大家知道这是怎么回事吗？（根据学生的实际情况，带领学生了解我市实施的阶梯电价收费。） 小结：其实，这种阶梯电价就是国家为了鼓励我们节约用电，减少能源浪费的一种政策。可以说，节约用电不仅是响应国家"双碳"政策，对节约家庭开支也是必要的！ 师：快看看自己家的年用电量。谁家的用电量在第一档？谁家的用电量在第二档？哪些同学家的用电量达到了第三档？	多少。 生₁：每月用电量好多，这一年的电费好高呀！ 生₂：淘气家 5 月份和 12 月份的用电量差不多，电费却相差很多，差了将近 100 元呢！	

续表

核心问题	教师活动	学生活动	设计意图
任务四：小组交流，分享节电方法	分享家用电器的功率、每日使用时长及每日用电量等，和小组内同学横向比较，商议节约用电小妙招。 师：请大家拿出任务单3，计算一日使用的所有家用电器的用电量，从数据上分析可以从哪些方面节约用电。 教师巡视，了解整体进程，做好分享准备。 师：同学的分析很有道理。哪些电器是必须使用，哪些又是不常用电器呢？ 师生共同分类整理，预计可分为"减少浪费""优化使用""替代转化"等。	小组合作，对比数据，提出节电妙招并记录。一人用展台展示，一人介绍。学生通过对比两个使用同种名称的电器，因功率不同，导致电量及电费不同，发现"可以买功率较小的电器"可以节约用电。 生₁：出门关掉电闸，不用抽油烟机等。 生₂：必要的电不能不用，可用可不用的选择不用。 学生提出小妙招，进行分类整理。 生₁：随手关灯放在"减少浪费"类。 生₂：将冰箱的温度调高一些，是"优化使用"类。 生₃：用天然气烧热水，意思是用天然气替代电解决问题，是"替代转化"类。 对于有争议的，讨论商议，直至大家都认可，但不属于这三类的，都归为其他类。	任务驱动，问题导向，引领学生思考节电方法。先给每个学生思考的机会，再同伴交流分享，整理汇总，形成班级的节电方案。

131

续表

核心问题	教师活动	学生活动	设计意图
任务五：认领节电好方法，明确课后实践任务	师：结合自己家庭用电情况，认领可操作方法。想一想，哪些小妙招能用到自己家里呢？先给这些小妙招标上序号，把序号填写在自己的学习单中，并尝试使用。 请大家根据亲身节电的经验，制作节电宣传海报，呼吁更多的人加入节电计划中。	学生按照认领的节电小妙招实施家庭节电计划，在任务单1的右侧记录新的一周用电量并绘制条形统计图，和上一周的用电量进行对比，看看有什么发现。	结合自己家庭用电情况，认领可操作的节约用电好方法，并付诸实践。通过看得见的前后数据对比，感受方法的可行性。同时，制作宣传海报，让更多的人加入"节电助力双碳"行动。学生从课堂走进社区，与社区工作人员沟通，将海报张贴在小区公告栏处，并分发制作的海报，进行宣讲，呼吁更多的人加入"节电助力双碳"的行动中来。社区居民纷纷响应，本次综合实践活动实现了效益最大化，素养目标得以真正落地。

【作业设计】

1. 6月5日是"世界环境日"，学校对四年级的同学开展了"爱护环境，做好垃圾分类"的调查活动，调查情况如下图。

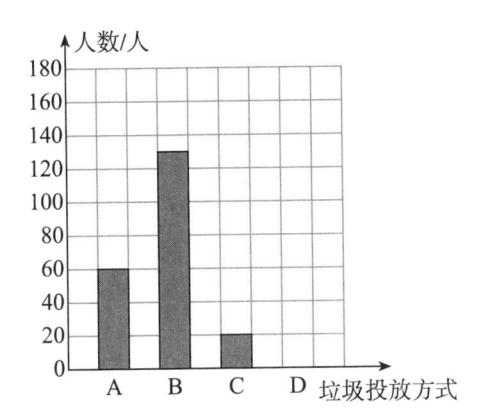

(1) 仔细观察上面的统计图，并根据下面的信息把垃圾投放方式（A、B、C、D）分别填入下面的括号里。

①少数人随手将垃圾放在垃圾桶外面。（　　）

②只将垃圾放进垃圾桶，但不会进行垃圾分类投放的人最多。（　　）

③较多的人开始尝试将垃圾分类投放到相应的垃圾桶。（　　）

④随手乱扔垃圾的人最少，不到20人。（　　）

(2) 请根据上面的信息把统计图补充完整。

(3) 一共调查了多少名学生？

(4) 结合调查的主题，请你给垃圾投放不正确的同学提出合理的建议。

[设计意图] 引导学生观察现实情境中蕴含的数据大小，学会分析信息，寻找数据与信息的联系，并能根据开放的信息让学生猜想并推理出符合条件的数据来绘制条形统计图，会根据统计图回答问题，给出合理建议。

【学习评价】

自我评价	☆☆☆☆☆	完成时间
家长评价	☆☆☆☆☆	
教师评价	☆☆☆☆☆	

聚焦素养　让教学走向深刻
——《长方形和正方形》单元整体教学设计

一、单元主题

长方形和正方形是最基本的平面几何图形。它们的形状比较简单，特征比较明显，应用也十分广泛。正方形是表示面积单位的形状，而长方形面积的计算方法则是其他平面几何图形计算方法的基础。这部分内容的学习，为后续学习进一步探索其他平面图形的特征奠定基础。

二、单元内容分析

本单元的教学内容是在学生直观认识角、线段、三角形、正方形和长方形等平面图形的基础上开展教学的。通过这部分内容的学习，进一步认识四边形、长方形和正方形的特征，了解周长的含义，掌握长方形和正方形周长的计算方法。本单元内容是进一步学习了解图形知识的基础，在整个"图形与几何"知识体系中具有重要的纽带作用。本单元内容及其前后联系如下图：

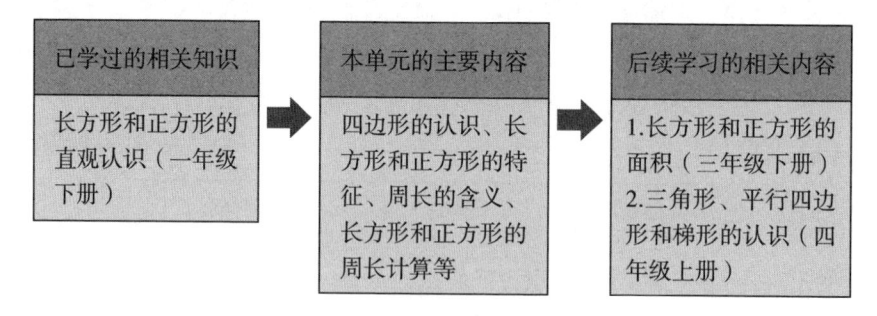

已学过的相关知识	本单元的主要内容	后续学习的相关内容
长方形和正方形的直观认识（一年级下册）	四边形的认识、长方形和正方形的特征、周长的含义、长方形和正方形的周长计算等	1.长方形和正方形的面积（三年级下册） 2.三角形、平行四边形和梯形的认识（四年级上册）

本单元的教学内容大体由以下五个部分组成：四边形的认识，长方形和正方形的基本特征，周长的含义，长方形与正方形周长的计算，以及解决问题。本单元教学的重点是长方形、正方形的特征和长方形周长的计算方法。认识长方形和正方形的特征是研究多边形的开始，认识其特征，不仅是研究本单元周长计算的基础，也是以后研究长方形、正方形面积计算，以及其他

一些平面图形和立体图形（如长方体和正方体）的基础，同时还有利于学生逐步建立空间看法。长方形周长计算方法的探索进程就是长方形对边相等的特点和周长含义等常识的综合应用，因此这一进程方面有助于学生加深对周长概念的认识，也有助于培养他们综合应用常识解决问题的能力；另一方面，长方形周长的计算方法是其他多边形周长计算方法的基础，由长方形周长的计算方法，学生很容易就能领会并掌握其他多边形周长的计算方法。本单元教学的难点是理解平面图形周长的含义。为使周长的含义更具现实的意义和价值，课本中没有给出抽象的周长定义（围成平面图形一周边线的长叫作它的周长），而是依托学生的生活经验，让他们通过观察、操作、交流，经历由详细观察实物某个面的"边线长"到平面图形的"周长"这一抽象的进程，并在此进程中逐步理解平面图形周长的含义。

《长方形和正方形》单元是图形与几何领域第二学段"图形的认识与测量"中的重要内容。这部分内容不仅要求我们从形的方面加深对周围事物的理解，发展学生的空间观念，更需要教师引导学生动手操作、探索实验，联系生活应用数学方面拓展学生的知识面，发展学生的量感、数学思维和解决问题的能力。

在内容要求方面，《义务教育数学课程标准（2022年版）》指出：能恰当地选择单位估测一些物体的长度，会进行测量；结合实例认识周长，探索并掌握长方形和正方形的周长计算公式。

在学业要求方面，《义务教育数学课程标准（2022年版）》指出：知道什么是图形的周长；会测量长方形、正方形的周长；会计算长方形和正方形的周长。

在教学提示方面，《义务教育数学课程标准（2022年版）》指出：图形的认识与测量的教学，要将图形的认识与图形的测量有机融合，引导学生从图形的直观感知到探索特征，并进行图形的度量。

《长方形和正方形》单元将知识点主要分为"图形的认识"和"图形的测量"两个板块进行教学，其中"周长"是本单元的教学重点。通过教学，帮助学生深入理解四边形概念和周长概念的本质。在"图形的认识"这一个板块，着重培养学生空间观念、抽象概括、几何直观、逻辑推理、合作交流等核心素养。在"图形的测量"这一个板块，着重培养学生空间观念、抽象概括、几何直观、逻辑推理、模型思想、合作交流等核心素养。

三、学情分析

1. 逻辑起点

在之前的学习过程中，学生已经初步接触并认识了线段、角、四边形等基本的几何图形，培养了一定的空间观念和几何直观能力，也掌握了一定的加减乘除运算能力，这为后续学习长方形和正方形的周长计算打下了坚实的基础。

2. 现实起点

本单元的新知内容主要包括长方形和正方形的特征、周长的概念以及周长的计算方法。这些内容相对抽象，需要学生通过大量的观察、测量和实践活动来加深理解。周长的计算方法则需要学生掌握一定的数学运算技能，并能够将这些技能应用到实际的几何问题中。为了帮助学生更好地理解和掌握这些内容，教师需要设计一系列富有启发性和趣味性的教学活动，如观察、测量、拼图等，让学生在实践中逐步掌握新知。教师还需要关注学生的个体差异，针对不同学生的学习特点和需求，提供个性化的指导和帮助。

四、单元学习目标

1. 在平面图形中，能区分和辨认出四边形，经历探索长方形和正方形特征的过程，感受并用自己的语言描述长方形和正方形的特征。

2. 认识周长的含义，会指出并测量简单图形的周长，掌握长方形、正方形的周长计算方法，会选择合适的方式计算周长，解决一些简单的实际问题。

3. 在量一量、折一折、比一比等具体的操作思考过程中，增强观察、操作、猜想、验证等数学思维能力，通过生活中的事物，感受四边形无处不在，激发学生学习数学的兴趣。

五、单元设计理念

1. 聚焦素养

新课标在第六板块课程实施的"教学建议"中指出：改变过于注重以课时为单位的教学设计，推进单元整体教学设计，体现数学知识之间的内在逻辑关系，以及学习内容与核心素养表现的关联。大单元教学设计要求教师有大观念，在遵循学生认知规律的前提下，把握内容本质，加强知识之间的逻辑联系，对教材内容进行重组、整合和开发。要以知识结构为体系，合理整合教学内容，确定单元教学目标并进行细化，再以"大问题"为牵引，促进学生对数学教学内容的整体理解与把握，逐步培养学生的核心素养。

数学核心素养是具有基本特征、适应学生个人终身发展和社会发展需要的思维品质和关键能力。小学阶段数学核心素养有：符号意识、数感、量感、空间意识、几何直观、推理意识、运算能力、模型意识、数据意识、应用意识和创新意识。

在"图形的认识"这一个板块，着重培养学生空间观念、抽象概括、几何直观、逻辑推理、合作交流等核心素养。在"图形的测量"这一个板块，着重培养学生空间观念、抽象概括、几何直观、逻辑推理、模型思想、合作交流等核心素养。

2. 深度学习

深度学习主要是在教师的引导下，学生能积极参与到数学课堂教学中，自觉主动深入学习数学知识，进而获得对数学知识的全方位认识。基于《深度学习：走向核心素养（理论普及读本）》一书，深度学习视域下的小学数学教学，必须满足"促进学生数学学科核心素养的发展"基本特征。依据《义务教育数学课程标准（2022年版）》（以下简称《课标》），小学数学学科核心素养主要表现为数感、量感、符号意识、运算能力、几何直观、空间观念、推理意识、数据意识、模型意识、应用意识、创新意识。由此可判断，深度学习视域下的小学数学教学特征，着重表现在"促进学生数感、量感、符号意识、运算能力等学科核心素养的协同发展"方面。

3. 问题化思想

学习就是解决问题：知识的问题、方法的问题、能力与技能的问题、思想与情感的问题。问题牵引，任务驱动：根据教材分析与学情分析，确定本单元的教学目标，并根据目标设置问题，将其分解为有针对性的小问题及相应的学习任务。

六、单元流程图

本单元教学四边形的认识，长方形和正方形的特征，周长的含义，以及长方形与正方形周长的计算方法。《长方形和正方形》单元将知识点主要分为"图形的认识"和"图形的测量"两个板块进行教学，其中"周长"是本单元的教学重点。通过教学，帮助学生深入理解四边形概念和周长概念的本质。

1. 课时与单元

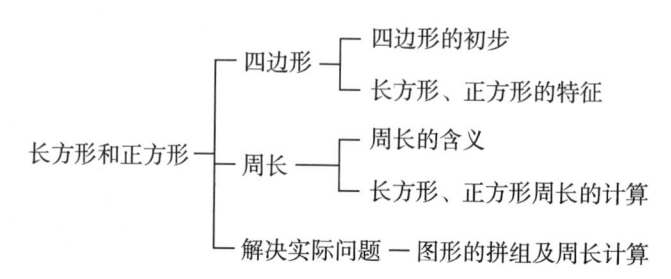

```
                    ┌─ 四边形 ─┬─ 四边形的初步
                    │          └─ 长方形、正方形的特征
长方形和正方形 ─────┼─ 周长 ───┬─ 周长的含义
                    │          └─ 长方形、正方形周长的计算
                    └─ 解决实际问题 ─ 图形的拼组及周长计算
```

2. 学生认知

学生已有知识水平	学生实际知识水平
①对长方形和正方形已经有了直观的认识。	①画四边形。100%的学生都能画出四边形，但是93%的学生画的是规则的四边形，如长方形、正方形、平行四边形等。
②能够从平面图形中分辨出长方形和正方形。	②画长方形和正方形。100%的学生都能画对，但几乎都是正放的。
③可能这些基础还无法用数学语言来描述，但已经成为学生知识的一部分了。	③描周长。近50%的同学不会沿着图形的边缘去描。

3. 基于学情（学生已有平面图形基础）和单元结构化教学的视角，本单元教学结构如下：

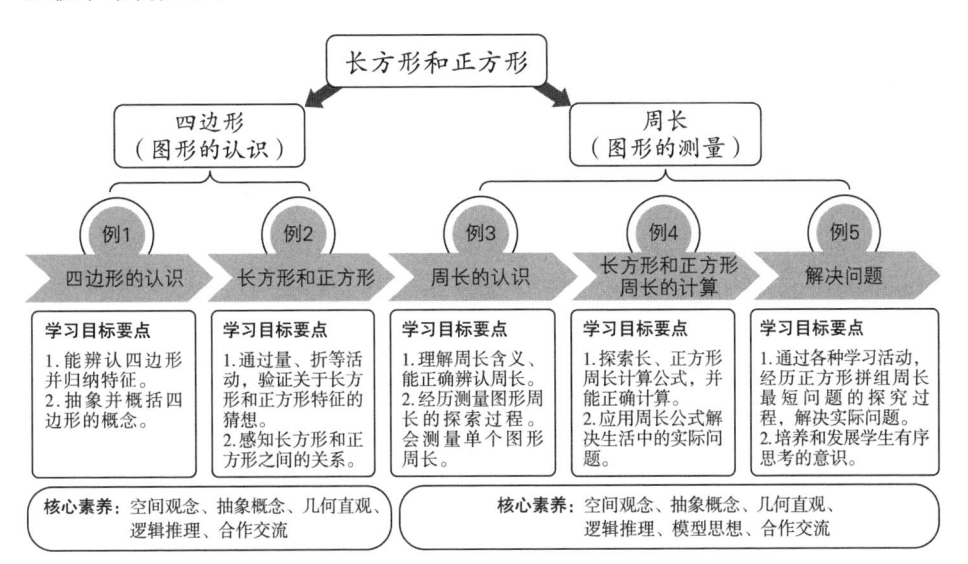

```
                    长方形和正方形
                   ↙            ↘
            四边形              周长
         （图形的认识）      （图形的测量）
```

例1	例2	例3	例4	例5
四边形的认识	长方形和正方形	周长的认识	长方形和正方形周长的计算	解决问题

学习目标要点（例1）：
1. 能辨认四边形并归纳特征。
2. 抽象并概括四边形的概念。

学习目标要点（例2）：
1. 通过量、折等活动，验证关于长方形和正方形特征的猜想。
2. 感知长方形和正方形之间的关系。

学习目标要点（例3）：
1. 理解周长含义，能正确辨认周长。
2. 经历测量图形周长的探索过程，会测量单个图形周长。

学习目标要点（例4）：
1. 探索长、正方形周长计算公式，并能正确计算。
2. 应用周长公式解决生活中的实际问题。

学习目标要点（例5）：
1. 通过各种学习活动，经历正方形拼组周长最短问题的探究过程，解决实际问题。
2. 培养和发展学生有序思考的意识。

核心素养：空间观念、抽象概念、几何直观、逻辑推理、合作交流

核心素养：空间观念、抽象概念、几何直观、逻辑推理、模型思想、合作交流

4. 单元教学过程的问题及任务设计

问题牵引，任务驱动：根据教材分析与学情分析，确定本单元的教学目标，并根据目标设置问题，将其分解为有针对性的小问题及相应的学习任务。

四边形	认识周长	周长的计算	周长的应用
问题一：学过哪些图形？哪些是四边形？ 任务一：回忆提取、分类	问题一：什么是周长？ 任务一：直观感知	问题一：怎样计算长方形的周长？ 任务一：依据长方形特点，多种方法尝试计算	问题一：周长怎样最短？ 任务一：小组合作，动手操作
问题二：四边形有什么特点？ 任务二：归纳、总结	问题二：怎样测量周长？ 任务二：描一描，量一量，算一算	问题二：正方形的周长怎么测量？ 任务二：迁移对比，自主计算	问题二：怎样使得周长最短？ 任务二：多种方案进行对比

139

续表

四边形	认识周长	周长的计算	周长的应用
问题三：长方形和正方形有什么特点？ 任务三：折一折、量一量、比一比，聚焦"边"和"角"	问题三：怎样将三角形的三边画在一条直线上？是周长吗？ 任务三：尺规作图，体会线段的可加性	问题三：方法的选择。 任务三：优化周长的计算方法	问题三：怎样判断周长是最短的？ 任务三：总结归纳，形成模型

七、单元评价方案

本单元的教学目标是让学生的直观经验与几何概念对接，让学生从由整体的观感认识图形过渡到由边、角元素的特点与关系来认识图形。周长的知识，既有"形"的概念，又有度量的特征，所以学生要建立周长的概念，先要明确度量对象，即图形的"边线"，然后度量"边线"的长度。学生只有认识到"图形的周长就是图形各边线长度的累加"，才能抓住周长概念的本质。该单元的"学业要求"是能说出长方形和正方形的特点，能说出图形之间的共性与区别；会测量三角形、长方形和正方形的周长，会计算长方形、正方形的周长；在解决图形周长的实际问题过程中，逐步积累操作的经验，形成量感和初步的几何直观。根据以上设计理念，形成本份单元试题，聚焦核心素养，扣准学习目标，促进深度学习，让教师的教学走向深刻。

人教版三年级上册数学第七单元《长方形和正方形》测试卷

时间：50分钟　　　　　　　　　满分：100分

班级：_____　　姓名：_____

题号	一	二	三	四	五	总分
得分						

一、选择题。(每题2分，共24分)

1. 下面哪个图形是四边形？（　　）

   A.　　　　　　　　　　B.

   C.　　　　　　　　　　D.

2. 缺了（　　）块砖。

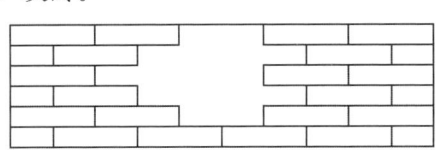

   A. 7　　　　B. 8　　　　C. 9　　　　D. 10

3. 两个周长相等的长方形，（　　）拼成一个长方形。

   A. 一定能　　B. 一定不能　　C. 不一定能　　D. 无法确定

4. 沿边长为20米的正方形花园四周每隔4米种一棵树，共种树（　　）棵。

   A. 16　　　　B. 20　　　　C. 22　　　　D. 25

5. 用软尺量得一个正方形钟面的一圈的长度是38厘米，即这个钟面的（　　）是38厘米。

   A. 长　　　　B. 宽　　　　C. 周长　　　　D. 面积

6. 边长是15厘米的正方形和长25厘米，宽10厘米的长方形，正方形周长（　　）长方形周长。

   A. 大于　　　B. 小于　　　C. 等于　　　D. 无法确定

7. 右图中，图1和图2的周长比，结果正确的是（　　）。

　　A. 图1大　　　　　B. 图2大

　　C. 相等　　　　　D. 无法比较

8. 一个正方形剪成2个长方形后，两个长方形的周长和（　　）原来正方形的周长。

　　A. 等于　　B. 大于　　C. 小于　　D. 无法比较

9. 把一个大长方形剪成两个小长方形后，周长之和比原来的长方形周长（　　）。

　　A. 增加　　B. 减少　　C. 相等　　D. 无法确定

10. 把一个边长15分米的正方形木条框拉成一个平行四边形，这个平行四边形的周长是（　　）米。

　　A. 60　　B. 6　　C. 16　　D. 不能确定

11. 对边相等的四边形（　　）是长方形。

　　A. 可能　　B. 不可能　　C. 一定　　D. 不能确定

12. 下面说法错误的是（　　）。

A. 正方形相邻的两条边互相垂直

B. 平行四边形不容易变形

C. 长方形是特殊的平行四边形

D. 只有一组对边平行的四边形叫做梯形

[设计意图] 选择题注重基础，情境真实，难度由易到难，既帮助学生梳理课内知识，又让学生切身体会到数学就在自己身边。

二、填空题。(每空1分，共26分)

1. 封闭图形一周的长度，是它的（　　　　），三角形的周长是（　　）条边的和，四边形的周长是（　　）条边的和。

2. 长方形的周长=（　　　　），正方形的周长=（　　　　）。

3. 四条边相等，四个角都是直角的四边形是（　　）形。

4. 下图中有（　　）个四边形。

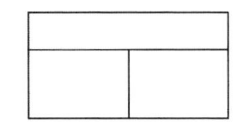

5. 长方形对边（　　），正方形四边（　　），长方形和正方形都有（　　）个角，每个角都是（　　）。

6. 长方形的长是 4 厘米，宽是 3 厘米，周长是（　　）厘米。

7. 周长为 36 厘米的正方形，边长是（　　）厘米。

8. 一个长方形枕套长 6 分米，宽 4 分米，要给这个枕套的四边镶上花边，至少要（　　）分米的花边。

9. 绕着边长 500 米的正方形人工湖走两圈，走的路程是（　　）米，合（　　）千米。

10. 把两个边长是 4 厘米的正方形拼成一个长方形，它的周长是（　　）。

11. 用一根 20 厘米的铁丝围成一个正方形，这个正方形的边长是（　　）厘米，周长是（　　）厘米。如果用这根铁丝围成一个长方形，周长是（　　）厘米。

12. 按要求填空。

长方形				正方形	
长	宽	周长	边长	周长
9 厘米	5 厘米		7 厘米	
	4 分米	20 分米	10 分米	
20 米		52 米		36 米

[设计意图] 填空题既考查识记内容，又考查计算能力，题量多，计算大，非常考验学生的耐心和细致。

三、作图题（每题 5 分，共 10 分）

1. 画一个周长为 10 厘米的长方形，再画一个周长为 10 厘米的平行四边形。

2. 在下面的方格纸上画一个长方形。你画出的长方形的长、宽分别是（   ）、（   ），周长是（   ）厘米。（方格纸中每个小正方形边长看作1厘米）

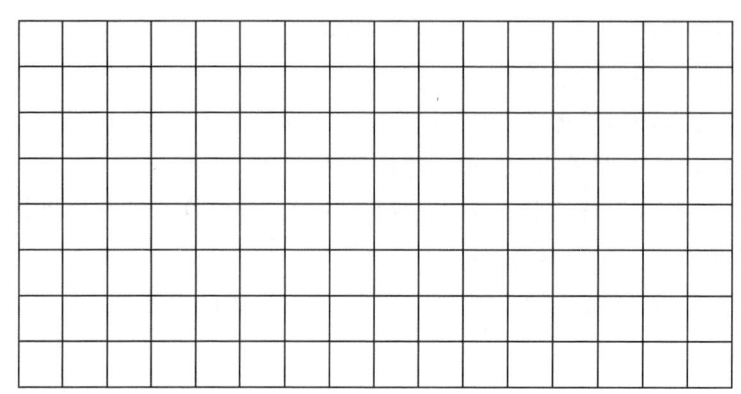

[设计意图] 作图题考查学生的尺规作图，作图习惯。

四、计算下面各图形的周长。(每题2.5分，共10分)

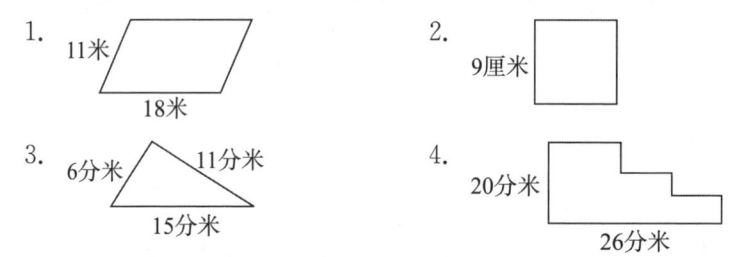

1. 11米 18米

2. 9厘米

3. 6分米 11分米 15分米

4. 20分米 26分米

[设计意图] 考查学生对周长含义的理解以及计算水平。

五、解答题。(每题6分，共30分)

1. 下面图形都是由相同大小的正方形拼成的，周长最短的是（   ）。

A.   B.   C.

我的理由是_____。

2. 如下图，将一根围成长方形的铁丝改围成一个正方形。这个正方形的边长是多少分米？

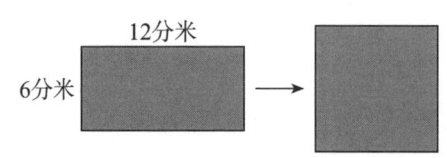

12分米
6分米

3. 用 8 个边长为 2 厘米的正方形拼成一个长方形，有几种拼法？（请你用画示意图的方法表示）那么拼成的长方形周长最小是多少呢？

4. 长方形的长 16 分米，宽 6 分米，如果长增加 15 分米，宽不变，周长增加多少分米？

5. 笑笑从一张长 25 厘米、宽 12 厘米的彩纸上剪下一个最大的正方形。
（1）正方形的周长是多少厘米？

（2）剪下一个最大的正方形后，剩下图形的周长是多少厘米？

[设计意图] 解答题更为开放，探究性强，为学生提供探究的空间。拓展学生的思维广度，培养关键能力。

八、课时教学设计

第一课时　《四边形的认识》

【主题】
凸显数学本质，感知多维特性。
【学情分析】
在前面学习中学生已经掌握了以下图形与几何的知识：

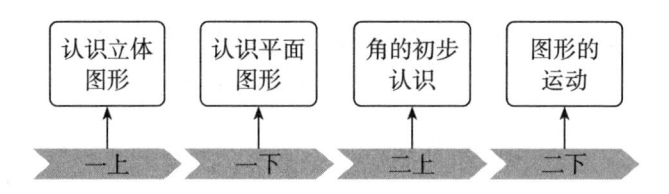

```
认识立体      认识平面      角的初步      图形的
  图形          图形          认识          运动
   ↑            ↑             ↑             ↑
  一上          一下          二上          二下
```

具备一定的几何图形认知能力。然而，对于长方形和正方形这两种特殊的四边形，学生可能对其特征、特性以及与其他四边形的区别理解不够深入。因此，本单元的教学需要充分考虑学生的已有学情，以确保学生能够有效地理解和掌握新的知识。

【教材分析】

教材已经在一下安排了认识平面图形，在二上安排了长度单位和角的初步认识，在三上安排了测量，为本单元的知识学习打下基础，《四边形的认识》是开启小学阶段平面图形特征认识的第一课时，教材意图从"边"和"角"两个维度入手研究平面图形的特征。教材通过众多图形让学生总结出四边形的特点是有四条直的边和四个角，在长方形和正方形的特征中，教材依旧从对边相等以及角的特殊来探究长方形和正方形的特点，而后续长方形和正方形的周长又是围绕边展开的，可见"边"和"角"在本单元中的重要性，因此我们要把握好这一课时，在边和角上做足功夫，为后续学习打下坚实基础。

【课时设计思想】

本课是典型的概念教学课，如何更好地让学生掌握这个核心概念呢？这是本节课需要思考的问题。长方形和正方形两者都是从"边"和"角"两个维度来研究平面图形的特征，他们有着共性和不同。通过制作长方形、正方形、四边形的实践活动，学生将手脑结合，在操作和思考中把思维不断引向深处，同时让学生感知四边形之间的不同，进一步把握这些图形的共性与各自的特点，通过不断追问，在转化的过程中，什么在变？什么不变？借助活动在过程中渗透变与不变的数学思想，同时让学生初步感知四边形易变形的特征，从而丰富四边形的内涵。

【教学目标】

1. 通过观察和直观感知，能区分和辨认四边形。
2. 通过画一画、找一找等活动，提高观察比较、抽象概括的能力。

3. 感受数学与生活的联系，激发学习数学的兴趣。

【教学重点、难点】

重点：能直观感知四边形，总结概括四边形的特征，经历从直观到抽象的学习过程。

难点：区分和辨认四边形，理解四边形的特征。

【教学资源与工具】

课件、不规则形状纸若干、小棒、三角板、直尺。

【教学方法与策略】

启发式、探究式、参与式。

【教学过程】

任务一：前测反馈

1. 前测导入，提出质疑。

（展示学生课前画的四边形）同学们画的这些图形名字都不一样，为什么都叫四边形？有四条边、四个角的图形就是四边形吗？

2. 组织交流，辩证质疑。

思考：（1）有没有存在有四条边、四个角但不是四边形的图形？（2）凹四边形是四边形吗？

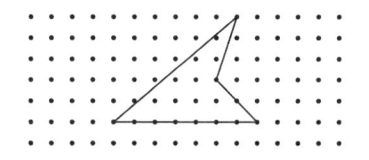

［设计意图］学生在操作实践中初步感知四边形的特点，通过反例，学生对四边形的特点有了更进一步的认识，从而得到"有四条边、四个角的图形不一定是四边形"这个结论。在对优角的认识过程中，学生明白只要是有四条边、四个角的封闭图形就是四边形。多维度地认识四边形，为后续学习做了充分的铺垫。

任务二：利用给定的四根小棒搭一个四边形

思考：（1）成为四边形还有一个很重要条件是什么？

（2）这个同学摆的是四边形吗？为什么？

（3）什么样的图形才是四边形？

生汇报：把这些小棒头尾相连，围成一个封闭图形，它就成了一个四边形。

概括总结：四边形是由四条边首尾相连围成的图形。不但要有四条边、四个角，还要是封闭图形才是四边形。

[设计意图]学生在操作中完善四边形的定义，四边形的定义比较抽象，学生只有操作了，才能自然而然想到"围"这个字，才能更直观地理解四边形特征，也加深了理解"有四条边、四个角的不一定是四边形"这个结论。

任务三：寻找特殊的四边形

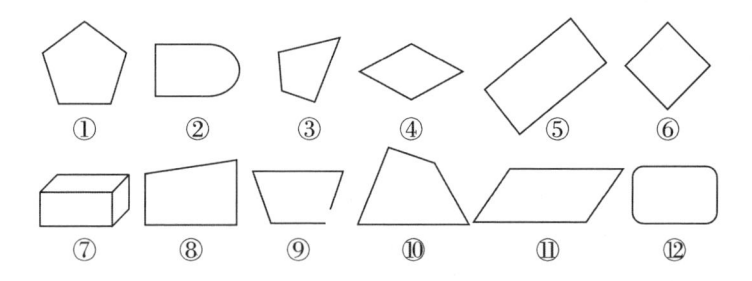

① ② ③ ④ ⑤ ⑥
⑦ ⑧ ⑨ ⑩ ⑪ ⑫

思考：（1）哪些图形是四边形？哪些图形不是四边形？和同桌说一说为什么不是。（2）这些四边形中，哪些四边形比较特殊，请说出特殊的原因。

学生交流总结概括。

小结：确实，在描述特殊四边形时我们始终离不开"边"和"角"两个维度，可见"边"和"角"在四边形认识中起着决定性的作用。

[设计意图]从"边"和"角"两个维度寻找特殊的四边形，进一步说明四边形的特殊离不开"边"和"角"，可见"边"和"角"在研究图形中起着非常重要的作用；在找特殊的四边形时，让学生明白平时这些非常常见的四边形都是很特殊的，正因为它的特殊，才应用得这么广泛。而有些形状怪异的四边形，它们并不是特殊四边形，它们只是形状奇怪而已。

任务四：画一个特殊四边形

画一个只有一个直角的四边形；画一个有两个直角的四边形；画一个有三个直角的四边形。

[设计意图]通过画特殊的四边形，学生从中找到更特殊的四边形，并发现了规律，只要是边或角特殊，这个四边形就会变得很特殊，从而再次说明

"边"和"角"是对四边形起决定性作用的两个重要因素。

任务五：拓展延伸

找一找我们的教室有四边形吗？

1. 判断下面图形图形是四边形吗？如果不是，怎样改才能把它变成四边形？

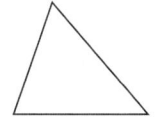

2. 小兔子吃萝卜（沿着有四边形图案的格子走才能吃到萝卜）。

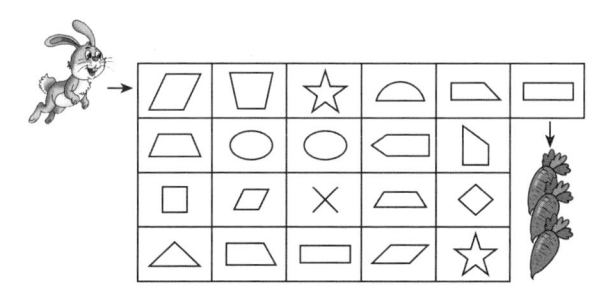

3. 剪一剪：一个四边形剪去一个角会变成什么图形？

[**设计意图**] 这个评价要素主要从两个方面进行考查：理解度和应用能力。理解度主要考查学生对四边形的特性理解程度。最后一题鼓励学生不拘泥于传统思维，勇于创新，同时也能更好地激发他们的学习兴趣和好奇心。

【**学习评价**】

自我评价	☆☆☆☆☆	完成时间
家长评价	☆☆☆☆☆	
教师评价	☆☆☆☆☆	

第二课时　《长方形和正方形的认识》

【主题】

任务驱动识特征，问题牵引逐本质。

【学情分析】

学生之前对长方形和正方形的图形有直观的感知，但是关于图形的认识经验是比较少的，仅仅停留在直观的整体认知上。如何更好地认识一个几何图形，能否淡化几何图形的一般形式，通过审辨突出长方形和正方形的概念，感悟研究图形可以从边、角两个维度去认识图形的基本特征，为今后的图形认识积累研究经验。

【教材分析】

本节课的内容是学生在对长方形和正方形已经有了初步认识的基础上，进一步对长方形和正方形特征的认识。它为以后学习长方形和正方形的周长与面积以及认识长方体和正方体的特征作奠基。《数学课程标准》提倡以问题情境建立模型解释、应用与拓展、反思的基本模式展现教学内容，让学生经历数学化和再创造的过程。因此，教材一开始就从生活中的实例引入长方形和正方形的认识。然后，教材创设两个情境，引导学生通过动手数一数、量一量、折一折、比一比，认识长方形、正方形边、角的特征。接着，安排课堂活动巩固学生对特征的认识，进一步建构对长方形与正方形的空间观念。最后，教材安排了一些具有可操作性、开放性、挑战性的习题，让学生学会运用所学知识解决问题。

【课时设计思想】

《义务教育数学课程标准（2022年版）》（以下简称《2022年版数学课标》）中更加强调几何直观，并适度增加尺规作图的内容，旨在增加动手操作环节，通过活动帮助学生深度理解相对复杂的几何概念。"长方形和正方形的认识"是"图形与几何"领域的重要学习内容，是第一学段的"眼见为实"的"定性把握"，走向第二学段的"理性实证"的"定量刻画"的跨越，并为接下来的抽象概括奠定基础，其研究过程中丰富的数学活动和蕴含的数学思想能有效地帮助学生积累探究活动经验。基于这些从识，本课引导学生从指图形开始,经历"提出猜想—进行验证—得出结论"的自主探究过程,运用"量一量、折一折、比一比"等探究图形特征的操作方法,让学生对图形特征的认识经历"无序—有序"、"零散—完整"的过程,为今后自主探索图形特征奠定基础。

【教学目标】

1. 能区分和辨认长方形和正方形,会在方格纸上画长方形和正方形,并掌握长方形和正方形边和角的特征。

2. 通过动手操作量一量、折一折等活动,探究长方形和正方形的特征,提高动手操作能力和抽象概况能力。

3. 初步建立起空间观念,发展空间想象力和创新意识。

【教学重点、难点】

重点:认识长方形和正方形的特征。

难点:自主探究发现、总结,表达长方形和正方形的特征。

【教学资源与工具】

课件、三角尺、长方形纸、正方形纸。

【教学方法与策略】

启发式、探究式、参与式。

【教学过程】

任务一:前测反馈

1. 前测导入,引发思考

展示信封,信封里面藏着一个四边形,会是什么呢?

2. 引导想象,导入课题

思考:(1)如果是长方形? 信纸会是长什么样呢?(2)正方形呢?

要想知道怎么画出信纸的下半部分,我们需要了解长方形和正方形的特征。

（板书课题：长方形和正方形的认识）

［设计意图］在猜一猜中，感受不同答案的可能性，在学生的头脑中初步形成表象，学生能够想到可能是长方形、可能是正方形或者直角梯形，让学生思考如何画出信纸的下半部分，引出课题：认识长方形和正方形的特征。

任务二：合作交流，探寻长方形特征

1. 认识长方形和正方形的边。

2. 小组合作：利用长方形纸和三角尺探索长方形的特征，并在班上讨论交流。学生上台展示，明晰两个维度。

（1）边的特征

预设：①通过量一量，发现长方形的两条长边相等，两条短边相等。

②通过折一折，发现两边重合了，得出长方形的对边相等。

③通过同桌合作比一比两个相同长方形的上边和下边，发现上下两边长度相等，同理可得左右两边长度相等。

（2）角的特征

预设：①通过量一量，发现长方形的四个角都是直角。

②通过折一折，四个角重合了，得到长方形的四个角相等并且通过量一量得到长方形的四个角都是直角。

③分享并总结探究结论与方法。

［设计意图］引导学生利用三角尺自主探究，让学生进行小组讨论，并进行汇报。根据汇报的结果，引导学生明晰在研究长方形的特征时，可以从边的特征和角的特征两个维度入手，总结探究结论，掌握探究方法。

任务三：迁移学习，自主探索正方形特征

学生自主探索，将探索长方形特征的方法迁移到探索正方形的特征，得到结论：

(1) 边：正方形的四条边都相等。

(2) 角：正方形的四个角都是直角。

[设计意图] 上一个环节培养学生掌握探究长方形特征的方法，由此迁移到学习正方形的特征上，放手让学生去探究，得到正方形的特征，再次加强巩固学习和探究的方法。

任务四：以辩建构，梳理关系

正方形是长方形吗？

辩中巩固、辩中建构。

拓展初识集合图

[设计意图] 培养学生的说理能力，有些学生会认为长方形和正方形是分开的，有些同学认为正方形也包含了长方形的特征，所以正方形也是长方形。在辩的过程中，明晰按图形的特征来判断，总结正方形是特殊的长方形，并提前出示集合图，让学生看懂集合图表示的关系。

任务五：画一画

在方格纸上画一个长方形；在方格纸上画一个正方形。

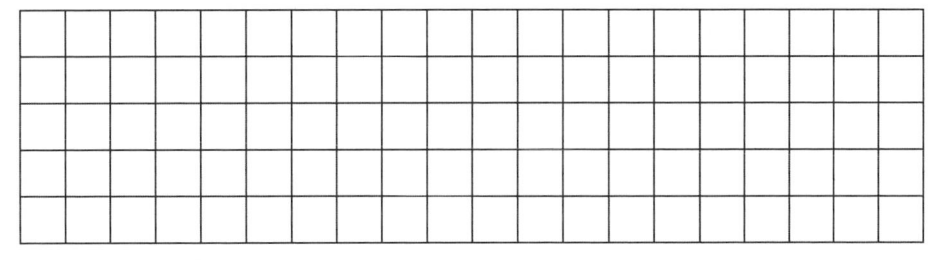

【作业设计】

1. 下面的图形哪些是长方形？哪些是正方形？把序号填在相应的横线上。

长方形：_____

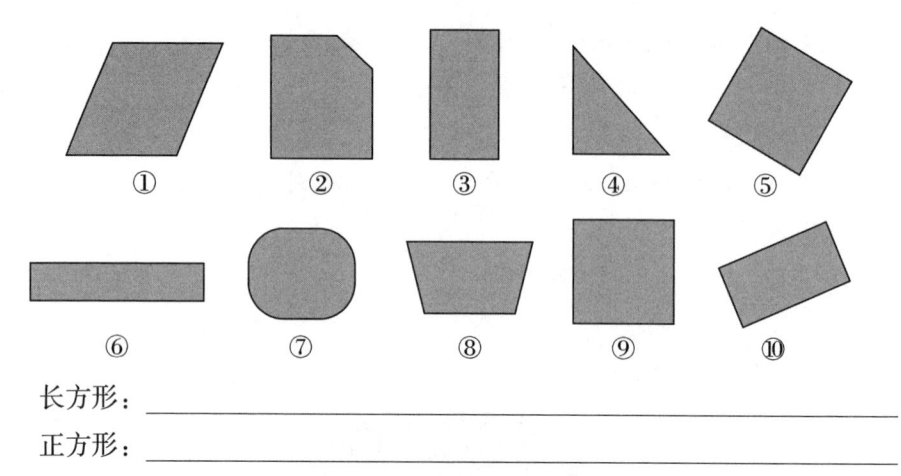

正方形：_____

[设计意图] 学生的数学学习，从某种意义上来说，就是激发学生认知冲突，让思维持续进阶。本题设计把长方形和正方形放到众多熟悉的平面图形中，意在让学生从边和角的角度对长方形和正方形的特征作进一步认知。

2. 下面说法错误的是（　　）。

A. 四条边相等的四边形一定是长方形

B. 正方形是特殊的长方形

C. 长方形和正方形都有四个相等的角

D. 长方形、正方形的对边都相等

[设计意图] 数学是整体的，也是辩证的，通过变式，让学生对长方形和正方形的边和角的特征进一步认知，感受长方形和正方形之间的联系与区别，理解正方形是特殊的长方形。

3. 添加一条线段，使图形按照要求变个样。

(1) 变成一个正方形和一个长方形。

(2) 变成相等的两部分。

[设计意图] 本题既考查学生的尺规作图，又考查学生对长方形和正方形特征的认识。既有基础知识又有挑战性，引领学生思维走向高阶。既满足中等学生的基础需求，又满足优等生的思维需求。

【学习评价】

自我评价	☆☆☆☆☆	完成时间
家长评价	☆☆☆☆☆	
教师评价	☆☆☆☆☆	

第三课时 《长方形和正方形的认识》

【主题】

聚焦素养，明晰本质。

【学情分析】

"认识周长"这节课是在学生对图形的认识及线段长度的概念有了一定感知基础上进行教学的。为了更好地引导学生围绕核心问题展开探究，充分感知周长的概念，我在课前做了学情前测。从学情前测中，能够看出学生对周长并不是一无所知，他们已经有了初步的认识，但从学生对于周长的文字或图示描述中可以看出，他们对于周长的认知浮于表面，对于概念的理解缺乏本质认识，这就为创设顺应学生思维的教学情境提供了思路。

基于以上思考，本节课重在结合生活实例，引导学生从生活中的各种长度切入，聚焦边线，通过剥、量、算等操作活动，激活经验。同时，借助"生问"，引发学生深度思考，夯实概念表象，感悟周长的本质，培养学生量感和空间观念。

【教材分析】

"认识周长"是小学数学"图形与几何"领域中"图形的认识与测量"主题中的内容。这部分内容的学习，指向度量意义的理解及抽象能力的发展。

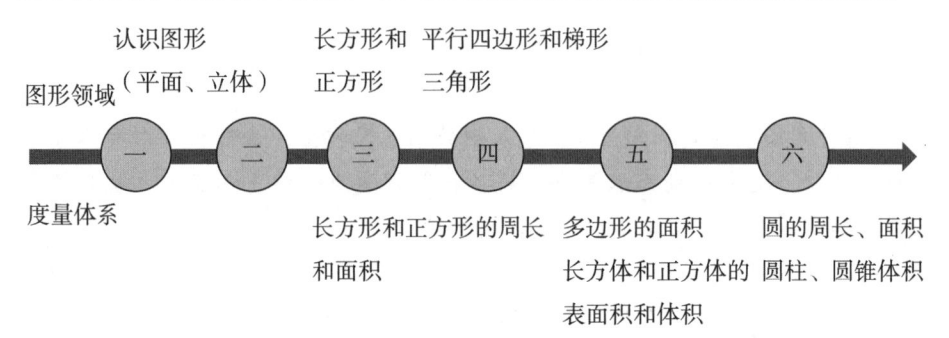

```
图形领域    认识图形       长方形和    平行四边形和梯形
          （平面、立体）   正方形      三角形

            ①─────②─────③─────④─────⑤─────⑥──▶

度量体系                   长方形和正方形的周长  多边形的面积       圆的周长、面积
                          和面积              长方体和正方体的   圆柱、圆锥体积
                                            表面积和体积
```

纵观教材编排，有关四边形的内容一共出现了 3 次：一年级是对平面图形的直观认识，本单元是从"边的长度"和"角的类型"两个维度刻画特征；到了四年级，则是从两线的位置关系等其他属性来进一步研究四边形。而周长是一个全新的概念，接下来会继续学习面积和体积，从一维到二维再到三维进行教学。可以说，本单元所处的位置起到了一个承上启下的作用。

本单元是小学阶段学生第一次接触"周长"概念，也是第一次用定量的方式对平面图形进行测量，为今后探索其他平面图形的特征奠定基础。因而，这一课在数学学习中有着十分重要的地位。

【课时设计思想】

本节课重在结合生活实例，引导学生从生活中的各种长度切入，聚焦边线，通过剥、量、算等操作活动，激活经验。同时，借助"生问"，引发学生深度思考，夯实概念表象，感悟周长的本质，培养学生量感和空间观念。

【教学目标】

1. 能结合具体实物或图形，感知数学与生活的紧密联系。通过观察、操作、交流等活动，逐层递进，让学生在层次分明的活动中认识并掌握周长概念的本质。

2. 经历剥一剥、说一说、量一量、算一算等活动，学会测量简单图形的周长，在测量活动中加深对周长的认识，理解周长度量的本质，渗透转化的思想，积累学习经验。

3. 通过多元的学习素材和任务，培养学生的问题意识、空间观念、质疑能力。

【教学重点、难点】

重点：体会周长的含义，会测量并计算简单图形的周长。

难点：正确理解周长的本质含义。

【教学资源与工具】

多媒体课件、彩带、线绳、直尺、长方形、三角形、半圆形等。

【教学方法与策略】

以问引学、多维探究、体验操作。

【教学过程】

任务一：课堂引入，从"长"到"周长"

1. 尊重学生已有的长度认知，估计教师手中彩带的长度，引出"长度"。

师：老师今天带来了一根彩带，请你估一估这根彩带的长度是多少？大家对以前学习的长度有一定的感觉。（板书：长度）

2. 长度分类，引出"周长"。

师：其实生活中我们经常会遇到这些长度。细心的你能发现这些图片里指的长度分别是哪一段吗？请你和同桌说一说并指一指。（课件出示线条）

一支铅笔长度为 20 厘米　　学生从家到学校的距离为 2 公里　　游泳池一圈的长度为 300 米

操场一圈的长度为 400 米　　相框一圈的长度为 44 厘米　　数学书封面一圈的长度为 72 厘米

课件展示生活中常见的各种"长度"，对比分类，引出课题——周长，实现从"长"到"周长"的过渡。

[设计意图]结合具体情景初步感知概念，从学生常见的、鲜活的生活实例引入，让学生用数学的眼光去观察，抽象出数学图形，让学生对长度有感觉，为接下来周长的学习做铺垫。

任务二：课堂引问，聚焦学生问题

师：同学们，你知道什么叫周长吗？同学们真厉害，通过自主学习了解了周长这么多知识。关于周长，你们还有想问的吗？

引发学生提问：看来"周长"和我们以前认识的"长"有紧密联系，但它们又不完全一样。

预设一：什么是周长？

预设二：怎样计算周长？

预设三：什么图形有周长？

预设四：周长有什么用？

……

[设计意图]暴露已知，展现疑惑。通过以问引学的方式，让学生的学习真实发生。本节课围绕学生提出的这几个有价值的问题来研究，使学生回归课堂的主体。

任务三：丰富感知、建立周长概念

1. 给草地围栅栏，初步感知"一周"。

师：老师今天带来了一个长方形草地。我想在它的四周围上一圈栅栏，你们觉得在哪里围合适呢？你能上来指一指吗？

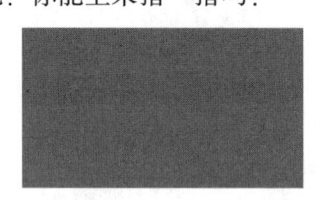

[设计意图]动态展示从不同的起点出发开始围栅栏的5种方式，引导学生直观感受"一周"概念，抓住两个关键点：一是从起点出发再回到起点，二是沿着边线围。

2. 动手操作，建立周长概念。

（1）剥一剥

师：刚才老师把长方形的边线剥下来，这样一摆，你有什么发现？

[设计意图]剥离出长方形一周的边线，逐步有序地摆放，引导学生真切地感受到长方形的周长正好是这一条线段的长度，是长方形四条边线累加的结果。

（2）围一围

师：这根 50 cm 的彩带可以围出长方形，还可以围出什么图形呢？

[设计意图]借助彩带围线成面，明确"什么图形有周长"。这一环节师生合作，用 50 cm 的彩带围出不同的图形并贴在黑板上，对比观察图形的相同点与不同点。充分感悟"封闭""一周"等关键词，明确概念"封闭图形一周的长度就是它的周长"。

（3）量一量

操作要求

思考：1. 量哪里？用手指一指。2. 用什么工具测量？

3. 图形的周长是多少？

注意：测量时，如果不是整厘米数，取与它最接近的整厘米数。动手操作，初步感悟"怎样计算周长"。

①小组合作测量三角形、半圆形的周长。

②反馈交流测量方法，感悟"化曲为直"的数学思想。

③归纳小结：我们测量不同的图形、使用不同的工具，但相同的是，都是在测量一个图形一周边线的长度，最后再把每条边线的长度相加，就得到了一个图形的周长，一个图形周长的计算简单地说就是它所有边线的长度和。

[设计意图]从图形的直观感知过渡到图形的度量感知，合作完成测量三角形和半圆形的周长，基于新课标中对学生的学业要求，学生要学会测量三角形、正方形、长方形的周长。在这个活动中学生体会要根据封闭图形的特征选择合适的度量方法和度量工具，渗透化曲为直的思想。

任务四：变式练习，内化周长概念

1. 组合图形的周长。

动态出示长方形、三角形的组合图，引发思考讨论，得出"把长方形和三角形组合在一起，新图形的周长不能进行简单的叠加"。

2. 比赛的争论：谁赢的可能性大。

女生绕着①号草地的四周跑一圈，男生绕着②号草地的四周跑一圈。

女生绕着①号草地的四周跑一圈会赢。

男生绕着②号草地的四周跑一圈会赢。

3. 结课提问：仔细观察这两块草地，你有哪些新的疑问？预设：为什么①比②草地小，但它们的周长却相等？

激发学生的自主提问意识，为之后教学"面积"做准备，初步感知"周长"和"面积"的不同。

[设计意图] 通过两道变式题，使学生经历了尝试反思、解释、重构的再创造过程，激发学生的提问意识，深刻明白周长是封闭图形一周边线长度的总和的本质，并将核心素养培育蕴含在活动探究中。

任务五：感受生活中的周长

师：今天我们一起深入研究了周长，那周长对我们的生活到底有什么用呢？出示生活中的"周长"。

[设计意图] 将知识回归生活，引导学生把所学知识运用到日常生活中，体现了周长的作用。培养用数学的眼光观察生活，体会数学的价值。

任务六：总结延伸，构建知识网络

师：这节课我们通过看、摸、描、想，找到了物体的一周，还知道了封闭图形一周边线的长度就是它的周长。周长就是一种长度，那今天学习的长度跟以前学习的长度有什么不一样呢？

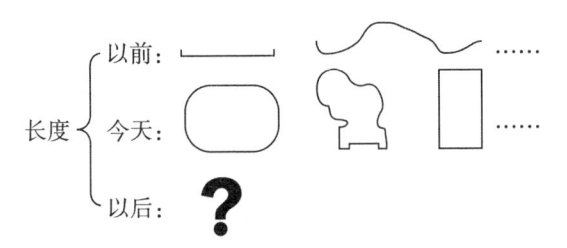

[设计意图] 总结回顾，归纳今天学习的长度跟以前学习的长度的不同，并关联将来，体现知识的结构性。

【板书设计】

周长

什么图形有周长？

封闭图形一周的长度，（边线）就是它的周长。

怎样计算周长？
周长有什么用？

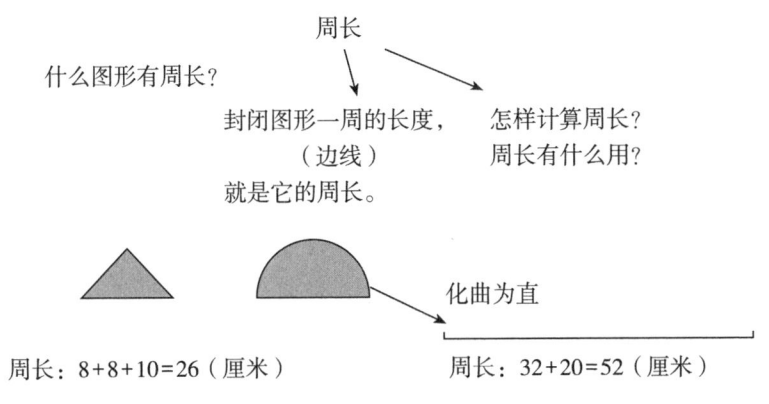

化曲为直

周长：8+8+10=26（厘米）　　　周长：32+20=52（厘米）

【作业设计】

1. 计算下面图形的周长。

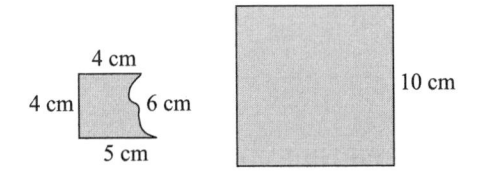

[设计意图] 通过计算图形的周长，以巩固学生对周长的认识，明确周长的基本求法。

2. 把两个正方形组成在一起，判断新图形的周长是多少？

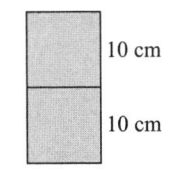

161

(1) 80 cm　　(2) 比 80 cm 短　　(3) 比 80 cm 长

思考：新组合的图形的周长有没有可能比 60 cm 短？

[设计意图] 通过判断新图形的长度，培养学生的数感以及估算意识，检验他们对周长的理解是否真的到位。

3. 这是一个正方形，用一条曲线分割成两部分。

周长相比（　　）

(1) 图形①长

(2) 图形②长

(3) 一样长

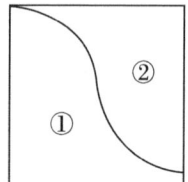

变：现在呢？

[设计意图] 通过变式，有助于学生认识到周长的本质——封闭图形一周的长度，通过描周长的过程，理解周长的意义。

【学习评价】

自我评价	☆☆☆☆☆	完成时间
家长评价	☆☆☆☆☆	
教师评价	☆☆☆☆☆	

第四课时　《长方形和正方形周长的计算》课时教学设计

【主题】

以生为本放手学，拓宽思维重提升。

【学情分析】

1. 学生在二年级的时候就学习了长方形、正方形的特征，知道了它们都有 4 条边，长方形对边相等，正方形 4 条边都相等。在上一节课学生又知道了长、正方形的周长就是 4 条边的总和。这些都是本节课学习的知识基础。《数学课程标准》指出：动手实践，自主探索，合作学习是学生学习数学的重要方式。因此，本课的设计就以这一基本理念为指导，强调以学生为中心和以自主探究为主线，紧密联系学生的生活经验和活动经验来组织教学。三年级的学生有一定的动手操作能力和新旧知识迁移的能力，这些能力为本节课的学习做好了充分的准备。

2. 通过前测发现，学生在解决"靠墙"的实际问题中，容易出现直接计算长方形菜地的周长，没有理解"靠墙"的意思，因此这是本节课的难点，要培养学生灵活运用长方形周长的知识解决实际问题的能力。

【教材分析】

本节课主要探索并理解长方形和正方形周长的计算方法，是在学生对四边形的特征、长方形和正方形的特征有了初步的认识，并且能很直观和形象地描述出一个平面图形的周长的基础上进行学习的。教材在编排上非常突出的一个特点是注意呈现知识的形成过程，注意让学生动手操作，自主探究，亲身经历知识的形成过程。注重引导学生如何思考周长计算方法，并逐步抽象的过程，更是对周长本质理解的过程。因此本节课在教学设计的思路上给学生充分提供了多角度的数学活动（动脑思考，动眼观察，动手实践）的机会，让学生通过多种形式的活动进行分析、观察和交流，感受数学知识的形成过程，并对后面学习长方形、正方形面积和圆的周长等知识做了重要铺垫。

【课时设计思想】

本节课设计，涉及数学中重要的转化思想和优化思想，前者是将新知"周长的计算"转化为旧知"线段的累加"，后者则是在"变与不变中"探索数学的本质，也为数学深度学习奠定了良好的基础。2022 年新课标将此节课划归为学生空间观念与应用意识培养的重要课时，此课题承上启下，上承二年级线段的长度累加，下接几何图形的面的认识与测量，同时其所衍生的题型能发展学生的应用意识，并提高学生解决问题的能力，若能立足于整个图形与几何的单元视角，方能将小课题上出大味道。

【教学目标】

1. 在具体情境中进一步理解周长的意义，掌握长方形、正方形周长的计算方法，能灵活计算长方形和正方形的周长。

2. 经历长方形、正方形周长计算方法的探究过程，体验计算方法多样化并优化计算方法，进一步发展空间观念和归纳概括能力。

3. 感受数学知识在现实生活中的应用，体会数学与生活的联系，激发学生学数学、用数学的热情。

【教学重点、难点】

重点：经历长方形、正方形周长计算方法的探究过程并能解决实际问题。

难点：理解长方形与正方形周长在现实生活中的灵活应用。

【教学资源与工具】

课件、学习单。

【教学方法与策略】

启发式、探究式、对比式。

【教学过程】

任务一：情境引入，激疑启思

揭示课题。

同学们，请看（课件出示长方形菜园），欢欢出生在祖国的南方。这里有青山绿水，这里的人民勤劳善良。他在这里出生，在这里成长。喝着这里的水，吃着这里的粮。欢欢的妈妈是一个特别勤劳的人，她喜欢在自家的院子里种一些蔬菜，可是她遇到了个大问题，就是总有一些小鸡、小鸭会破坏长出来的蔬菜，这可怎么办啊？（围上围栏）

提问：需要多长的围栏呢？

学生明确求围栏长度，其实就是求长方形的周长。

活动：指认周长，明晰概念。

揭示课题。（板书课题：长方形和正方形的周长）

[设计意图] 回归现实生活中给菜园做围栏的实际问题，贴近学生的生活，由欢欢妈妈遇到的问题引入值得研究的数学问题——即长方形菜园一周的围栏有多长？自然地引出求几何图形一周的长度这个话题，同时复习巩固了周长的意义。

任务二：自主探索，建构新知

（一）探究长方形的周长计算方法

1. 学生独立计算。

引导学生发现，要知道这个长方形菜园的周长，首先得知道长方形四边的长度。

学生自主探究，用自己的方法算一算这个长方形菜园的周长，看看有哪些不同的方法？

2. 交流汇报。

（1）组内交流。

（2）学生分组汇报方法，相互补充、质疑、评价。预设三种方法：

第一种：7＋3＋7＋3＝20（米）

第二种：7×2＋3×2＝20（米）

第三种：(7＋3)×2＝20（米）

师生交流得出第一种方法是利用了周长的概念，依次把四条边加起来；第二种方法是把两条长的和与两条宽的和加起来，也就是四条边之和。针对第三种方法，重点理解。对比理解第三种方法的简便性。

3. 理清第三种方法的思路。

老师引导学生一起来对着课件说一说。先算一组长与宽的和，再算另一组长与宽的和，就是两组长与宽的和。长方形的周长是两组长与宽的和，先算一组长与宽的和再乘2，就是两组。

4. 教师小结：计算这个长方形我们用了三种不同的计算方法，但实际上都是算这个长方形四条边的长度和。

5. 优化、归纳计算方法。

提问：哪种方法最简便？说说你的理由。

让学生比较出简洁的方法，并用此方法再计算长8分米、宽4分米的长方形的周长，再次感受简便。

提问，这个简洁的方法是怎样算出长方形的周长的呢？

学生发现，这里的7＋3，8＋4都是算长方形的什么？（长与宽之和，然后再乘2就是它的周长。）

学生观察，教师引导学生用文字归纳简便方法。

板书：长方形的周长＝(长＋宽)×2，齐读。师强调长方形周长计算需要的条件。

[设计意图] 首先，本环节的起初部分并未直接告诉学生长方形的长和宽，而是引导学生通过对周长的认识和长方形的图形特征了解来确定求周长的条件，并最终确定"只要告知长方形的一条长和一条宽，便可求一周的长度"，也为长方形的公式归纳与概括奠定了良好的基础。其次，学生通过多种计算方法的比较，及时渗透了"变中有不变"思想和数学优化思想，通过将图形的周长计算转化为线段长度的总和计算，化新知为已知，降低了学习的难度，将前后的数学知识进行了结构性连贯处理。最后，学生顺利总结出长方形的周长公式，为正方形周长公式的总结起到了正向迁移的作用。

本环节力求体现学生算法的多样化，同时体现不同学生思维的不同水平。在探索活动的基础上，进行归纳总结，概括长方形的周长计算公式，以便在解决问题中灵活运用，体会数学的抽象和简洁。

（二）迁移算法，探索正方形的周长计算方法

1. 出示边长为5米的正方形，学生独立做。（给孔雀设置一个活动区域）
2. 请学生上台来说一说如何计算。

方法一：5＋5＋5＋5＝20（米）

　　　　正方形的周长＝边长＋边长＋边长＋边长

方法二：5×4＝20（米）

　　　　正方形的周长＝边长×4

让学生说说自己喜欢用哪一种方法，并说说这种方法的思路。

3. 概括方法并板书：正方形的周长＝边长×4。
4. 对比：要知道正方形的周长需要知道几个信息？为什么长方形的周长需要两个信息呢？

小结：同学们，通过测量活动，将新知转化成了旧知，我们将正方形周长的计算转化为了线段的累加计算。

[设计意图] 本环节设计，通过前面对于长方形周长的主动探究学习，学生加深了对周长意义的认识，成功迁移并概括出了正方形的周长公式，此过

程学生经历了由特殊到一般，又从一般的公式走向了长方形中的特殊——即求正方形的公式，一环扣一环。通过对比长方形周长计算方法和正方形周长的计算方法的不同，由学生主动去探索，找到了知识间的联系和区别。

任务三：课堂练习，活学活用

(一)基础练习

1. 课件出示：一个长105米，宽50米的长方形和一个边长5厘米的正方形，学生计算周长并反馈。

2. 请学生举例生活中有哪些问题可以用今天的知识来解决。

预设学生回答：数学书的封面的周长，黑板的周长，教室门窗的周长，等等。

[设计意图] 将数学学习拉进到现实生活当中，让学生体会学习知识的现实意义。

(二)拓展练习

1. 课件出示：一个长方形花坛的长是5米，宽是3米。现在要紧贴长方形花坛围篱笆，请问需要多少米的篱笆？其中一面靠墙，篱笆长多少米？

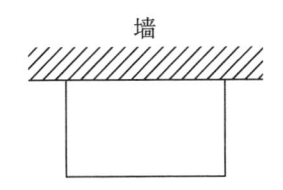

师巡视找出错误的列式：(5＋3)×2，学生说理由，为什么错了？

反思：解决了这道题，你有什么要提醒大家注意的？

[设计意图] 此题，让学生学会灵活应用数学知识解决现实生活中的问题，学会活学活用，指向信息转化和隐藏信息识别的能力。以生活中常见的给花坛围篱笆为情境，让学生将生活信息转化为数学信息，即将"求紧贴花坛篱笆的长度"转化为"求长方形花坛部分周长的长度"。同时学生需要对图片中的隐藏信息进行识别，意识到"一边靠墙"的特殊性，通过生活情境、现实问题，提升学生信息转化和隐藏信息识别的能力，同时使得学生学会灵活应用数学知识解决现实生活中的问题。

2. 开放活动：小小设计师

活动要求：动物园要给老虎设计周长为 16 米的长方形活动区域，想一想怎样围最节省材料？把你想到的方法在方格纸上画一画。（注意：每小格边长为 1 米）

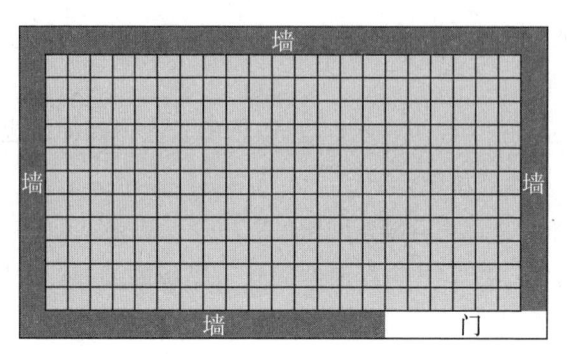

展示学生不同的设计作品。

全班交流：这几种围法，哪种围法最节省材料？为什么？

［设计意图］此题，用开放式的眼光引导学生设计节省材料的围栏模式，每一种围栏状态反映出学生对于周长的理解，同时"怎样围最节省材料？"则是利用优化思想逼孩子主动进行对比思考，若教师能引导学生通过表格进行梳理，则更考验学生的有序思维能力，做到不重复、不遗漏，发现边长变化的规律。

任务四：知识总结，梳理强化

师：通过今天的学习，你学到了哪些新的知识？印象最深刻的是什么？

［设计意图］培养数学思想，内化数学知识。

【板书设计】

长方形和正方形的周长

线段的累加　　变与不变

方法一：7＋3＋7＋3＝20（米）　　方法一：5＋5＋5＋5＝20（米）

方法二：7×2＋3×2＝20（米）　　方法二：5×4＝20（米）

方法三：(7+3)×2=20（米）

长方形的周长=(长+宽)×2　　　正方形的周长=边长×4

【作业设计】

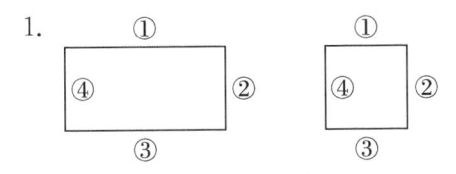

1.

我发现：_____。

[设计意图] 引导学生画出指定周长的长方形，感知长方形的"变"与"不变"，进一步加深对长和宽的认识，也培养了学生的归纳概括能力。

2. 同学们，你们玩过俄罗斯方块吗？游戏中需要以下七种图形。这七种图形都是由 4 个相同的小正方形组成的。

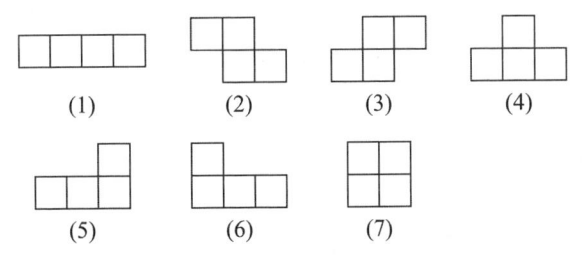

(1)　　(2)　　(3)　　(4)

(5)　　(6)　　(7)

（1）算一算。你能算出七种图形的周长吗？

（2）想一想。比较图形周长，你有什么发现？

（3）画一画。选择若干组图形拼成长方形，算出长方形的周长。

[设计意图] 玩俄罗斯方块游戏，考查学生对周长概念的理解和运用。这个题目需要学生具备整体思想，利用平移的知识进行转化，培养学生的逻辑推理能力。其中"画一画"，选择若干组图形拼成长方形的游戏，激发了学生的学习兴趣，同时有助于提升学生的空间感知能力和创造力。

【学习评价】

自我评价	☆☆☆☆☆	完成时间
家长评价	☆☆☆☆☆	
教师评价	☆☆☆☆☆	

第五课时 《解决问题》教学设计

【主题】

凸显数学价值，深化图形认识。

【学情分析】

本节课是在学生学习了长方形、正方形特征、周长的公式后设计的，只有理解了前面的内容，才能计算图形的周长。教材呈现了三种不同的拼法，通过比较图形的周长得出结论，学生能灵活运用所学知识解决生活中的实际问题，培养学生动手实践的能力，为进一步探索其他图形的特征奠定基础。

【教材分析】

《解决问题》是一个通过自主探究解决问题的活动，旨在使学生进一步巩固长方形、正方形的认识及周长的计算方法，提高学生综合运用知识的能力；进一步发展学生数学思考，学习运用拼图或画图来解决问题的策略，提高学生的探究能力和解决问题的能力。在探究之前，要明确要求；在探究之中，要指导方法；在探究之后，要总结规律。

【课时设计思想】

主体化思想、建模思想、结构化思想。

【教学目标】

1. 熟练掌握长方形和正方形周长的计算方法，并能运用所学知识解决生活中的实际问题。

2. 通过自主探究，发展学生的几何直观，培养空间观念。

3. 让学生在活动中体验数学学习的乐趣，喜欢学习数学。主动发现日常生活中的数学现象，并积极去探究。

【教学重点、难点】

重点：通过探究，运用画图策略解决问题，总结出解决这类问题的一般方法。

难点：运用画图策略解决问题，总结出解决这类问题的一般方法。

【教学资源与工具】

课件，边长是1厘米的正方形纸片若干，学习单，点子图。

【教学方法与策略】

启发式、探究式、参与式。

任务一：初步感知，尝试探究

活动一：拼图形

1. 阅读文本。

出示：用 4 个边长是 1 厘米的小正方形拼图形。能拼出怎样的图形？周长会是多少厘米？怎样拼才能使拼成的图形周长最短？

问题：你读懂了什么？

预设：①要拼成的图形是长方形或正方形及不规则图形。

②用 4 个边长是 1 厘米的小正方形进行拼组。

③要求出每个图形的周长，再比较周长的长短。

2. 分析与解答。

问题：你打算怎么解决这个问题？

预设：①用小正方形拼组，再算出周长进行比较。

②根据拼组后的图形里小正方形是否更集中。

③根据小正方形重叠的边的条数。

3. 自主操作，交流评价。

（1）活动要求

学习单一

操作要求：

1. 拼、画：同桌合作用 4 个小正方形拼组图形并画在点子图里。

2. 填一填：将图形记录下来并算出周长填在表格中。

图形							
周长							

(2)结果反馈

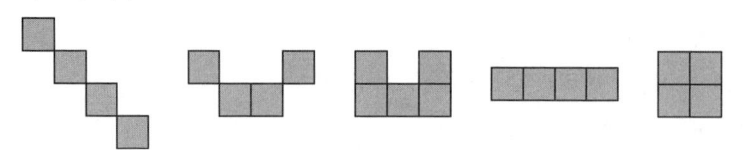

周长：16厘米　　14厘米　　12厘米　　10厘米　　8厘米

(2)归纳小结

思考：摆出的几种不同的图形之间有什么相同和不同的地方？

预设：

①都是4块小正方形拼的。

②拼成的图形有规则图形也有不规则图形。

③形状不同，周长也不同。

④有些边有重叠，有些没有。

⑤周长最短是摆成正方形。

追问：为什么正方形的周长最短？

预设：重叠的边越多周长越短。

任务二：自主探究，建构知识

活动二：拼长（正）方形

1. 动手实践，"做"中体悟。

用16个边长是1厘米的正方形纸拼长方形和正方形。怎样拼，才能使拼成的图形周长最短？

学习单二

操作要求：

1. 画一画：用16个小正方形在点子图上画出长（正）方形。

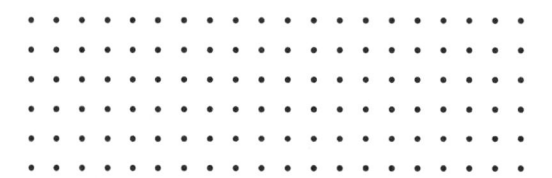

续表

2. 填一填：根据画出的图形在表格上填出长和宽。
3. 想一想：哪个图形周长最短，为什么最短？和小组同学讨论。

图形	小正方形块数	图形周长（厘米）	长（厘米）	宽（厘米）

2. 交流观点，"论"中感悟。

汇报：①如图1，每行摆8个，摆2行，然后算出长方形的周长是（8+2）×2＝20（厘米）

②这个同学计算长方形的周长是(16+1)×2＝34（厘米），请大家想象这个长方形是怎样的？

③有个同学求出的周长是16厘米，你觉得这个图形是怎样的？

④用小正方形周长总和减重叠的边长16×4－22×2＝20（厘米）。

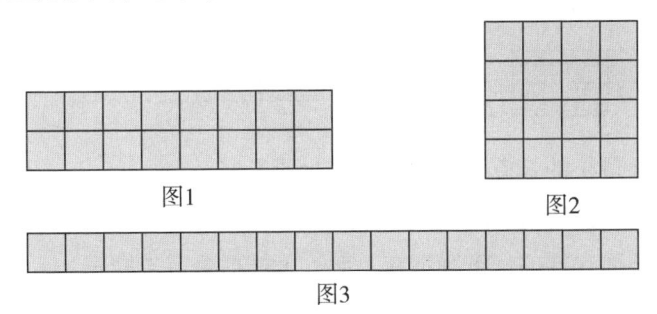

图1

图2

图3

3. 比较分析，分享发现。

思考：摆出的三种不同的长方形之间有什么相同和不同的地方？

预设：

①都是16块小正方形拼成的。

②拼成的图形都是长方形和正方形。

③三个长方形的形状不同，周长也不同。

④正方形周长最短。

⑤长和宽相乘等于小正方形的个数。1×16＝16 2×8＝16 4×4＝16

追问：所以还有别的拼法吗？只有3种。

4. 观察思考，概括总结。

结合活动一与活动二里的正方形和长方形。

思考：为什么都是16块小正方形拼成的，正方形的周长最短？

预设：

①我们发现长和宽越接近周长越短。正方形的周长最短。

②重叠的边越多周长越短。

③图形胖周长短，也就是图形越集中周长越短。

小结：刚才我们通过动手实践，讨论辨析解决了"用16个边长是1厘米的小正方形拼长方形和正方形。怎样拼，才能使拼成的图形周长最短？"这个问题。得到了图形越集中，重叠的边越多周长越短的结论。

任务三：巩固练习，拓展提升

1.【★题】选一选，做一做。

用12个边长是1厘米的小正方形拼长方形和正方形。

(1) 下列拼成的图形中，周长最短的是（   ）。

A.　　　　　　B.　　　　　　　　　　C.

(2) 周长最长的长方形的周长是多少厘米？

2.【★★题】解决问题。

把4盒下面这样的保鲜膜捆在一起，怎样捆最节省胶带？

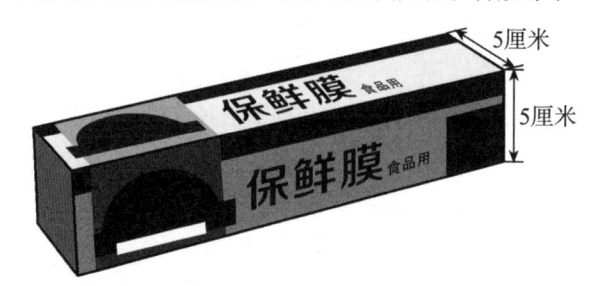

5厘米

5厘米

3.【★★★题】解决问题。

把18幅绘画作品贴在一起，做一个"绘画园地"。要在"绘画园地"的四周贴上花边。每幅作品都是正方形,边长都是 2 厘米。怎样设计"绘画园地",才能使贴的花边最短?

你有什么想法?你打算怎么贴?(学生动手画一画)

预设:

① 基本图形:长方形(2+36)×2=76(厘米)

(4+18)×2=44(厘米)

(6+12)×2=36(厘米)

② 组合图形:涂色的两个小正方形还可以摆在哪里?

任务四:总结回顾,整理反思

问题:这节课你有什么收获?

【作业设计】

1. 选一选。用 12 个完全相同的小正方形拼成 3 种不同的长方形(如图),其中周长最长的是(   )。

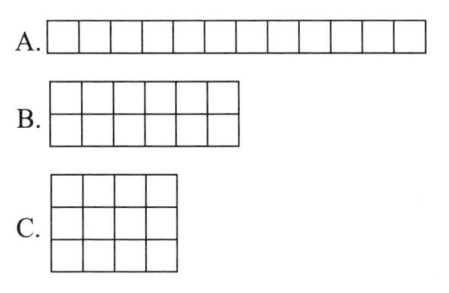

A.

B.

C.

2. 用 16 张边长是 1 分米的正方形纸拼长方形和正方形,怎样拼才能使拼成的图形周长最短?

[设计意图] 通过此题的练习,学生能充分地体验将图形特征与周长计算相结合,从而发展学生的空间观念。在此基础上进行 16 个小正方形的探究,学生在体验的过程中进行推理与归纳,从而发现并总结规律,培养了学生的推理意识。

3. 把一个长方形(如下图)平均分成两个三角形,用这两个三角形分别拼成的下面三个图形中周长最短的是(   )。

A.   B.   C.   D.

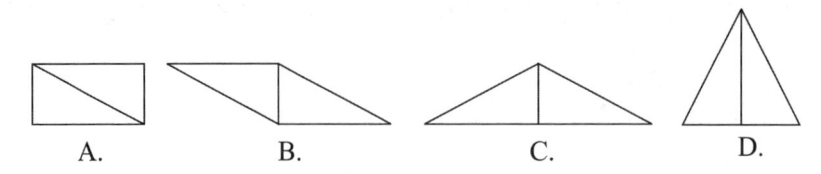

[设计意图] 此题中学生迁移经验，通过观察、推理解决问题，在解决问题时找到新组合图形的边与原来长方形相对应的长、宽和对角线之间相对应的关系，求出新组合图形的周长。例如 A 选项图形的周长＝长×2＋对角线×2，从而得解。初步发现规律：拼组后隐藏在外面的边长越短，拼组后图形的周长就越短，培养学生的应用意识。

【学习评价】

自我评价	☆☆☆☆☆	完成时间
家长评价	☆☆☆☆☆	
教师评价	☆☆☆☆☆	

第六课时 《整理和复习》教学设计

【主题】

彰显数学魅力，掌握图形本质。

【学情分析】

知识准备：本单元是在学生直观认识了长方形、正方形、平行四边形、三角形和圆等平面图形的基础上教学的。

能力准备：这一学段学生的年龄特征，决定了他们对图形的认识，处于由以依据表象为主的直观辨认水平，逐步向以依据特征为主的初级概念判断水平发展。

【教材分析】

本单元分三段编排。第一段主要教学四边形的特征、长方形和正方形边的名称、长方形和正方形边和角的特点。第二段主要教学周长的含义及长方形和正方形周长的计算。第三段教学如何运用四边形及周长的知识解决生活中的简单实际问题。

在编排上，教材一方面注意挖掘几何知识之间的内在联系，另一方面提供了大量与空间观念密切相关的素材,并遵循儿童学习数学的规律,选择了活动化的呈现方式,目的是加强空间观念的培养。

【课时设计思想】

复习课的目的在于把一个单元众多知识点融合在一起,整合单元内容,使知识既有联系又有层次,形成体系,得到"生长",做到温故而知新。通过分层分类的复习课的教学实践,对长方形特征和周长的知识进行了系统整理,从而力求理清知识的来龙去脉,做到有关联,有结构,有生长,使知识由"点"形成"线",由"线"形成"面",由"面"形成"体",达到归纳提升的目的,让复习在学生掌握归纳总结各知识点的基础上走向更高层次的抽象与概括。在教学中体现出复习课的活力,课堂的生命力,学生的"再生长"。

【教学目标】

1. 通过复习和整理,进一步认识长方形和正方形的特征,掌握长方形和正方形的周长计算方法。

2. 通过复习和整理,进一步理解四边形、长方形、正方形之间的特点的相互联系,通过对长方形、正方形基本图形的拼摆,提高解决实际问题的能力,体会数学的价值,增强数学意识,发展数学思考能力。

【教学重点、难点】

重点:进一步认识长方形和正方形的特征,掌握长方形和正方形的周长计算方法。

难点:进一步掌握知识间的相互联系,提高综合运用数学知识解决实际问题的能力。

【教学资源与工具】

课件,长10厘米、宽5厘米的两个长方形。

【教学方法与策略】

【教学过程】

任务一:整理特征、沟通联系

1. 同学们看这是什么图形?(四边形)四边形有什么特征?

2. 老师从四边形中剪下一个长方形,长方形有什么特征?(长方形对边相等,四个角是直角)

3. 我再从这个长方形中剪出一个最大的正方形，同学们想一想正方形的边长应该和谁相等？（边长＝宽）正方形的特征是什么？

4. 除了知道长方形和正方形的特征，我们还学习了什么？（周长）

5. 周长怎么量？（①直尺测量法；②绕绳法，化曲为直，先用绳子围，再用尺子量）

6. 根据长方形的特征，如何计算它的周长？板书公式：周长＝（长＋宽）×2。正方形的周长呢？（周长＝边长×4）边长的4倍是周长，知道周长，怎样求边长？

7. 比较周长大小。

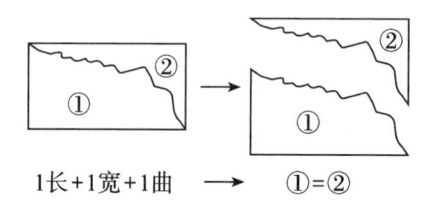

1长＋1宽＋1曲　　→　　①＝②

[设计意图]由一个基本的四边形图形入手，先从四边形中剪下一个长方形，再从长方形中剪下一个最大的正方形，通过简单的一张纸，清晰地唤起学生对四边形、长方形、正方形的特征再认识，这一动态的过程也是学生的认知盲点，通过动态演示使三个图形联系在一起，让学生的认知盲点得以解惑，清晰地对比出三个图形之间的不同之处和相互之间的联系。这样既简洁又快速，不仅使学生系统回顾了所学知识，较好地把握了本单元所涵盖的各个知识点，形成网络知识结构，还帮助学生建立了思维导图。

任务二：探索规律、综合提高

1. 用两个长10 cm、宽5 cm的长方形拼成一个最大的长方形或正方形。

①同桌交流，有几种不同的拼法？（上台摆一摆）合并的大长方形的周长分别指的是哪里？（上台摆一摆，用手围一围）

②完成作业单，分别算出它们的周长。

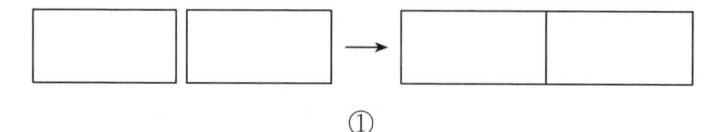

①

长方形的周长＝(长＋宽)×2

＝(10＋10＋5)×2

＝25×2

＝50（厘米）

②

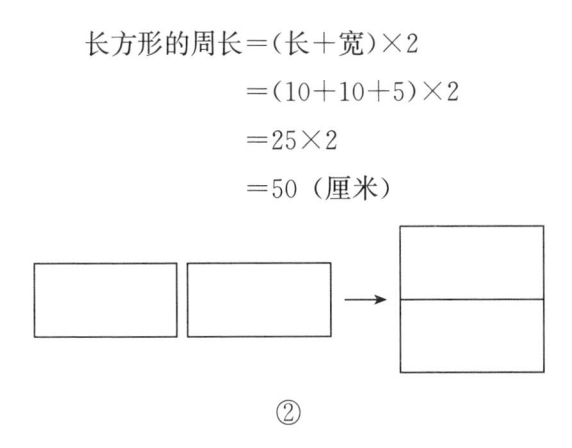

正方形的周长＝边长×4

＝10×4

＝40（厘米）

2. 同样是两个相同的长方形拼出来的图形，为什么图①和图②周长会不一样呢？

3. 归纳：通过刚才的拼组我们发现了拼组后的图形周长，比原来两个独立的长方形周长之和少了两条边。

[设计意图] 通过画一画、拼一拼得出新的图形，找到相关数据，计算出周长。引导学生观察比较，拼成的新图形的周长为什么不是单个长方形周长的两倍？原来两个图形拼在一起，重合两条宽或两条长，重合的边不同导致拼后的新图形周长不同。感受图形之间的内在联系，发展学生的空间观念。

任务三：分析推理、揭秘本质

1. 如果用四个边长1厘米的正方形拼成下面的图形。哪个图形的周长最短？

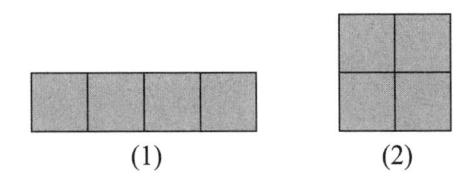

(1)　　(2)

进一步验证：用16个边长1厘米的正方形拼成下面的图形。哪个图形的周长最短？

摆成1行　□□□□□□□□□□□□□□□□　（16+1）×2=34（厘米）

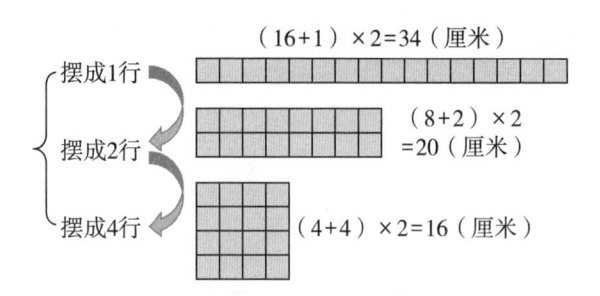

摆成2行　　　（8+2）×2=20（厘米）

摆成4行　　　（4+4）×2=16（厘米）

2. 归纳：我们发现隐藏在图形内部的小正方形的边长越多，露在外面的就越少，拼组后的图形周长就越短。我们还发现拼得的图形的长和宽越接近，那么这个长方形的周长就越短。

[设计意图]从两个基本长方形的拼组，再到四个相同的小正方形的不同拼法，最后到对多个小正方形的拼组，学生通过探究延伸，发现隐藏的边越多，露在外面的边就越少，其周长就越短，当遇到更多图形拼组成长方形或正方形后，很难数出重合边时，学生对拼组后的图形周长又有了新的认识。发现长与宽的和越小或者长与宽越接近时，这个长方形的周长就越短。学生的思维通过图形拼组的变换，图形个数的增加，有了一定的拓展，思维能力有了一定的提升，也为思维向更高层次发展奠定了基础。复习的延伸，把这一规律与教材中的例题进行联系与拓展，使课堂适当延伸到更深层次的思想方法中去，让学生体验到复习课的生命力——再生长。

任务四：开拓思考、知识运用

1. 李阿姨用篱笆围了一块长6米，宽4米的长方形地用来养小兔。李阿姨为了节省篱笆，想一面靠墙。篱笆至少要多少米？

2. 为了更节省篱笆，请你帮李阿姨设计还可以怎样靠墙？

[设计意图]从基本图形的特点、周长的计算，到图形的拼组，再到图形拼组后周长的变化规律，最后运用这一变化规律灵活解决实际问题，紧紧抓住了思维发展的主线，整合各知识点，构建从整体到部分再到整体的思路，由点成线，由线成面，由面成体，使学生对本单元知识形成脉络，通过"分析综合—再分析—再综合—再生长"的探索规律，学生思维品质向纵向深层次发展，改善思维品质，提高学生的思维能力。

任务五：总结归纳、形成能力

今天我们对长方形和正方形的有关知识进行了整理与复习，思考：在生活中，哪些地方还运用了今天所复习的知识？

【板书设计】

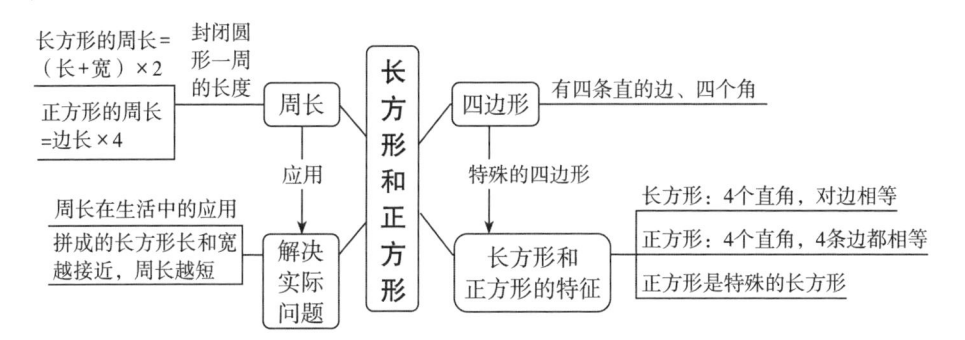

长方形的周长=（长+宽）×2
正方形的周长=边长×4
封闭圆形一周的长度——周长
周长在生活中的应用：拼成的长方形长和宽越接近，周长越短
应用——解决实际问题
长方形和正方形
四边形：有四条直的边、四个角
特殊的四边形
长方形和正方形的特征：
长方形：4个直角，对边相等
正方形：4个直角，4条边都相等
正方形是特殊的长方形

【作业设计】

1. 下图中，都是四边形的是（　　）。

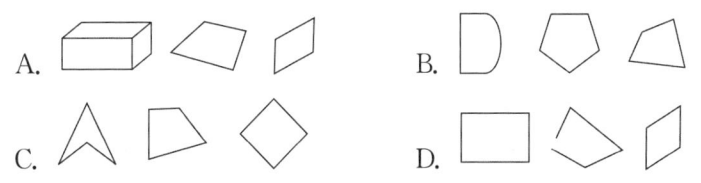

A.　　　　　　　　　B.

C.　　　　　　　　　D.

[设计意图] 将难点——四四边形，起干扰作用的立体图形、不封闭图形、曲线图形放置其中，检测是否全面认识四边形。

2. 有一个用铁丝做成的长方形，沿其中一个角的顶点打开，顶点留有折痕，打开后是（　　）。

A. 　　　　　　　　　B.

C. 　　　　　　　　　D.

[设计意图] 以打开的铁丝，将二维的周长和一维的线建立联系，区分周长和长，想象打开后的位置，发展空间观念。

3. 用算式（5+1）×2求的是右边图形（　　）的周长。

A. a　　B. b　　C. $a+b$

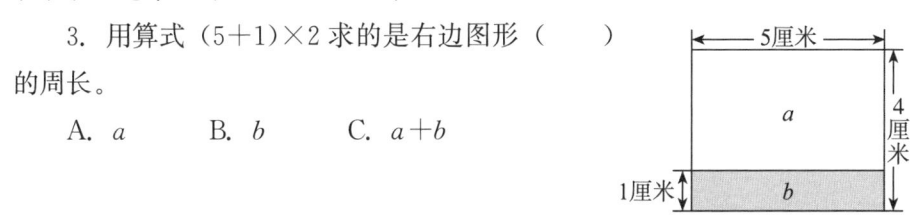

[设计意图] 见形写式，容易；见式找形，难。此题打通数与形，检测是否真正理解长方形的周长计算方法。

4. 下面图形都是用边长 1 厘米的小正方形拼成的。

①　②　　③　　　④　　　　⑤　……

(1) 填表。

图形	①	②	③	④	⑤	……
周长	4 cm					……

(2) 从上表中，你发现规律：_____。

(3) 为什么会有这样的规律呢？请你回到图中，去圈一圈，想一想，说明理由。

(4) 按这样的规律排列，第 10 个图形的周长是（　　）厘米。

[设计意图] 以正方形拼组为素材，据图填周长，找规律，回到图中圈画，找理由，最后运用规律，在数形结合中自发运用周长知识，学生在观察、比较、分析、推理中发展能力，提升素养。

【学习评价】

自我评价	☆☆☆☆☆	完成时间
家长评价	☆☆☆☆☆	
教师评价	☆☆☆☆☆	

第三章 实践篇——绿趣课堂的实施

【教学过程】

核心问题	教师活动	学生活动	设计意图
任务一：在操作测量中发现垂直线段最短	思索探究新知，交流共享方法。 1. 要求学生试着画出最短线段，并试着从不同角度说明画出的线段是"最短的"。 2. 学生汇报之后提出问题：怎么证明你们修的路是最短的？ 3. 引导学生思考：还能够找到比这条垂直线段更短的路吗？ 4. 方法总结：从这点到直线所画的垂直线段简称"垂线段"，从黑虎庙村到公路能画许多条线段，但这条垂直线段是最短的，它的长度叫作这点到直线的距离。	1. 四人一组讨论寻找最短路线，然后证明修的路是最短的。 2. 小组代表上台汇报，指出找到的最短路线。 3. 再次进行思考讨论，然后动手操作量一量所画线段。 4. 观察汇报总结：从黑虎庙村到公路的垂直线段是最短的路。	学生在测量、操作、对比中，依托具体可见的长度数据，自主归纳发现垂线段最短的性质，有助于学生加深理解知识，发展操作能力，有利于培养严谨的科学态度。
任务二：在对比思考中学习距离的概念	对比新旧知识，理解距离的概念： 1. 组织学生讨论思考：垂线段最短，它的长度叫作这点到直线的距离，什么是距离？ 2. 展示本节课重点"点到直线的距离"与之前学过的知识"两点之间的距离"，引导学生思考两者	1. 讨论思考，汇报：距离是一个表示长度的量，这个量用图形表示就是画出来的垂线段。 2. 学生自主对比，讨论交流两者的相同和不同。 3. 它们都是某条线段的长度，只不过，表	抓住了"距离"的核心要素，通过问题驱动、操作选择、要素分析，拉长了学生的感知活动过程，清楚地展现了相关概念发生、发展、抽象、概括的基本线索，有助于学生形成更

183

续表

核心问题	教师活动	学生活动	设计意图
	之间的相同点和不同点。	示"点到直线距离"的垂线段通常需要我们从连接点和直线的不同线段之中准确地识别出来。	加合理的认知结构，进而成功地化解相关的认知困惑，实现对相关概念的正确理解。
通过自己确定不同的点，画两条直线间的垂直线段，初步感知距离相等	巩固应用提升，拓展概念外延： 1. 出示情境：作为一名小学生，要遵守交规出行，例如行人通过路口或横穿道路时，应当走斑马线。 2. 呈现一条斑马线，组织学生任选3点，量出它们到对面马路的距离。 3. 提问：通过测量，你发现了什么？ 4. 生活中应用距离：怎样测量跳远的距离呢？	1. 齐声回答：人行横道。 2. 任选斑马线一边的三个点，画出它们到对边斑马线的距离。 3. 讨论思考，汇报：这几条线段（这些距离）都是相等的。 4. 结合现实运动会过程中测量跳远距离的方法，进行汇报。	融合交通法律法规教育，应用概念量距离，实现新旧知识的联结，帮助学生感悟验证平行，从"想象无限延伸"到测量"距离是否相等"的理性判断；应用概念找距，为知识的后续发展，以及正确地找"高"做准备；应用概念量跳远的距离，实现生活与数学的对接，发展学生解决问题的能力，激发学生学习兴趣的同时又能提高学生的数学综合素养。

续表

核心问题	教师活动	学生活动	设计意图
回顾反思，总结提升	畅谈自身收获，交流总结提升 师：在这节课中，你有什么收获？有什么想对老师和同学说的？	勾连相关知识，回顾本节课的内容。	反思与回顾是对所学知识进行再次确认与梳理的过程，让学生展示自己的思维过程和探究成果，能让学生形成自我反思的良好学习习惯。

【板书设计】

点到直线的距离

从直线外一点到这条直线所画的线段中垂线段最短，它的长度叫作这点到直线的距离

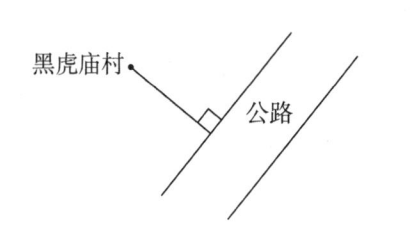

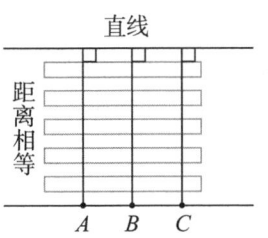

【作业设计】

1. 把正确答案的序号填在括号里。

"点到直线的距离"这句话中，"距离"指的是（　　）。

A. 一条线段　　　　　　B. 线段的长度

C. 一条垂线　　　　　　D. 垂线的长度

［设计意图］考查学生对"点到直线的距离"概念的理解，并检测学生对"距离"概念本质的理解。

2. 2022年7月的俄勒冈世界田径锦标赛上，王嘉男以8米36的成绩为中国队赢得史上首枚世锦赛男子跳远金牌，并成为历史上第一位赢得世锦赛男子跳远冠军的亚洲选手。在2023年杭州亚运会期间，裁判这样测量跳远成

绩，对吗？如果不对，请你说一说应该怎么测量。试着动手画一画。

落地点　踏板

[设计意图] 融合体育学科，应用概念量跳远距离，实现生活与数学的对接。考查学生对"垂直线段最短"这一概念的理解，检测学生运用知识解决问题的能力。

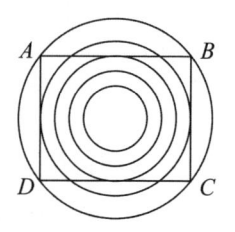

3. 观察下面的图形，AB 与 CD 平行吗？AD 与 BC 平行吗？请利用学习本课时发现的规律，动手检验一下。

[设计意图] 拓展练习，考查学生是否能够迁移知识，检测运用知识综合解决问题的能力。考查学生对距离相等概念的理解，同时为平行线之间的垂直线段相等这一知识点奠定基础，也为后续学习圆的特点做铺垫。

【学习评价】

自我评价	☆☆☆☆☆	完成时间
家长评价	☆☆☆☆☆	
教师评价	☆☆☆☆☆	

第七课时 《平行（画平行线）》

【主题】

以图辨析，明确概念本质。

【学情分析】

学生通过对直线与角的学习，有了一定的空间想象水平，且垂直与平行这些几何图形在我们的日常生活中应用广泛，学生对其已有很多表象理解。但是，由于学生生活的局限性和空间观念及空间想象水平不够丰富，故其对平行中所研究的同一个平面内两条直线位置的相互关系，还未能建立表象，不能完全理解"同一平面"与"永不相交"的本质。

【教材分析】

本节课是人教版小学数学四年级上册第五单元第一课时《平行与垂直》的内容。这个单元的内容是学生在三年级上册"长方形和正方形"单元初步认识四边形后，进一步从边的位置关系认识四边形的特征。所以以两条直线的位置关系为起始，明确在同一平面内，两条直线的位置关系有两种情况：相交与不相交。通过操作和观察，认识相交的特征；通过想象与思辨，感悟两条直线之间距离处处相等，它们一定互相平行，永不相交。

【课时设计思想】

以往教学《平行与垂直》时，通过两次分类讨论的形式，易让学生产生负迁移，下意识地认为同一平面内的直线有三种位置关系：相交、平行、垂直，教师需要不断地强化，这样加重了学生和教师的负担。且教学平行这个概念时学生无法深入地展开讨论和思考，无法进行概念本质及内涵的延伸与拓展，因为画垂线等知识要在之后的几节课中学习。因此将《平行》安排在第三课时，以便学生更好地理解平行的概念本质，以及初步掌握画平行线的方法。

【教学目标】

1. 通过自主探究活动，理解平行这种特殊的直线间的位置关系，初步认识平行线，能选择合适的方法进行判断，并初步掌握画平行线的方法。

2. 通过自主学习、观察、操作、讨论、归纳等数学活动与方法，建立平行的概念。

3. 在丰富的活动中积累操作和思考的活动经验，发展学生的空间观念，初步渗透分类的数学思想。

【教学重点、难点】

重点：正确理解永不相交、互相平行等相关概念。

难点：建构两条直线在同一平面内的位置关系，理解平行概念的本质特征。

【教学资源与工具】

教师资源：人教版小学数学四年级上册课本和教学用书，专门为本课设计的多媒体课件，多媒体教室，每生一份学习任务单。

学生资源：人教版小学数学四年级上册课本。

【教学方法】

讲授法、讨论法。

【教学策略】

1. 寻找支点：根据学生已有知识体系，从研究多种两条直线的位置关系图入手，引导学生从直觉判断走向理性判定。

2. 循序渐进：根据关键元素的联结，理清平行的定义。

3. 问题导向：注重核心问题的提出，问题要有靶向性、层次性、延展性。

4. 学生主体：给学生充分的空间、时间去想象、表达、倾听、质疑、思辨，让空间观念在课堂上"看得着""听得见"。

【教学过程】

核心问题	教师活动	学生活动	设计意图
任务一：对比多种两条直线的位置关系图	1. 出示多种两条直线的位置关系图，复习两条直线相交的特点。 ⟩⟨ = ≥ ╋ ⟩ ⟩⟩ ① ② ③ ④ ⑤ ⑥	1. 学生温习。 2. 学生分类：第一种情况： 交叉：①④⑤ 不交叉：②③⑥	本节课的学习起点建立在学生对相交与垂直的学习基础之上，让学生尝试将生活中的相交与

续表

核心问题	教师活动	学生活动	设计意图
	2. 任务：让学生对作品进行分类，将答案写在白纸的背面。 3. 说一说，你的分类标准是什么。 4. 师小结：利用直线可以向两端无限延伸的特点，验证它们相交。 5. 归纳：把作品分成相交与不相交两类。	第二种情况：相交：①④⑤⑥ 不相交：② 3. 学生各自说观点，存在争议辩一辩，最后统一分法（重点辨析③⑤⑥）	平行现象进行辨析分类。设计课前复习这一数学活动，一是让学生复习之前所学的相交与垂直，二是充分了解学生的原认知，确定学生的学习起点，明确后续的教学目标。
任务二：理解不相交，得出平行定义	1. 第②幅图会相交吗？请说明理由。 2. 出示图片： 　　　　a 　　　　b 3. 平行了吗？ 追问：你怎么这么坚定地认为"平行"了？ 4. 课件出示平行线之间的距离。 　　　　a 　　　　b （1）闭眼想象，将两条直线向两边无限延伸，会相交吗？ （2）小结：两条直线间的距离都是一样的，它们就	1. 学生小组讨论。 2. 学生观察方格图中两条直线的位置关系。 3. 通过想象、动手操作发现两条直线向两边无限延伸，会永不相交。 4. 学生初步概括：什么是平行线？ 5. 齐读平行线的概念，理解永不相交的意义，熟记平行的表示符号。 6. 学生讨论，完善平行的定义：在同一平面内不相交的两条直线叫做平行线。	此环节的设计紧紧围绕"什么是平行？"这个核心问题组织数学活动，并由这个核心问题带出一系列问题，让学生在辨析、想象中理解平行的概念。由"相交"引出"不相交"，让学生借助格子图观察到"平行线之间的距离处处相等"，这两条直线"永不相交"，从而加深对"平行"概念本质的理解。此环节的设计不仅注重对概念内涵的理解，

续表

核心问题	教师活动	学生活动	设计意图
	不可能相交。像这样不相交的两条直线叫做平行线。我们就说直线 a 与 b 互相平行，还可以说 a 平行于 b。记作：$a//b$。 （3）感知"同一平面"这两条直线互相平行吗？为什么？（课件出示两个长方体图形） 在同一平面内　不在同一平面内		还注重对概念的拓展。
任务三：欣赏生活中的平行	1. 在我们的生活中，还隐藏着很多的平行，你能找到吗？ 2. 老师课前也收集了一些生活中的平行与垂直，我们一起来看一看。（课件出示） 3. 生活中，平行与垂直的现象还有很多，只要我们用心去观察，就会有所发现。大家课后继续找一找。	1. 学生汇报。 2. 学生观察、思考，在学习单上找出平行的直线。	欣赏生活中的平行现象。感受平行现象在生活中的实际运用，对有争议的错觉图运用平行线间的距离处处相等的知识进行验证。

续表

核心问题	教师活动	学生活动	设计意图
任务四：画平行线	1. 选择你喜欢的方式，画出直线a的平行线b。 (1) ...... (2) ——— a a 2. 说明理由，保证自己画的是平行线。 3. 总结画平行线的方法。	1. 学生尝试在点子图和空白纸上画出直线a的平行线b。 2. 学生验证：通过平行线间的距离处处相等进行验证。	通过选择喜欢的方式画已知直线的平行线，从而体会在点子图上画平行线更方便，借助点子图进一步培养学生的空间感悟能力。

【板书设计】

平行

在同一平面内不相交的两条直线叫作平行线。

a ————————

b ————————

记作：$a // b$ 或 $b // a$

读作：a 平行于 b 或 b 平行于 a

【作业设计】

1. 下列各组直线，哪些属于互相平行，哪些属于互相垂直，将相应的序号写在括号里。

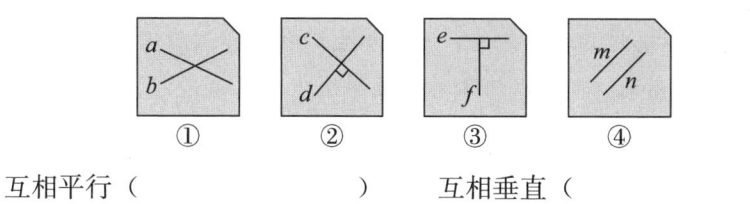

① ② ③ ④

互相平行（　　　　　　　）　　互相垂直（　　　　　　　　　　）

[设计意图] 通过练习，检查学生对知识点的掌握程度，查漏补缺，提高学生运用知识的能力。让学生明确两条直线是垂直或平行与它们的方位无关，关键是有没有在同一平面内，有没有相交成直角或者永不相交。

2. 从生活中寻找数学。

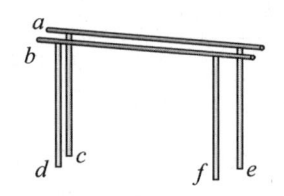

你能找到哪些互相平行的铁条？（　　　　　　　　　　　　）

你能找到哪些互相垂直的铁条？（　　　　　　　　　　　　）

[设计意图] 让学生进一步从身边发现数学知识，找到垂直与平行的现象，使数学生活化。

3. 创造图形。

同一平面内两条直线的位置关系，有互相平行，特殊的相交（互相垂直），普通的相交，你能用这些图形创造出哪些美丽的图形呢？请画一画。

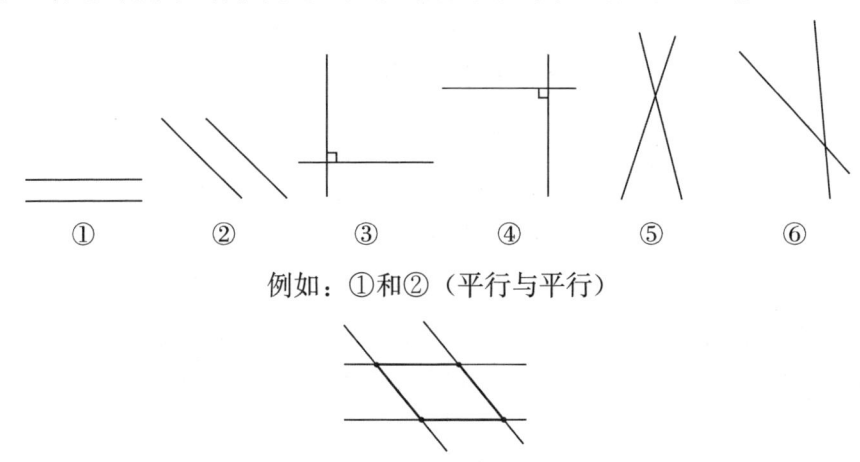

① ② ③ ④ ⑤ ⑥

例如：①和②（平行与平行）

[设计意图] 通过让学生想象，深化学生对数学知识的理解，培养学生的空间观念和创新意识，同时也为本单元教学埋下合理的伏笔，整合单元教学，提高教学的质量。

【学习评价】

自我评价	☆☆☆☆☆	完成时间
家长评价	☆☆☆☆☆	
教师评价	☆☆☆☆☆	

第八课时 《解决问题（画长方形）》

【主题】

立足图形要素，巧用尺规作图。

【学情分析】

数学学习活动必须建立在学生认知发展水平和已有的生活经验基础上，四年级学生已经具备一定的数学学习能力和理解能力，已学习过长方形、正方形的特征，建立平行与垂直的概念，掌握垂线的画法，在此基础上，通过教学画长方形唤醒学生研究图形特征的活动经验。

前测题：会画长方形吗？你能画一个长 5 cm，宽 3 cm 的长方形吗？

- 28% 会利用垂直与平行画长方形
- 72% 用直尺画类似长方形

数学学习活动必须建立在学生认知发展水平和已有的经验基础上。

【教材分析】

本节课是人教版小学数学四年级上册第五单元《平行四边形和梯形》的第四课时，是在学生学习了长方形、正方形的特征，认识了周长和面积，以及掌握了垂直、平行的基本概念，会正确画垂线、平行线的基础上进行的。学会画长方形，可以巩固对垂线和平行线的认识，会用三角尺准确地画出长方形或正方形，为继续学习空间与图形的其他知识奠定基础。

教材用解决问题的基本方式呈现例题"画给定长和宽的长方形"，阅读与理解读懂题意、分析与画图运用长方形的邻边互相垂直画图，并示范画图的一般方法，最后的回顾与反思总结画法，整个过程培养学生的审题意识、倾听意识、作图能力。编排始终遵循四年级的认知规律和思维规律，注重在学生实践操作中经历解决问题的整个过程，培养学生用已有的知识经验解决问题，积累解决问题的经验，注重让学生通过动手操作，在实践过程中逐步促进学生空间观念的发展，为以后的数学学习积累学习经验。

学生熟练掌握这部分内容，既巩固了平行与垂直的概念，又为以后进一步学习平行四边形、梯形和三角形等几何图形奠定了良好的基础，它在整个教材编排体系中起着非常重要的作用。

【课时设计思想】

学生已经经历了从边与角两个维度去认识图形特征的过程，本课时再回顾对长（正）方形的认识，主要是看边与边之间的长度关系，拓展"从边的位置关系去认识长方形"的内容。

画长方形和正方形是垂线画法的实际应用，也是学生需要掌握的一项画几何图形的基本技能。作图过程中，不仅需要让学生学会怎样画长方形，还要让学生从长方形的特征出发理解为什么要这样画。引导学生从长方形的特征入手，根据长方形对边相等，有四个直角，将"画垂线"和"长方形邻边互相垂直、对边相等"的特征这两个知识点进行沟通。引导学生通过定长、画垂线的方法来掌握画长方形的基本方法，进而举一反三掌握画正方形的基本方法。

【教学目标】

1. 进一步理解长方形的特征，会用垂直和平行画出给定长与宽的长方形。

2. 经历解决"画长方形"问题的过程，体验类推的思想和方法，发展空间观念。

3. 通过活动培养动手操作的能力，积累解决问题的经验。

【教学重点、难点】

重点：掌握长方形、正方形的画法。

难点：准确地画出长方形，应用垂直与平行知识解决实际问题。

【教学资源与工具】

教师资源：人教版小学数学四年级上册课本和教学用书，专门为本课设计的多媒体课件，多媒体教室，三角尺，每生一份学习单。

学生资源：人教版小学数学四年级上册课本，三角尺。

【教学方法】

教法：直观演示、自主尝试、活动体验。

学法：探索发现、知识构建，在自主探索中获取知识，提高能力，体验数学的乐趣。

【教学策略】

1. 寻找支点：根据学生已有知识体系，立足图形要素，从图形的特征入手，引导学生巧用尺规作图。

2. 问题导向：注重核心问题的提出，问题要有靶向性、层次性、延展性。

3. 学生主体：培养动手操作的能力，积累解决问题的经验。

【教学过程】

核心问题	教师活动	学生活动	设计意图
任务一：画一个给定长和宽的长方形，并讨论怎样画才能保证画准确	直揭主题，任务驱动课件出示长方形、正方形。问题1：请你画一个长5厘米，宽2厘米的长方形。想一想：长方形有什么特征？在画图的时候，如何来实现？问题2：画长方形应该按怎样的顺序画呢？动手操作，总结方法。1. 定长 根据题目信息，画出其中一条规定的长。2. 画两条垂线 长方形中长和宽两条线段是互相垂直的。因此，需要用画垂线的方法画出宽的位置，并标上直角符号。先画左边的垂线，再画右边的垂线。	预设：长方形对边相等，因此在画长方形的时候要用测量的方法保证对边相等。其次，长方形有四个直角，说明在画长方形的时候，需要用到三角尺上的直角，要用画垂线的方法进行操作。预设：根据画图的经验，一般先画其中一条长，再画两边的两条宽，最后画另一条长。1. 定长 5厘米 0 1 2 3 4 5 6 7	从复习熟悉的长方形、正方形的特征，到邻边的位置关系互相垂直，可以使学生回顾建构知识网络，沟通知识之间的联系，自然而然地引入新课，目标明确，学生活动有序、有效。结合长方形的特征，用三角尺画垂线的方法画长方形，让学生在探究、讨论、操作中逐步掌握规范画长方形的方法步骤。

续表

核心问题	教师活动	学生活动	设计意图
	3. 定宽 长方形的对边相等,需要用尺子测量出宽的长度,做上标记。 4. 连线 连接左右两边垂线上的标记点,这两点之间的长度就是长。擦去多余的线段。 展示作品,规范作图,挑选不同学生的作品,让学生汇报交流。 作品应该有大概三类:一是画图规范标准,二是垂线的画法不够准确,三是线段的长度不够精确。 师用多媒体动画再次展示画长方形的规范过程。 5. 检查 怎么检查自己画的图形是否规范? 用三角尺测量一下长和宽的长度是否准确,两个直角是否标准。最后,还需要标上数据。	2. 画垂线 3. 定宽 4. 连线 5. 检查 2厘米 5厘米 让作图不规范的学生用两分钟时间规范、准确地修改自己的作品。	

续表

核心问题	教师活动	学生活动	设计意图
任务二：画一个边长为6厘米的正方形，在独立完成的基础上同桌相互验证	问题：想一想：正方形有什么特征？在画图的时候，如何来实现？ 师：请你独立画一个边长为6厘米的长方形，完成后同桌相互验证。	预设：正方形是特殊的长方形。因此，画正方形的方法和长方形相同。1. 定边长。2. 画两垂线。3. 定边长。4. 连线。5. 检查，标数据。 6厘米 6厘米	学会画正方形，达到学以致用的目的，提高学生作图能力和举一反三的能力。
任务三：规范、总结画长（正）方形的方法步骤	师生再次回顾、总结画长方形的具体方法： 1. 定长。用尺子画出规定的长。 2. 画两垂线。在已画长的两端点处，画出与长垂直的两条垂线，标上直角符号。 3. 定宽。在已画的两条垂线上，测量出规定的宽，并做好记号。 4. 连线。连接两个点，这条线段就是这个长方形的另一条长。 5. 检查。检查直角和长宽的长度是否正确，并标上数据。	预设：画长（正）方形，要根据长（正）方形的特征，用画垂线的方法，画出直角的特征。用测量定长、定宽的方法，画出对边相等的特征。	回顾反思解决"画长（正）方形"问题的过程，体验类推的思想和方法，发展空间观念。

【板书设计】

解决问题——画长方形和正方形

阅读与理解　　画长 5 cm，宽 2 cm 的长方形

分析与画图　　相邻两边互相垂直——>画垂线的方法

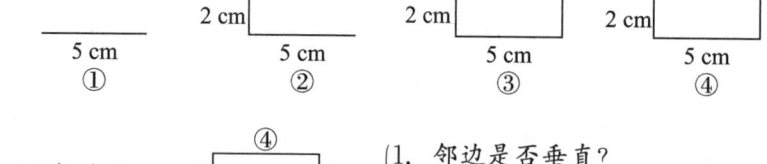

　　　　　　　①　　　　　②　　　　　③　　　　　④

回顾与反思　　{ 1. 邻边是否垂直？
　　　　　　　　2. 长、宽长度是否符合要求？

【作业设计】

1. 下面是一个长方形的两条边以及正方形的一条边，请把这两个长方形和正方形画完整。

[设计意图] 给定非常规角度并且限定长度的边，让学生补全图形，旨在考查学生对图形特征的真正理解，以及是否正确掌握画垂线的方法，会利用画垂线或平行线的方法准确画出长（正）方形。

2. 请你先画一个长 6 厘米，宽 4 厘米的长方形，再在长方形内部画出一个最大的正方形。

[设计意图] 考查学生是否会运用三角尺准确地画出给定长度的长方形，掌握画几何图形的基本技能。同时进一步提升长方形与正方形的特殊关系，考查学生是否知道长方形的宽就是其内部最大正方形的边长。

3. 陈叔叔想用一条 28 米长的栅栏围成一个花圃。他设计了右边的方案。

(1) 你认为用该方案可以顺利围出来吗？把你的结论和思考过程写下来。

(2) 请你帮王叔叔设计一个长方形的花圃，要求：画出示意图，并在图上标出长和宽分别是几米。

[设计意图] 考查学生能否灵活应用垂线段的特性，借助点到直线的垂直线段最短来解释说理，同时考查学生是否正确掌握画出长方形的方法，积累解决问题的经验。

【学习评价】

自我评价	☆☆☆☆☆	完成时间
家长评价	☆☆☆☆☆	
教师评价	☆☆☆☆☆	

第九课时 《平行四边形的认识》

【主题】

思维认知递进，深度剖析图形。

【学情分析】

本节课是学生在认识了平行四边形以及垂直与平行的关系及对平行四边形有了初步的认识的基础上学习的。小学第二学段对图形认识的要求是：对图形自身特点的认识；对图形元素之间、图形与图形之间关系的认识。平行四边形和与其他四边形之间的关系，都取决于边的位置关系。因此在本课的教学中，应紧扣边的平行与平行四边形的图形元素之间的关系。同时，在教学过程中，应合理地分配教学内容，使之符合学生的认知规律，多采用学生动手操作并交流探讨进行课堂教学活动，让学生切实感知知识的由来，深切地结合边的位置关系体会平行四边形特征。

【教材分析】

学生已经直观认识了平行四边形，初步掌握了长方形、正方形、三角形的特征以及平行与相交，这为过渡到本节课的学习起着铺垫作用。同时，这部分内容为以后认识梯形、探索平行四边形的面积公式奠定基础。

【课时设计思想】

小学四年级学生的思维水平正处于形象思维到抽象思维的过渡期，求知欲望及好奇心比较强，而小学第二学段对图形认识的要求是：对图形自身特点的认识；对图形元素之间，图形与图形之间关系的认识。在本单元要实现"学生对四边形的研究从整体感知到元素分析，从直观水平到描述水平的跨越"的学习路径引导下，学生是在认识了平行四边形以及垂直与平行的关系和对平行四边形有了初步的认识的基础上学习的。而平行四边形和其他四边形之间的关系，取决于边的位置关系。在学生已经对平行四边形有一个初步认识的基础上，让他们在小组合作探究中更深入地认识平行四边形的特征。围绕边这个元素，让学生能够结合边平行来认识描述平行四边形的特征，学会利用平行验证一个图形是否是平行四边形，并进一步探究特殊的平行四边形，了解平行四边形的不稳定性，通过平行四边形的不稳定性得出其不稳定性可以通过高的变化来反映，克服学生对平行四边形的高的认知障碍，从而认识平行四边形的底和高。

【教学目标】

1. 理解并掌握平行四边形的概念和特性，能从边的位置关系探究四边形的特征并进行判断，在探究过程中培养推理能力、应用意识和空间观念。

2. 在动手探究过程中学会画高，能画出平行四边形的两种不同的高。

3. 知道平行四边形不稳定性在生活中的应用，知道数学与生活的紧密联系，培养应用意识。

【教学重点、难点】

重点：认识平行四边形，能从边这个要素出发描述平行四边形的特征。

难点：能从边这个要素出发描述什么样的图形是平行四边形，能画出平行四边形的高。

【教学资源与工具】

相关课件，小棒，前测小试卷，课程学习单。

【教学方法】

讨论法、自主探究。

【教学策略】

1. 寻找支点：根据学生已有知识体系，充分发挥各种感官，调动学习积极性。

2. 任务导向：任务要有目的性、层次性、针对性。

3. 学生主体：基于学生主体对平行四边形元素和边平行关系的认知，以及该学段学生对图形自身特点的认识，进行教学。

【教学过程】

核心问题	教师活动	学生活动	设计意图
从边的要素出发探究平行四边形的特征 任务一：探究平行四边形的特征	1. 四人小组合作：平行四边形有什么共同的特征呢？ 2. 什么样的四边形叫作平行四边形呢？ 3. 小结：两组对边分别平行的四边形叫作平行四边形。	1. 讨论得出这些都是平行四边形，只是摆放的位置不一样而已。 2. 学生选择三角板、直尺、量角器进行验证。 3. 生生互动汇报交流、讨论得出平行四边形的特征：上下两条边一样长，左右两条边一样长；不相邻的两个内角相等。	本课教学是在学生学习过了平行以及初步认识平行四边形的基础上进行的，能够引导学生的论证水平从"用眼睛看"到"推理论证"的水平，能够通过"边"这个要素来描述平行四边形。
任务二：判断前测中的其他图形是否是平行四边形，并利用平行进行验证，理解长方形和正方	教师在进行平行四边形定义的阐释之后，通过抽丝剥茧的方式，向学生说明"验证一个四边形是否是平行四边形必须先证平行"，从而将验证平行四边形的过程转化为验证对边平行的过程，并提出问题：	1. 学生通过交流总结，得出以下结论： ①不相交的两条直线的位置关系是平行； ②两条直线的距离处处相等。 2. 交流探讨得出验证平行的方法：	将验证是否是平行四边形这个问题转化为两条直线是否平行的问题，从而从学生已有的知识架构中去延伸拓展，有助于学生结合已有知识建构自

续表

核心问题	教师活动	学生活动	设计意图
形是特殊的平行四边形	1. 出示前测结果，以小组为单位分析一下他们选错的可能原因是什么。 2. 之前已经学过了平行和相交，那么，如何验证平行呢？ 3. 自己动手画一画、写一写，四人小组交流总结并思考验证平行的方法有哪些。	【预设】 生$_1$：用三角尺平移。先将三角尺的直角边 a 与一条直线重合，用直尺紧贴三角尺的另一条直角边 b，三角尺紧贴直尺平移，如果三角尺的直角边 a 平移后与另一条直线重合，即可判断两条直线互相平行。 生$_2$：在两条直线之间，分别画其中一条直线的垂线，如果这两条垂线与另一条直线也都互相垂直，那两条直线平行；如果两条直线之间所画的垂线段长度相等，那这两条直线平行。 生$_3$：用对折的方法。平行四边形对折后对边能够重合，则说明对边平行。	已独特的知识脉络体系，同时回顾了旧知，验证的过程也紧紧抓住了平行四边形的本质：两组对边分别平行的四边形。
任务三：搭一搭平行四边形，理解平行四边形的不稳定特	由面及点，拓展个例，再次让学生观察前测中的图形，让学生再次思考哪些是平行四边形（其中包括长方形和正方形），在学	学生观察课件上的图形并经过思考进行发言：长方形和正方形的两组对边也都相互平行，因此长方形和	由面到点，由一般到特殊的过程符合学生的认知发展规律：由具象到抽象，再由抽象到具

续表

核心问题	教师活动	学生活动	设计意图
性及在生活中的应用	生发言后进行评价或纠正，并做总结：长方形和正方形是特殊的平行四边形。	正方形也是平行四边形。	象的过程，而无疑这也是学习由浅入深的过程，并且能加深学生对平行四边形定义的理解程度。
任务四：结合动手实践，知道什么是平行四边形的不稳定性，并了解其在生活中的运用	活动一：教师让学生用提前准备好的四根学具小棒，在桌面上搭平行四边形，并让同桌之间互相对比一下彼此小棒摆出来的平行四边形，提出问题：一样的四根小棒摆出的平行四边形有什么不一样？ 活动二：教师对学生的猜想作出归纳和总结：平行四边形有的长得"高"，有的长得"矮"。是因为具有不稳定性，并让学生说说实际生活中利用平行四边形不稳定性的例子。	1. 用学具小棒摆出平行四边形。 2. 思考：一样的四根小棒摆出的平行四边形为什么不一样？ 【预设】生$_1$：摆出的平行四边形的内角不一样； 生$_2$：摆出的平行四边形的高矮不一样； 生$_3$：平行四边形具有不稳定性； 3. 举出自己生活中见到的平行四边形不稳定性的例子。	把平行四边形的不稳定性放在高的认识前面进行教学，是因为平行四边形的不稳定性在学生眼里的本质可以是平行四边形的"高矮"不同，从而利于小学生后续从字面意思上更好地理解平行四边形的高，动手实践利于学生在实操中感悟"四条边长度相同的平行四边形不一定完全相同"，并理解平行四边形的不稳定性在生活中的运用。

续表

核心问题	教师活动	学生活动	设计意图
任务五：结合平行理解有两组高，无数条高，学习画平行四边形的高	1. 教师利用在教学平行四边形不稳定性中建立的"高矮"的概念，辅助学生认识平行四边形的高和底，阐释二者的概念，并说明平行四边形的高的作法。 2. 让学生画出前测中一个平行四边形的高，并提出问题：平行四边形的高有几条？	1. 结合不稳定性中平行四边形的"高矮"思考并理解平行四边形的高的含义； 2. 作出前测中一个平行四边形的高，并思考平行四边形高的条数。 【预设】生：平行四边形有无数条高。	结合不稳定性中平行四边形的"高矮"的概念，帮助学生理解平行四边形高的含义，认识平行四边形各部分的名称和特性，会画平行四边形的高，最后得出结论：平行四边形有无数条高。
任务六：巩固练习	1. 下面哪些图形是平行四边形？画出每个平行四边形的高。 2. 照下面这样画两组平行线，涂色部分是平行四边形吗？为什么？ 3. 你能用完全相同的两套三角尺拼出平行四边形吗？	独立完成练习，同桌交流想法。	通过三个不同层次的题目来帮助学生巩固知识。
任务七：总结整理知识脉络	回顾所学平行四边形的特性，以及各部分的名称，感悟在教学过程中学生思维呈螺旋式上升的发展。	回顾思考平行四边形的特征和各部分名称，以及高的作法。	通过反思，引导学生在知识回顾过程中深化对知识的理解。

【板书设计】

一、平行四边形

两组对边平行的四边形

特征	边	角
	对边平行且相等	对角相等

二、画高

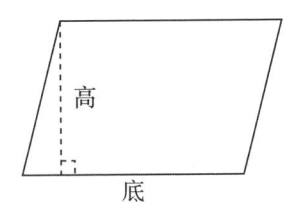

1. 找顶点
2. 定对边
3. 画垂线

从平行四边形一条边上的一点向对边引一条垂线，这点和垂足之间的线段叫做平行四边形的高，垂足所在的边叫做平行四边形的底。

【作业设计】

1. "垃圾分一分，环境美十分"。为了促进垃圾不落地，王强将长8厘米，宽3厘米的长方形铁丝框架回收利用。他把长方形框架拉成高是2厘米的平行四边形（如图），拉完之后这个平行四边形的周长是（　　）。

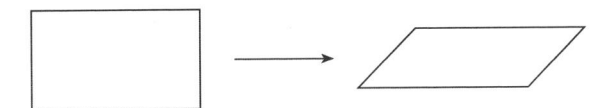

A. 22厘米　　　B. 20厘米　　　C. 11厘米　　　D. 26厘米

[设计意图] 考查的是学生对平行四边形不稳定性以及周长求法的理解，在平行四边形不稳定性的条件下，边长相等的平行四边形不管高怎么变化，其周长（边长）都不变。

2. 生命重于泰山，疫情就是命令，防控就是责任。为了更好地做好疫情防控，学校决定安装一个新的伸缩门，以便学生更好地进行错峰上下学，下列四幅图中（　　）更适合做伸缩门。

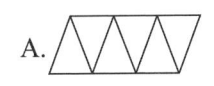

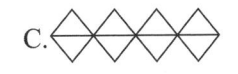

A.　　　B.　　　C.　　　D.

[设计意图]考查的也是学生对平行四边形不稳定性的理解。

3. 明明和静静都用下面两个相同的平行四边形拼成了一个大平行四边形，再求出大平行四边形的周长。他们检查了自己的解题过程都没有错，结果却不相同，你知道这是什么原因吗？请说一说你的想法。

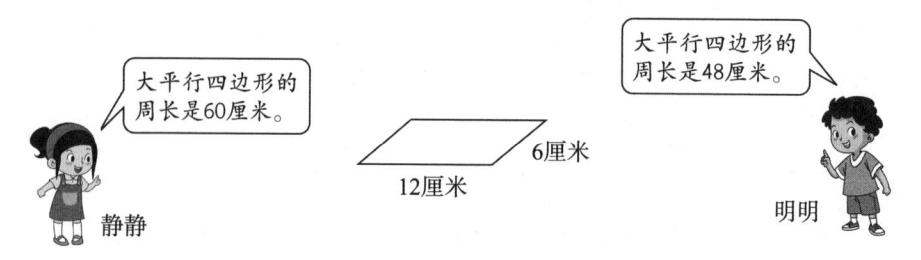

静静：大平行四边形的周长是60厘米。

明明：大平行四边形的周长是48厘米。

12厘米，6厘米

[设计意图]考查学生的图形思维，重点在于拼接之后周长如何变化，用哪一条公共边拼接，拼完后大平行四边形的周长等于原来两个小平行四边形的周长相加再减去这条公共边长度的两倍。

【学习评价】

自我评价	☆☆☆☆☆	完成时间
家长评价	☆☆☆☆☆	
教师评价	☆☆☆☆☆	

第十课时 《梯形的认识》

【主题】

从表象到具象，建立梯形概念。

【学情分析】

本课之前，学生已经掌握了长方形、正方形、平行四边形和三角形等平面图形的本质特征和平行及平行线间的距离等有关内容，为本课教学做好了一定的知识、技能准备。梯形虽然是学生初次接触的图形，但在生活实际中，学生已建立了一定的表象。学生动手操作、比较、交流和讨论，从中认识梯形，发现梯形的基本特征，认识梯形的高，认识等腰梯形，再通过比、说、画、量清晰地展示出梯形的主要特征，使抽象的知识形象化，既符合直观性原则，又突出了重点、突破了难点。

【教材分析】

教材的内容：教材中包含了梯形的概念、特征、画法以及梯形的应用等内容。其中，梯形的概念和特征是本课程的重点，教材通过一些具体的实例和活动，让学生认识梯形的特征，并能够正确地识别梯形。

教材的编排：教材的编排采用了由浅入深、循序渐进的方式，先介绍梯形的概念和特征，然后介绍梯形的画法，最后介绍梯形的应用。同时，教材中还包含了一些小组活动和合作学习的内容，让学生能够通过合作与交流的方式来掌握知识。

教材的图示：教材中包含了大量的图示，包括梯形的图形、示例图、操作图等，这些图示能够帮助学生更好地理解和掌握梯形的特征和画法。

教材的练习：教材中包含了大量的练习题，包括选择题、填空题、计算题等，这些练习题能够帮助学生巩固所学知识，并能够解决一些简单的梯形问题。

教材的拓展：教材中还包含了一些拓展内容，如梯形的变形、梯形的分类等，这些内容能够帮助学生更好地理解梯形的特征，并能够拓展学生的思维和想象力。

【课时设计思想】

突出重点：在课时设计中，需要突出梯形的概念和特征这一重点内容，通过一些具体的实例和活动，让学生认识梯形的特征，并能够正确地识别梯形。

注重实践：在课时设计中，需要注重实践操作，让学生通过自主探究、实践操作等方式来掌握知识。例如，可以让学生通过折纸、画图等方式来认识梯形的特征。

强调合作：在课时设计中，需要强调合作与交流，让学生通过小组活动和合作学习的方式来掌握知识。例如，可以让学生通过小组讨论、合作完成任务等方式来掌握梯形的画法。

关注差异：在课时设计中，需要关注学生的差异，根据学生的不同水平和兴趣，设计不同难度和类型的活动，让每个学生都能够在自己的水平上学习和发展。

注重拓展：在课时设计中，需要注重拓展学生的思维和想象力，让学生通过拓展内容来深入理解梯形的特征，并能够解决一些简单的梯形问题。例如，可以让学生通过变形、分类等方式来拓展对梯形的认识。

【教学目标】

1. 能理解梯形的定义，能根据概念和特性判断四边形是否是梯形。
2. 知道梯形各部分的名称并会画梯形的高。
3. 能利用不同的位置关系来认识特殊梯形，能利用元素对图形进行对比。

【教学重点、难点】

重点：掌握梯形的本质属性，理解梯形高的概念，会作梯形的高。

难点：理解掌握梯形的本质属性。

【教学方法】

讲授法、讨论法。

【教学策略】

1. 寻找支点：根据学生已有知识体系，充分发挥各种感官，调动学习积极性。
2. 任务导向：任务要有目的性、层次性、针对性。
3. 学生主体：基于学生主体对平行四边形对边平行和三角形边相交的认知，以及该学段学生对图形自身特点的认识，进行教学。

【教学资源与工具】

教师资源：人教版小学数学四年级上册课本和教学用书，专门为本课设计的多媒体课件，多媒体教室，三角尺，每生一份学习单。

学生资源：人教版小学数学四年级上册课本，三角尺。

【教学过程】

核心问题	教师活动	学生活动	设计意图
任务一：由三角形和平行四边形的重叠，引入	教师通过示范演示的方式，将一个三角形和平行四边形重叠在一起，重叠部分是四边形，从而引出	通过观察和实践的方式，将一个三角形和平行四边形重叠在一起，重叠部分是四边	让学生通过实物展示、图示展示等方式来认识梯形的特征，同时也能够激

续表

核心问题	教师活动	学生活动	设计意图
新课	本课程的主题——认识梯形。	形，从而认识到梯形的特征，并能够正确地识别梯形。	发学生的学习兴趣和动机。
任务二：感悟梯形特征	1. 出示各种重叠生成梯形的事例，引导学生感悟梯形特征。引导学生发现：这些梯形是由三角形和长方形重叠得到的，在平行四边形上的这组对边一定平行，在三角形上的这组对边一定不平行。 2. 概括梯形的定义：只有一组对边平行的四边形叫做梯形。 3. 比较异同：梯形与平行四边形比较，有什么不同呢？ 4. 课件出示生活中的梯形，并请学生发现更多梯形。	1. 通过观察梯形，在旋转三角形构造新梯形和旋转平行四边形构造新梯形中思考：为什么这些都是梯形。 2. 感悟梯形特征。通过小组合作，讨论得出：一组对边平行，另一组对边不平行。 3. 学生理解概念。	1. 通过引导学生发现这些梯形是由三角形和平行四边形重叠得到的，可以让学生更好地理解梯形的特征，并能够拓展学生的思维和想象力。 2. 让学生通过实际生活中的例子来认识梯形的特征，同时也能够激发学生的学习兴趣和动机。通过引导学生发现生活中的梯形，可以让学生更好地理解梯形的特征，并能够拓展学生的思维和想象力。同时，这种设计也可以让学生更好地掌握梯形的画

续表

核心问题	教师活动	学生活动	设计意图
			法，因为在实际生活中，梯形的形状和大小是多种多样的，需要通过实际操作和观察来掌握。
任务三：画梯形	让学生在格子图中画梯形。	在点子图中画三个不同的梯形，尽量画得与众不同。边想边画，怎样保证画的就是梯形，同桌互查，说明理由。	
任务四：认识梯形各部分名称	课件出示点子图中的梯形。直接出示梯形各部分名称并提问。提问：梯形有两组对边，互相平行的一组对边叫作梯形的底，不平行的一组对边叫作梯形的腰，也就是说梯形有两条腰和两条底。那么请你指一指这个梯形的底和腰。	学生通过观察得出，平行的一组对边是梯形的底，不平行的一组对边是梯形的高。	
任务五：动手画高	课件出示梯形的高：从一条底边上的一点向另一条底边引一条垂线，这点和垂足之间的线段叫作梯形的高。提问：在梯形的两底之间	学生独立画高，观察发现，梯形的高有无数条且长度相等。	通过动手画出梯形的高，可以让学生更好地理解梯形的特征，并能够拓展学生的思维和想象力。

续表

核心问题	教师活动	学生活动	设计意图
	可以画多少条高？ 追问：这些高的长度呢？		
任务六：认识特殊图形	1. 认识等腰梯形。 利用等腰三角形纸剪成一个梯形。 给出定义：两腰相等的梯形叫作等腰梯形。 2. 认识直角梯形。 利用长方形或正方形纸剪出一个梯形。 给出定义：有一个角是直角的梯形叫作直角梯形。	1. 利用等腰三角形纸，沿直线剪一刀，变成一个梯形。 2. 利用长方形或正方形纸，任选其一，沿直线剪一刀，变成一个梯形。（说明：破坏一组平行线）	

【板书设计】

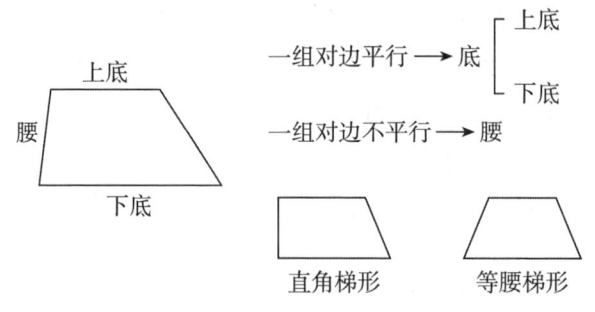

【作业设计】

1. 把梯形的上底和下底延长，它们（　　）。

A. 一定相交　　B. 永不相交　　C. 可能相交　　D. 相交呈直角

[设计意图]通过询问学生关于梯形上底和下底延长的行为，可以测试他们对梯形基本概念的理解，包括上底和下底的定义和性质。

2. 下面说法正确的是（　　）。

A. 有一组对边平行的四边形是梯形

B. 平行四边形是轴对称图形

C. 所有的梯形都是轴对称图形

D. 两腰相等的梯形叫作等腰梯形

[设计意图]考查的是学生对于梯形的定义、性质以及轴对称图形的理解程度。通过选择题的形式，让学生判断给定的说法是否正确，这需要学生理解梯形的定义和性质，并能够根据题目要求进行逻辑推理。

3. 第35届金鸡电影节将在厦门举行，颁奖会场设计师准备用灯带围成一个长38米、宽14米的长方形颁奖舞台，现在要把舞台改成一个腰长10米的等腰梯形，则改完后这个等腰梯形的下底为多少米？

[设计意图]测试学生的几何知识，特别是等腰梯形的性质。

【学习评价】

自我评价	☆☆☆☆☆	完成时间
家长评价	☆☆☆☆☆	
教师评价	☆☆☆☆☆	

第十一课时 《四边形之间的关系》

【主题】

构建知识环路，领悟图形关系。

【学情分析】

学生在第一学段通过观察实物、操作学具等进行辨识与简单的分类活动，直观感受图形特征，思维水平处于视觉期。在再认识阶段，学生需借助图形要素之间的关系来识别图形，探究图形的本质属性，建构图形之间的关系，使其几何思维水平达到关系期，进一步发展空间观念。

【教材分析】

《四边形之间的关系》是人教版四年级上册第五单元"平行四边形和梯形的认识"的内容，是在学生认识了直线、射线、线段的特点，学习了角的度量，知道了长方形、正方形、平行四边形、梯形的特征的基础上进行教学的。本课时具有承上启下的作用，为后续学习平行四边形、三角形、梯形等多边形的面积，打下扎实的知识与思维基础。

【课时设计思想】

学生对于长方形、正方形、梯形、平行四边形这几种图形的并列、从属等关系的理解其实是非常困难的，因此在基本概念建立后再来学习图形之间的联系，帮助学生真正建立起关键元素边和角与图形的联结，掌握四边形之间的关系，经历从知识到方法再到数学思想的提升。

【教学目标】

1. 通过分类、比较、归纳等方法理解平行四边形、梯形、长方形、正方形之间的关系。

2. 经历四边形分类的过程，培养学生的推理能力，渗透集合思想。

3. 在活动过程中培养学生倾听、表达、合作、思辨的能力，体验数学的科学性与严谨性。

【教学重点、难点】

重点：四边形之间关系的梳理。

难点：经历四边形的分类过程，能用角和边两个关键元素构建四边形之间的关系网络图。

【教学资源与工具】

课件、各种四边形纸片。

【教学方法】

讲授法、讨论法。

【教学策略】

1. 寻找支点：根据学生已有知识体系，从研究图形之间的关系入手，引导学生从直觉判断走向理性判定。

2. 循序渐进：根据关键元素边和角与图形的联结，理清四边形之间的联系和区别。

3. 问题导向：注重核心问题的提出，问题要有靶向性、层次性、延展性。

4. 学生主体：给学生充分的空间、时间去想象、表达、倾听、质疑、思辨，让空间观念在课堂上"看得着""听得见"。

【教学过程】

核心问题	教师活动	学生活动	设计意图
任务一：确定研究任务：研究哪些图形之间的关系	一、引导质疑，揭示课题 1. 这节课我们研究四边形之间的关系，要研究哪些图形之间的关系呢？ 2. 它们都是四边形吗？请说明理由。 师：要研究它们之间的关系，接下来请它们隆重登场。	1. 学生回忆：平行四边形、正方形、梯形、直角梯形、长方形、等腰梯形、一般四边形、菱形。 2. 学生汇报：有四条边、四个角的封闭图形就是四边形，它们都满足条件，所以它们都是四边形。	本节课是在学生初步认识了长方形、正方形、平行四边形、梯形的基础上教学的，几种图形在日常生活中应用广泛，但学生对其认识尚处于零散、非理性的直觉判断阶段，特别是对于图形的"判定"和"性质"较为混淆。此处"说明理由"

续表

核心问题	教师活动	学生活动	设计意图
			的要求引导学生从直觉判断走向理性判定。
任务二：理清四边形之间的联系和区别	二、推理猜图，理清关系 1. 活动一：看图形找共性，凸显平行四边形的特征。 ①请四名学生上前从袋子里拿出图形纸片并高高举起，有何发现？ ②颜色、形状都不一样，凭什么说它们都是平行四边形？ 2. 活动二：看局部猜图形，凸显梯形的特征。 ①只给大家看一半图形。大家仔细观察，想象一下，完整的会是什么图形？ ②谁懂？上来指着图形说一说。 ③全抽出来看看是什么图形。 3. 活动三：提问题、定标准，理清四边形之间的关系。 ①不给看，给提示。不过只有一个提示，你想问什么？	1. 活动一： 学生观察汇报： ①它们都是平行四边形。 ②有两组对边分别平行的四边形就是平行四边形，它们都有两组对边互相平行，所以它们都是平行四边形。 2. 活动二： ①学生大胆猜想。 ②学生根据已有知识基础反馈：（边指边说）已经看到露出的部分有一组对边平行了，看不见的那条边如果和这条边平行，那这个图形就是平行四边形；如果不平行就是梯形。 3. 活动三：提出问题：有几组对边平行？	1. 引导学生将原有的知识基础进行关联和整理，将视角聚焦图形的本质特征，真正让学生有道理可讲。 2. 只让看一半图形，需要学生展开想象，唤醒空间观念。同时教师给学生充分的空间、时间去想象、表达、倾听、质疑、思辨，让空间观念在课堂上"看得着""听得见"。 3. 要科学分类，首先就要制定"不重不漏"的分类标准。通过以上三个层层深入的活动，学生能自觉聚焦对边是否平行这一标准展开研究。

215

续表

核心问题	教师活动	学生活动	设计意图
	②根据学生的回答将黑板上的板贴摆成三类。 师：这样很自然就给四边形分类了。你们提的好问题就是分类的标准。 课件动态演示。		
任务三：利用元素画四边形知识网络图	三、抓住本质，凸显特殊 1. 给出提示，猜图形。 ①袋子里的四边形有两组对边互相平行。它是什么图形？ ②抽出的图形是一个长方形。 ③那它特殊在哪儿？ ④谁来给黑板上的长方形板贴找个位置？ 2. 提问思考，说图形。 ①如果是你，你会放什么图形？ ②它和谁有关系？请讲道理。 ③给正方形也找个位置。 师：这条关系线还可以倒着看，表示正方形属于长方形，长方形属于平行四边形，平行四边形属于四边形。 3. 思考对话，辨位置。 ①还有两个图形，它们应	1. 根据提示，猜图形。 ①平行四边形。 ②学生说理：长方形有两组对边分别平行，它满足平行四边形的条件，所以长方形也是特殊的平行四边形。 ③学生拿出四边形学具边操作边说：比起一般的平行四边形，长方形有四个直角。 ④生上台将"长方形"摆在"平行四边形"的后面。 2. 提问思考，说图形。 ①正方形。 ②学生说理：正方形是特殊的长方形。 ③学生上台把"正方形"放在"长方形"的后面。	1. 对于四年级的学生而言，长方形是特殊的平行四边形，这一知识点已经非常熟悉，教师通过引导唤起学生的深层思考，阐述"特殊"的道理。 2. 教师让学生转换身份，主动来思考游戏设置，这样的安排让学生循着"道理"主动地与四边形进行对话。 3. 在关联和整理的过程中让学生摆放图形的位置，并通过不断追问使学生逐渐完善形成了思维导图。学生在主动说理、积极建构中，从模糊到清晰，从被动到主动，

216

续表

核心问题	教师活动	学生活动	设计意图
	该放在哪儿？ ②你把"直角梯形"放在"等腰梯形"后面，是什么意思？ ③把"直角梯形"放在"等腰梯形"后面，难道直角梯形属于等腰梯形吗？ 师：回头看看，咱们先给四边形分类，又在每一类内部分层讨论。从左往右看，四边形从"一般"变得越来越"特殊"；从右往左看，"特殊"又属于"一般"。	3. 思考对话，辨位置。 ①生上台将"等腰梯形"放在"梯形"后面，再将"直角梯形"放在"等腰梯形"后面。 ②直角梯形和等腰梯形都是特殊的梯形。 ③调整板贴的位置，将"等腰梯形"和"直角梯形"都并列摆放在"梯形"的后面。	从单一到整体，逐渐理清了思维脉络。
任务四：用集合图表征四边形之间的关系	1. 师：这样的关系还可以用集合图来表示，接下来请小组合作完成集合图。 2. 摆得对吗？有问题吗？ （集合图：四边形 包含 平行四边形（长方形、正方形）和 梯形（等腰梯形、直角梯形）） 师：非常精彩的辩论，一方说"世界那么大，还有很多是我不知道的，我要留一些空给未知的"，另一方说"世界这么大，但	1. 各小组合作绘图。 2. 板贴展示集合图，生生辩论。 3. 学生思考：菱形属于哪个图形？	1. 教师有效利用课堂生成引导学生小组合作用集合图表征四边形之间的关系，在合作交流和思辨中强化四边形之间的关系。 2. 教师引导学生利用积累的经验和方法，理清菱形与其他图形之间的关系。

续表

核心问题	教师活动	学生活动	设计意图
	可以找个标准来分类"。 3. 介绍菱形：它有两组对边分别平行，四条边都相等。它属于哪个图形？（根据学生的回答完善黑板上的思维导图）		
任务五：感悟整理方法	集合图由外至内是"一般→特殊"，从内及外，"特殊"又被包含在"一般"之中。两幅图都表达着四边形之间的关系。 提问：回顾今天的学习，哪些环节让你印象深刻？什么原因让你今天遇到了困难？	思考：哪些环节让你印象深刻？ 说说遇到困难的原因。	一节课的教学给学生的不仅仅是一个知识点的学习，一个关系整理的方法，更是一种对数学积极探索，每次都多思考一点点的探究精神。

【板书设计】

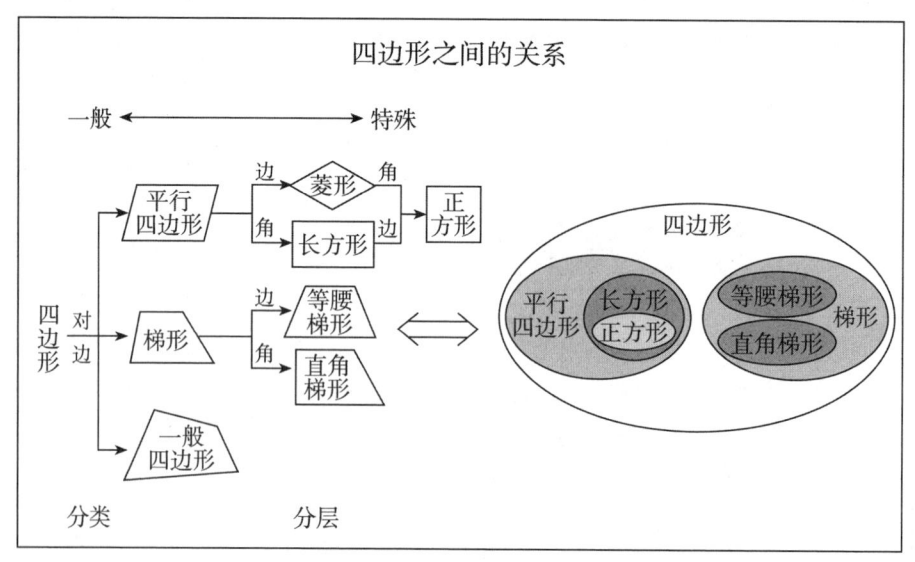

四边形之间的关系

一般 ←——→ 特殊

四边形
- 对边
  - 平行四边形 — 边 → 菱形 — → 正方形
  - 平行四边形 — 角 → 长方形 — → 正方形
  - 梯形 — 边 → 等腰梯形
  - 梯形 — 角 → 直角梯形
  - 一般四边形

分类　　　分层

四边形（集合图）：平行四边形（含长方形、正方形）、梯形（含等腰梯形、直角梯形）

218

【作业设计】

如图是一副七巧板，按要求拼图。（填序号）

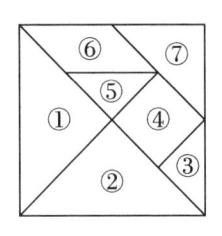

①用两块拼一个三角形：（　　）号和（　　）号。

②用三块拼一个平行四边形：（　　）号、（　　）号和（　　）号。

③用三块拼一个正方形：（　　）号（　　）号和（　　）号。

④用三块拼一个直角梯形：（　　）号、（　　）号和（　　）号。

[**设计意图**] 在拼图游戏中，学生进一步加深对四边形特征的认识及图形间的关系；有目的、有计划地培养学生有序思考、观察，发展学生的空间想象力。

按要求在下面的图形里各画一条线段。

（1）分成一个平行四边形和一个梯形。　　（2）分成两个梯形。

（3）分成两个三角形。　　（4）分成的图形中有一个梯形。

[**设计意图**] 学生先想象如何画，再动手操作，进一步发展空间观念；根据图形特点，从不同角度进行思考，运用多种方法解决问题，从而深化对图形特征的理解和运用。

【学习评价】

自我评价	☆☆☆☆☆	完成时间
家长评价	☆☆☆☆☆	
教师评价	☆☆☆☆☆	

219

第二节　基于绿趣课堂的单元经典课例研究

《复式条形统计图》

【教材分析】

本课教学内容是在学生已有知识和经验的基础上，引导学生与以前学过的复式统计表及条形统计图等进行对比，明确它们各自的特点和作用，从而加深对复式条形统计图的认识，同时为以后学习折线统计图作经验铺垫。让学生进一步体验数据的收集、整理、描述和分析的过程，认识纵向复式条形统计图，并结合实际问题，进一步教学根据统计图表进行简单的数据分析，做出合理的判断和决策，这样就把数据分析与解决问题结合在一起，使学生更好地理解统计在解决问题中的作用，逐步形成统计观念。

【学情分析】

四年级的学生处于思维活跃期，乐学善思，在一、二年级学习中学会收集数据，简单分析数据的能力。三、四年级时在经历将多个单式统计表整合成一个复式统计表，创作条形统计图的过程中积累了丰富的知识经验和活动经验。因此本节课要引导学生在已有知识和经验的基础上自主探索复式条形统计图的绘制方法，讨论和交流复式条形统计图与单式条形统计图的联系和区别，进而从更高的角度认识统计图和统计量，进一步发展统计观念。

【学习目标】

1. 让学生经历收集、整理、表达数据的过程，认识复式条形统计图，学会读图中的信息并做出简单的判断和预测，发展数据意识。

2. 引导学生经历从"单式"到"复式"的合并过程，自主探索复式条形统计图的绘制方法，感受图例的作用，能根据统计图提出问题并解答，能发现信息并进行简单的数据分析。培养学生的数据分析观念和初步的推理能力。

3. 体会统计在现实生活中的作用，感受数学与生活的密切联系。

【学习起点】

学习起点：对数据"代表"意识的已有观念和利用单式条形统计图的认知基础研究复式条形统计图。

【学习重点、难点】

重点：体会复式条形统计图的特点，会绘制复式条形统计图。

难点：根据复式条形统计图描述和分析数据。

【教学实录】

(一) 趣引：创设情境　聚焦问题

谈话引入，探究单式条形统计图。

师：今天这节课我们要一起来学习"复式条形统计图"。在这个之前，我们学习过什么？"单式条形统计图"，它的特点是什么？对，一下子就可以看出数据的多少，非常的直观！当我们看到这个题目的时候，你有什么问题要问吗？

师板书：作用、区别、特点、画法。

【设计意图：上课之初把目标问题呈现给学生，学习的效率会大大提高，且能有效激发学生的学习动机，让学生在学习中体验快乐、成功和自我提高的成就感。】

(二) 趣探：组内互学，深度探究

1. 学生思考，进行合理猜想。

生$_1$：复式条形统计图有什么用？

生$_2$：复式条形统计图与单式条形统计图有什么区别？

生$_3$：它的特点是什么？

生$_4$：复式条形统计图是怎么画的？

师：嗯，看来问题很多，那我们围绕着这些问题来进行今天的学习。孩子们，这些问题有没有你会解决的？要想知道复式条形统计图它到底长什么样子的，我们可以怎么做？

2. 交流讨论，明确学习方法。

生₁：我是用学过的经验。

生₂：我是上网查资料，看视频。

生₃：预习、请教别人。

师：当然，我们要文明上网，要浏览一些正规的网站。

3. 学生观察网页图片上各种各样的复式条形统计图。

师：我们来浏览一下网络上的这些知识，复式条形统计图长什么样的？

生₁：有两个直条的。

生₂：也有三个直条的。

生₃：还有立体的、柱状的。

师：还有长这样子的，你能取个名字吗？

生：横向复式条形统计图。

师：网络上的这些统计图真多，那我们现场制作一个条形统计图。

4. 现场制作复式条形统计图。

(1) 学生观看大课间跳绳视频后讨论交流，明确跳绳的好处：跳绳能锻炼体能，增强身体协调性，跳绳能让孩子更加心灵手巧。

(2) 学生观察：从统计表里的数据中获取与自己相关的信息。

(3) 学生学会看表格，汇报自己跳绳的次数，对应上面表格的优、良、合格、不合格等级。明确自己在哪个等级。

师：林老师收集了我们班同学跳高、身高、体重的情况。当你看到这一张表格的时候，你的目光又会聚焦在哪里呢？

学生目光聚焦在自己座位号的跳高、身高、体重的情况并进行数据分析。

师：如果我们今天要在这里现场制作一张同学们一分钟跳绳等级情况的统计图，你会把目光聚焦在哪里呢？这样你会去聚焦这里测身高体重的数据吗？

（出示一分钟的跳绳情况统计表。）

师：根据我们班男女生跳绳等级情况，男生优秀的有多少人？良好呢？及格呢？

生：优秀20人，良好3人，及格5人。

师：画一画，你们知道画的过程吗？我们先画什么？

生：先横轴、纵轴，然后画标题等。

师：估一估，你要多长时间画出来？

生：五分钟多一点。

师：确实要很长时间。可是林老师只要几秒钟就能画好，科技能改变生活，让我们一起来见证奇迹。

这是电脑自动生成的。看，画好了，孩子们，我是不是两秒钟就解决了？如果要做得更美一些，那我们可以在这边调整一下。

5. 对比分析，达成共识。

师：这张表代表的是什么？这张呢？有问题了吗？

师：复式条形统计图和单式条形统计图有相同点和不同点吗？

我们把这样的统计图叫做什么？（师手指不同的统计图）

师：它为什么叫复式条形统计图？有没有可能3个直条？上网搜索看看？有没有可能6个直条？

请观察，我的等级在哪里？而在这个等级里面，我看到这些数据，想说什么？说说数据背后隐藏的话。

师：看着这个数据，如果你是家长。你会怎么做？如果你是体育老师，有了这个数据，你会怎么做？

生$_1$：男生优秀的更多，女生的更少。也就是男生更优秀一点。

生$_2$：多多努力，再加强会跳得更好。

生$_3$：如果在优秀这个等级，我觉得爸爸妈妈会高兴，比较放心了。

生$_4$：如果我是体育老师，我会让表现良好、及格、不及格的加强训练，让他们成为优秀，还要特别优秀。

[设计意图] 把数据分析与解决简单的实际问题结合起来，引导学生运用数学知识对生活问题进行预测、决策，体验到了学习数学无穷的魅力，激发了学习兴趣，使学生进一步体会统计在实际生活中的重要作用，形成初步的统计意识，培养数据分析观念，感悟统计的意义。

（三）趣用：综合运用，建构模型

1. 我们班还要派4名同学要去参加年段的跳绳比赛，我们来看一下这4名选手两次跳绳情况。看下图，从图中你能获得哪些数学信息？

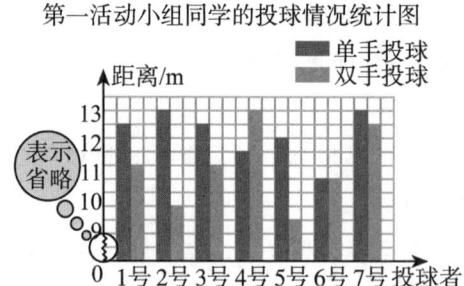

第一活动小组同学的投球情况统计图

（图中："表示省略"；图例：单手投球、双手投球；纵轴：距离/m，显示9、10、11、12、13；横轴：1号 2号 3号 4号 5号 6号 7号 投球者）

①你看他借助这个图例告诉大家，第一次在哪里？第二次在哪里？你能根据这个图提出什么数学问题？

②如果这四个人里面，我们只能挑选两个人去参加比赛，你会选谁呢？

师：我们在选的时候要关注背后的数据。如果我们要得到一个更稳定的数据，可以进行多次的收集。

2. 继续看这一张图，有问题吗？

①如果让你加一个标题，会是什么标题？你觉得它可以用来统计什么？

②老师给你一个标题，我们来看，第一小组有几个人？

③根据第一小组同学投球情况统计图。你觉得我还要知道什么？

师：好的，我们来看这边，它可以表示投球者几号，这边应该表示投中什么？投中的距离有多远？

④你感觉双手投得远，还是单手投得远？

⑤学生边观察边分析推理、辩论：

生$_1$：粉色是双手投球，蓝色是单手投球，因为蓝色直条基本上比较高，而粉色那是单手投球比较低。

生$_2$：感觉双手投得远。

生$_3$：复式条形统计图一般双手投篮的距离会比较远，而且两只手的力气会比一只手的力气大，所以我觉得红色是双手投球。

生$_4$：黄色是单手投球，粉色是双手投球，因为单手投比较远。

⑥我们来看看到底是哪一组投的比较牛啊？我们睁大眼睛来看一下。（出

示数据）现在你能确定是双手投球比较远还是单手投球比较远吗？

下面是第一活动小组同学的投球情况。

投球者	1号	2号	3号	4号	5号	6号	7号
单手投球的距离（m）	12.5	13.0	12.5	11.5	12.0	10.5	13.0
双手投球的距离（m）	11.0	9.5	11.0	13.0	9.0	10.5	12.5

师：刚才是谁在帮助我们做出判断啊？

3. 你觉得谁的成绩提高得比较快？

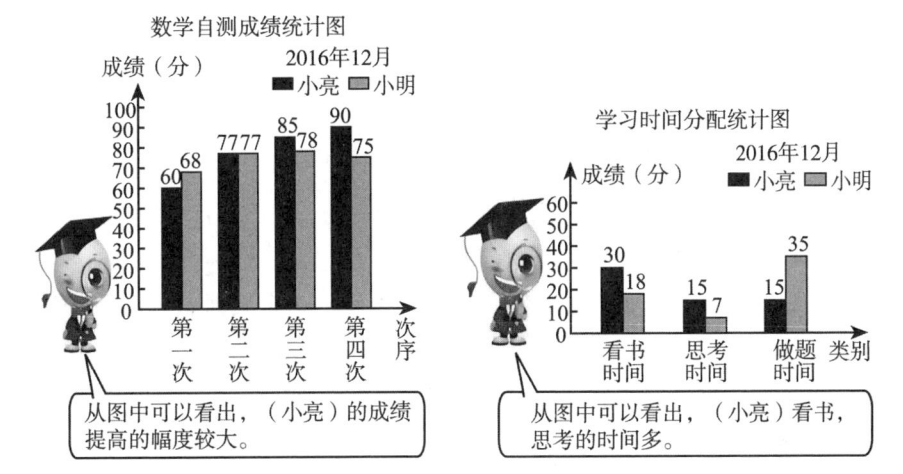

从图中可以看出，（小亮）的成绩提高的幅度较大。

从图中可以看出，（小亮）看书，思考的时间多。

①我们再来借助这张图片，看一看他在哪个项目里面用的时间多？你觉得是什么在帮助他提高成绩呢？

②在这个时间分配上小亮在哪一个时间花的比较多？怎样学习更深入？

[设计意图] 本环节中学生经历了分析现实数据、得出有价值结论、提出科学化建议、做出可行性决策等过程，体会到学习复式条形统计图的价值，有效提升了数据意识。

（四）趣拓：回顾梳理、拓展延伸

1. 下面是 2024 年夏季第 33 届巴黎奥运会前 4 名国家的奖牌情况统计图。根据复式条形统计图回答问题。

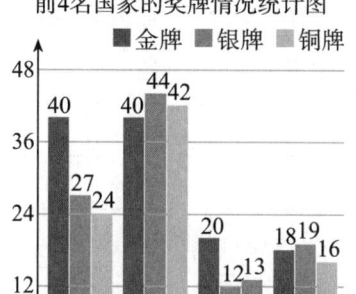

2024年夏季第33届巴黎奥运会前4名国家的奖牌情况统计图

中国：金牌40，银牌27，铜牌24
美国：金牌40，银牌44，铜牌42
日本：金牌20，银牌12，铜牌13
澳大利亚：金牌18，银牌19，铜牌16

（1）获得金牌总数最多的国家是哪个？

（2）哪两个国家哪种奖牌数相差最大？差多少？

（3）你想对中国运动员说些什么？

2. 我们回顾一下，你有什么收获呢？

师：因时间关系，我们把收获写下来，再做一个今天课堂上的思维导图，最后林老师布置一个作业，我们准备下次教到这个单元的时候，利用一节课的时间来进行分享。

【案例解析】

一、目标引领，问题驱动导学

建构主义认为，学习不是简单的信息积累，而是新旧知识相互作用以及由此引发的认知结构的重组。通过回忆单式条形统计图的特点是什么，唤醒学生对旧知识的记忆。在回忆的过程中，引发学生对新问题的思考。"当我们看到这个题目的时候，你有什么问题要问吗？"激发求知欲，让学生带着问题进入到"探究"环节。

布鲁姆说："有效的学习始于准确地知道要达到的目标是什么，目标必须清楚、具体、可操作。"上课之初把目标问题呈现给学生，学习的效率会大大提高，且能有效激发学生的学习动机，让学生在学习中体验快乐、成功和自我提高的成就感。

二、思维点拨，诱发自主意识

自主学习、深度思维是每个人发展过程中应当具备的能力，引导学生自主学习、深度思维应是教师的教学自觉。核心素养导向下，小学数学教师要加强对学生自主学习意识、自主学习能力的培养，将教学重点放在思维与能力培养上，通过思维点拨，实现数学思想、学习方法的渗透与教育，使得学生掌握适合自身的学习方法，提高小学生数学学习的主动性与积极性。

在课堂上，老师不断进行思维点拨："要想知道复式条形统计图到底长什么样子的，我们可以怎么做？"然后引导学生交流讨论，明确看书、上网看视频、预习、请教别人等都是学习的方法。接着介绍百度搜索方法，让学生观察网页图片上各种各样的复式条形统计图，感受复式条形统计图的不同呈现形式。老师趁势启发："你能给它取个名字吗？"学生自主学习情绪高涨。这样的思维点拨与自主学习能力的引导，不仅可以使学生更好地认识复式条形统计图，也使他们的视野更加开阔，认识更加丰富，探究也更有深度，做到"授人以鱼不如授人以渔"，体现新课程标准下的新理念。

三、数据分析，体会统计价值

"数学实用化，让学生学习有用的数学。"是数学新课标的理念之一。教师在教学活动中不但要培养学生思维的灵活性，而且要促使学生充分体会统计的价值，从而使学生形成一定的统计意识，培养学生应用数学的意识。统计的核心是数据分析，对统计结果的恰当运用是完整统计过程的重要组成部分。

例如，在对比分析环节，让学生观看大课间跳绳视频之后，老师出示两张表格，引导学生观察思考："表格里的数据很多，我们要截取有用的信息。这时候你会想到什么？"让学生参与整理数据的过程，体验和感悟用统计表描述数据能更加清楚地反映出数据的多少，突显出整理数据的意义和作用。在了解复式条形统计图和单式条形统计图异同点之后，老师再次引导学生观察统计图："我的等级在哪里？我看到这些数据，想说什么？说说数据背后隐藏的话。""看着这个数据，如果你是家长。你会怎么做？""如果你是体育老师，有了这个数据，你会怎么做？"学生学习热情高涨，畅所欲言，明确数据在帮我们有针对性地寻找策略，做出分析判断。这样，把数据分析与解决简单的实际问题结合起来，引导学生运用数学知识对生活问题进行预测、决策，体验到了学习数学无穷的魅力，激发了学习兴趣，使学生进一步体会统计在实际生活中的重要作用，形成初步的统计意识，培养数据分析观念，感悟统计的意义。

四、梳理拓展，引向深度学习

在知识巩固拓展阶段，通过真实的生活问题来帮助学生巩固新知，学生也在解决实际问题的过程中不断丰富对复式统计图的理解，同时加深对概念本质的领悟。如通过图例对比分析：你觉得谁的成绩提高得比较快？看一看他在哪个项目里面用的时间多？你觉得是什么在帮助他提高成绩呢？在这个时间分配上小亮在哪一个时间花得比较多？怎样学习更深入？让学生层层深入地去探索、感悟。接着通过对 2024 年夏季第 33 届巴黎奥运会前 4 名国家的奖牌情况统计图进行分析，从两个直条延伸到 3 个直条，让学生在自主学习中、在深度学习中感受学习数学的乐趣。最后通过引领学生回顾梳理知识产生的全过程，做一个课堂上的思维导图，提升与概括研究问题的方法与经验，使学生收获的不仅仅是知识，更重要的是解决问题的方法，帮助学生体会复式条形统计图的价值和意义，有效地发展了学生的数据分析观念，凸显了统计知识教学的本质。

《平均数》

【教材分析】

《平均数》是人教版数学教材四年级下册第八单元例 1、例 2 的学习内容，是"统计与概率"领域的内容之一。在此之前，学生已学习了分类与整理、数据的收集整理，有对数据进行简单收集与整理的学习经验，具有初步的数据意识，掌握了平均分和除法运算的含义。本节课的教学重点是平均数的概念，学生在了解平均数的概念的基础上可以更好地体会统计的意义，体会平均数代表一组数据的整体水平，介于最大数与最小数之间，具有敏感性等特点。在学习的过程中，学生可以迁移已有认知，感受平均分的合理性，进一步体会平均数的意义。人教版教材的例 1 求平均每人收集了多少个矿泉水瓶，更多强调求平均数的方法，不明确是反映"描述"还是"预测"的统计意义。

【学情分析】

大部分四年级学生的抽象思维不够发达，在学习平均数的概念的过程中很容易遇到诸多问题。同时，他们虽然已经学习了平均分、除法运算，但是从统计的角度理解平均数的意义对于他们来说仍然是一大学习难点。平均数对于学生来说是一个全新的概念，它既可以用来反映一组数据的整体水平，也可以用来进行不同数据的比较，从而看出组与组之间的差别，学好这部分内容，可为今后学习更为复杂的统计知识奠定良好的基础。

【学习目标】

1. 经历一组数据的表征和理解，知道平均数可以代表一组数据，初步理解平均数可以刻画一组数据的集中趋势，反映一组数据的整体水平，学会用移多补少、求和均分等方法计算平均数，初步感受平均数的区间性和虚拟性。

2. 能运用平均数的知识解释简单的生活现象和解决简单的实际问题，能判断一组数据中的平均数的范围，感受平均数的应用价值，培养数据意识，增强数学知识的应用能力。

3. 在活动中进一步增强与他人的合作意识，体验运用已学的统计学知识解决问题的乐趣，增强数学学习的兴趣与信心，体会数学与生活的密切联系。

【学习起点】

学习起点：对数据"代表"意识的已有观念和利用平均分的认知基础研究平均数。

【学习重点、难点】

重点：将"代表量"作为理解平均数的着力点。学生接触统计时最先思考的是代表量，"代表"是理解平均数意义的重要基础，"代表性"也是平均数最重要的特性。

难点：对平均数能代表一组数据整体水平的认识理解和选择合适代表量。

【教学实录】

(一) 趣引：创设情境　聚焦问题

谈话引入，借助学习单，探究平均数。

师：同学们，咱们学校举办过体育节吗？瞧，这是学校体育节活动的部分视频（播放学校体育节入场式视频），体育节开幕式都有班级入场式比赛，每位评委要给经过主席台的班级入场仪式评分，满分是10分。请看四年（1）班的入场仪式得分情况，其中五位评委分别给出的分数是：5分、4分、7分、5分、9分。从大屏幕看，你能获得哪些数学信息？数据是会说话的，你觉得四年（1）班入场仪式总体水平怎么样？如果用一个数来代表这个班的水平，你觉得是多少？不着急，先独立思考再把理由说给同桌听听。

[设计意图] 根据实际情况，创设体育节活动的情境，自然巧妙地引入新课。学生自主思考，开放课堂，发散思维，明确本课的学习目标。学生用一个数表示四年（1）班入场式成绩时，先是以一个实际存在的样本来代表整体水平。在学生充分理解了这个层次的"代表"之后，再去理解实际存在的样本都不是整体水平的平均数的情况，需要以一个计算出来的数值来代表平均水平。

（二）趣探：组内互学，深度探究

1. 独立探索，分小组交流。

生$_1$：我觉得是5，因为5位评委有两名给出了5分。

生$_2$：我不同意，我觉得是7，因为7排在正中间。

生$_3$：我觉得他们说的都不对，应该是6，因为平均数是6。

师：同学们想法可真多，那到底用哪个数来代表这个班的水平比较合适呢？不着急，下面我们就借助学习单一起来探究。

学习单1

	评委1	评委2	评委3	评委4	评委5
四年（1）班	5	4	7	5	9

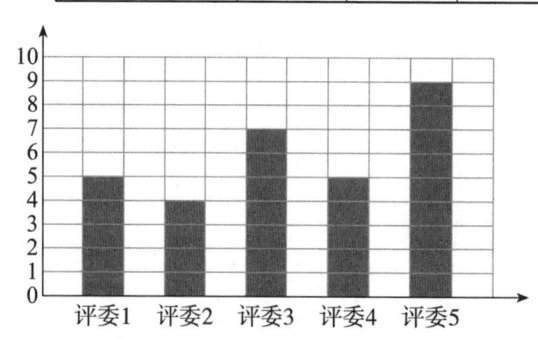

1.请你在方格纸上将你认为的得分用横线画出来。

2.小组内说一说，你给出这个得分的理由。

我的理由：

2. 全班交流，探索平均数的统计意义。

学生带着学习单上台汇报。

生$_1$：4 分，理由是 4 分是最低的，所以 4 分是保证每位评委都够 4 分。

生$_2$：5 分，理由是评委 1 和评委 4 打的分数一样，而如果是 6 分的话是不可能的，因为没有评委打的是 6 分。

生$_3$：我们组也觉得是 5 分，因为有两个人打了 5 分，出现的次数最多。

生$_4$：我们小组认为是 6 分，因为 6 分很平均。

生$_5$：我反驳上面同学的说法，我跟第 2 个同学一样，认为这里面没有 6，不能用 6 来代表。

生$_6$：我觉得是 6，6 是这样来的，我来算给你们看：5＋4＋7＋5＋9＝30，30÷5＝6。

生$_7$：我也觉得是 6，我用的是移多补少的方法（指着学习单说）。

生$_8$：我们组觉得是 6，但是说不出为什么，只是感觉 6 比较合理。

生$_9$：我们组是这样想的，这里虽然没有 6，我们在 6 这里画了横线，横线上面一共有 4 个格子，横线下面也有四个格子，所以 6 比较平均，所以就用 6 来代表。

生$_{10}$：我们也认为是 6，可以将横线下的格子补到横线上方来，这样就补齐了，所以可以用 6 来代表。

（老师通过学生的回答，在黑板上先通过移多补少让学生感受平均数 6，再让学生知道求和均分也可以算出平均数 6。）

[设计意图] 让学生根据已有的知识经验自主去寻找求平均数的方法，在生生互动、师生互动中感悟移多补少和求和平均两种求平均数的方法，给学生提供了更大的思维空间。

师：同学们都积极汇报了自己的想法，刚才觉得是 4 和 5 的同学现在怎么想的？

生：我们也同意是 6。

师：是因为少数服从多数吗？

生：不是，用 6 比较合适，用 4 和 5 少了。不能代表这个班入场式的整体水平。

师：太好了！经过大家的共同努力，我们找到了数据 6 代表这组数据的整体水平，我们就说 6 是这组数据的平均数。这就是我们今天要学习的内容：平均数。（板书课题）那用 6 来代表这个班入场式的整体水平，也就是这 5 位评委打的分数的平均分，所以平均数具有代表性。（板书：代表性）

[设计意图] 通过体育节评分的情境，组织学生共同讨论"用一个数来代表这个班的整体水平，你会用哪个数"，帮助学生体会"平均数表示一组数据的整体水平"的本质属性。

3. 探索平均数的虚拟性、趋中性、敏感性等统计意义。

师：刚才有一位同学有疑问，她觉得 6 是不可能的，因为没有一个评委打 6 分，同学们觉得她说得有道理吗？

生：没道理，不一定要有评委打 6，因为这个 6 是平均数，不一定评委非要有一个或几个打 6。

师：讲得真好，是的，平均数还有一个特点，它是一个虚拟的数，并不一定有评委打 6 分。（板书：虚拟性）

师：同学们，又一个评委打分了，你觉得他会打几分？平均数有可能会有怎样的变化？

（出示学习单 2）

生$_1$：第六个评委可能打 6 分，平均数不会发生变化。

生$_2$：第六个评委可能打 5 分，平均数会变小。

生$_3$：第六个评委可能打 9 分，平均数会变大。

生$_4$：如果打的分数等于 6，那平均数不变；如果比 6 小，平均数就会变小；如果比 6 大，平均数就会变大。而且平均数会出现小数。

师：同学们真的太棒了，真的是这样吗？下面我们一起来验证一下，今天老师请了个小伙伴来帮忙。（打开电子表格，依次输入第六位评委打分，感受平均数的变化。）

	评委1	评委2	评委3	评委4	评委5	评委6	平均分
四年（1）班	5	4	7	5	9		6.00

师：同学们看到平均数随着评委打分的不一样而发生变化是不是觉得很有意思？这就是平均数的另外一个特点：敏感性。（板书：敏感性）

师：刚刚我们看到平均数随着第六个评委打分的变化而变化，那这个平均数的变化有没有一定的范围呢？

生：有，假如第六个评委打 10 分，平均数不会超过 10 分，也不会低于 4 分，它在最高分和最低分之间。

师：这位同学的感受你们赞成吗？是的，平均数是有一定范围的，它在最高分和最低分之间，这是平均数的又一个特点：区间性。（板书：区间性）

[设计意图] 借助信息技术，感悟平均数的敏感性，并通过两个极值的对比，问题层层递进，步步紧逼，进一步引导学生明白平均数的取值范围介于最大数和最小数之间，具有区间性。

（三）趣用：综合运用，建构模型

对比解决问题。

| 以下是两个小组的数学测试成绩，请问哪个小组考得好？
第一组：92、80、97、98、97
第二组：93、96、100、89、90 | 以下是两个小组的数学测试成绩，请问哪个小组考得好？
第三组：94、80、97、100、95
第四组：93、96、98、99、90 |

对比感受第一组数据可以比总分，第二组数据就只能用平均分。

（四）趣拓：回顾梳理，拓展延伸

感受古人对平均数的运用。

★你知道吗
《九章算术》
我国古代数学家刘徽的《九章算术》中记载了一个称为"减多益少"的问题，同学们可以查阅书籍或者上网查资料，了解"移多补少"和"减多益少"之间的关系。

★你知道吗
《周易》
历史上，平均数最早就是用来估计大数的。早在3000多年前，《周易》中就已经产生了平均数的思想。古人在估计一棵树叶茂盛的大树上有多少果实时，可以先选取一棵枝杈大小相仿的树枝，数出上面的果实数目，然后乘以树上所有树枝的数目，就得到了这棵大树上所有果实的估计值。现在你对平均数又有什么新感觉？

阅读感受身边的平均数。

【阅读资料】摘编自"中国水资源"发表的文章，文字有修改。

2021年，全国水资源总量29520亿立方米。约占全球水资源的6%，仅次于巴西、俄罗斯、加拿大、美国和印度尼西亚，居世界第6位，但我国人均水资源占有量只有2194立方米，不足世界人均水平的$\frac{1}{3}$，是全球13个人均水资源最贫乏的国家之一。人均水资源排在世界第121位。

【阅读资料】摘编自"中国空间技术研究院"2023年3月10日发表的文章，文字有修改。

1970年4月24日，中国发射了独立自主研制的第一颗航天器东方红一号卫星，迈出了走向太空的第一步。2023年3月10日随着天绘六号卫星发射成功，创造了中国航天史上又一个里程碑式的成就。从东方红一号到天绘六号卫星，中国空间技术研究院研制并成功发射了400个航天器，俗称为"四百星"，其中，发射第一个"百星"用了41年时间；发射第二个"百星"用了6年时间；发射第三个"百星"只用了3年时间；发射第四个"百星"用了两年零四个月的时间。以每年超过40星的发射频率，跑出中国航天的"加速度"。

阅读资料，你能感受到资料里的平均数吗？圈一圈，并谈谈你的感受。

同学们阅读完资料，各抒己见，充分表达自己爱国的情感，也表达了平时要注意节能减排，节约水资源。

师：是啊，平均数在我们生活中无处不在，今后同学们一定还能再感受平均数的魅力。

【案例解析】

一、概念导入，明确知识体系

就小学数学而言，教学中的很多概念在学生的生活中都能够找到经验原型，而这正是我们教学的起点。平均数，在教学中借助的经验原型就是生活中的正常发挥、超常发挥、失常发挥等等。在概念教学前我们需要找准新概念在生活中的原型，同时生活经验的激活与改造需要在合适的情境中进行，因此在教学中还需要关注问题情境的创设。

本节课借助体育节入场仪式的评分环节作为情境，既符合学生的生活情境，能够激发学生的学习兴趣，又能够借助评分环节引导学生结合平均数知识开展探究学习，探索平均数的意义所在，理解"平均数代表一组数据的平均水平"这一难点,进而应用平均数的知识来解决生活中的实际问题,让学生对平均数的数学知识体系有一个整体的认知。

二、概念塑形,关注有效合作

有效合作是教师精心设计的问题引领下的探索与交流,是在问题引领下师生对教学重难点的讨论与争辩。同时,教师要在关键处、疑难处适时进行追问,促进学生积极思考,使问题的交流走向深入。

在本节课的教学过程中,"那到底哪个数来代表这个班的水平比较合适呢?""是因为少数服从多数吗?""又一个评委打分了,你觉得他会打几分?平均数会有怎样的变化?""那这个平均数的变化有没有一定的范围呢?"教师通过几个问题的引导,引发学生的认知冲突,从而引导学生进行交流讨论,组织学生开展有效的小组合作,让学生交流讨论、展示汇报,此时自主探究与合作交流融为学习的共同体,深度学习在数学课堂中真正发生。在本节课中,适时的质疑与追问引发生生之间、师生之间的交互融合。教师创设了一个个疑趣交融的学习场景,让课堂变得高效而灵动,使合作成为课堂上的主流形式。

三、概念建构,精炼核心问题

本节课的核心问题是"什么是平均数?如何计算平均数?"这是本单元学习中学生需要解决的核心问题,核心问题的精炼可以帮助学生清晰地认识平均数的概念和计算方法。

小学生的思维依旧是以具体形象思维为主,因此在教学中利用数形结合的优势,帮助学生更为直观地感知概念。例如本节课在引导理解平均数的含义、探索平均数求法时,用移多补少法演示平均数,借助条形统计图让学生自主利用虚线描画平均数;在感受平均数特征时,结合现代化信息技术——电子表格让学生上台自主感受体验数学的敏感性,进行动态展示。课堂上让学生眼、耳、脑、手、嘴全方位参与学习,从而更好地理解概念、运用概念。

四、概念巩固,引向深度学习

在概念巩固阶段需要回归实际生活,通过真实的生活问题来帮助学生巩固新知,学生也在解决实际问题的过程中不断丰富对概念的理解,同时实现对概念本质的领悟。

本节课最后的巩固练习环节，设置两个不同小组的数学成绩对比、设置古人对平均数的利用情境、设置中国水资源、中国第一颗航天器东方红一号卫星相关资料，引导学生感受平均数在生活中的应用，引导学生认识能够利用平均数知识对生活现象进行描述、解释和推理，进一步完善对平均数的认知，培养学生的数据意识。

本节课精彩地诠释了如何让数据分析在课堂实践中落地，要在收集整理中培养；要在描述数据中提升；要在分析数据中发展；要在实践运用中升华。在教学过程中，特别是在统计教学中，就是要让学生在数据分析的形成过程中，能够提升数据处理的能力，增强基于数据表达问题的意识，养成通过数据思考问题的习惯。

《烙饼问题》

【教材分析】

《烙饼问题》是人教版小学数学四年级上册第八单元《数学广角——优化》中的第二课时，《烙饼问题》是数学广角中"优化问题"的内容，主要通过探究烙饼时怎样合理地安排操作最节省时间，引导学生体会在解决问题中优化思想的应用，渗透优化思想。"烙饼问题"模型的本身对学生来说是不易理解、较为抽象的，虽然学生在生活中对烙饼并不陌生，但缺乏烙饼的操作经验，而且数学化的"烙饼问题"与生活中的烙饼大相径庭。因此在这节课中，主要通过图形直观、操作验证、观察对比、合作研讨等方法，由"无模—探模—建模—用模—创模"展开的分层次组织教学，帮助学生理解不同条件下"怎样烙饼才最省时间"的实践策略，引导学生体悟优化思想，在实践中培养学生的应用意识和创新意识。

【学情分析】

对于烙饼问题班级中有一部分学生已经有所了解，但是大多数的学生对于合理烙 3 张饼的方法并不是很理解。学生这一节课的学习中很有可能更关注烙饼方法的学习，而忽略在研究烙饼方法过程中蕴含的重要的数学思想，也就是"统筹优化"。因此，设计本节课时教师从学生实际情况出发，用通俗易懂的语言，用生动形象的生活实例，有步骤、有层次地向学生渗透"统筹优化"思想。

【学习目标】

1. 通过生活中简单的事例，寻求解决问题的最优方案，初步体会到优化思想在解决问题中的应用。

2. 通过模拟烙饼过程，认识到解决问题策略的多样性，并能寻找烙饼规律，初步形成寻找解决问题最优方案的意识。

3. 感受数学在日常生活中的广泛应用，体验学习数学合作的乐趣，逐步养成合理安排时间的良好习惯。

【学习重点、难点】

重点：能从解决问题的多种方案中寻找出最优方案，初步体会优化的思想，形成优化的意识。

难点：寻找出解决问题的最优方案，形成优化的意识，提高解决实际问题的能力。

【教学实录】

(一) 趣引：创设情境、聚焦问题

师：今天来学习如何烙饼，拿出手势做一做，一面烙完，烙另一面。为了研究方便，我们把它们叫做正面和反面。

生：每面都要烙 3 分钟。

师：一口锅，可以烙三个饼吗？

生：不可以，最多只能烙两张饼。

师：问题来了，请问烙一张饼需要几分钟？

生：6 分钟。

师：我们一起来感受一下（出示课件），开始了，正面烙一次，需要几分钟？（3 分钟）反面烙一次，需要几分钟？（3 分钟）两次用了几分钟？（6 分钟）我们把刚才的烙饼过程记录下来。

师：第一次烙它的正面，第二次烙它的反面。这样烙了几次呀，孩子们？（两次）每次烙了 3 分钟，总共花了 6 分钟。

师：一张饼要 6 分钟，那烙两张饼呢？

生：12分钟、6分钟。（答案不一）

师：答得这么快？唉，你为什么举手了？

生$_1$：6分钟。

生$_2$：6分钟。

师：这么多同学异口同声地说12分钟，你们俩怎么说六分钟呢？

生$_1$：两个饼可以一起烙。

生$_2$：也是两个饼一起烙。

师：两个饼一起烙，六分钟有可能吗？

师出示课件，一口锅同时烙两个饼的正面，花了3分钟。再反过来，同时烙两个饼的反面，也是花了3分钟。两次共花了6分钟。

师：孩子们，一张饼你们说要烙6分钟，两张饼怎么还是6分钟呢？

生$_1$：它们可以一起烙。

生$_2$：一口锅可以同时放两张饼，两个饼一起烙。

师：一口锅塞满，只能放两张饼，这样烙了几次？（2次）用了6分钟。一口锅装了两张饼，还能装下其他饼吗？（不能）也就是说我们的锅是装满满的，锅不空。

师：为什么锅不空呢？

生：因为锅已经装满了。

师：装满了，锅不空，锅不空就可以实现时间的最优化。一张饼要用六分钟，烙两张饼也用六分钟。我们对比刚才烙一张饼、烙两张饼的过程，你有没有积累了一点点烙饼的省时经验？

生：有，一口锅可以同时烙两张饼，这样节省时间。

师：一口锅可以同时烙两张饼，让锅不空，这样就可以实现时间上的优化。

［设计意图］通过示范一张饼的烙法，引导学生猜测两张饼怎么烙，在对比中得到2张饼的经验——"同时烙，锅空"，同时为烙更多张饼做铺垫。

（二）趣探：组内互学、深度探究

师：我们借助刚才烙两张饼的经验，继续研究怎样尽快烙出三张饼。什么是尽快呢？尽快就是很快，最快，省时间的烙饼。孩子们，林老师为你们准备了一张学习单,你可以通过画一画,写一写,或者用图文相结合的方式把烙饼的过程表示出来。如果你有困难,可以借助林老师给你们的学具,摆一摆,写一写,开始吧。

【学生作品展示】

学习单1:

师:把三个饼分成小块,然后塞进去可以吗?你们觉得呢?有想法。想法很棒,但是不符合题目要求。

学习单2:

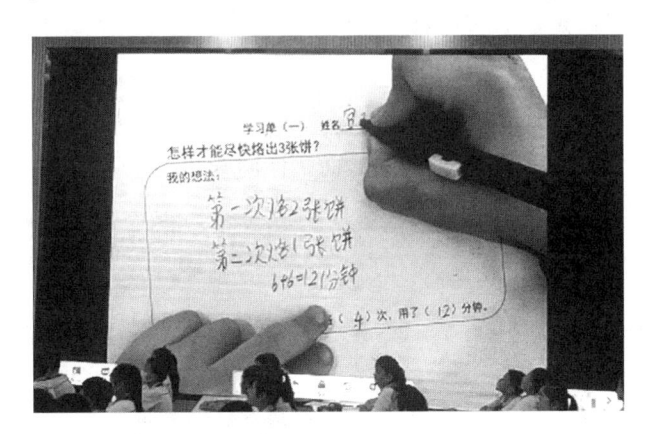

师:掌声有请这位同学上来分享自己的想法。

生₂:大家请听我说,第一次先烙两张饼,正反面共两次,第二次烙一张饼,也是烙两次,所以是烙了四次,然后两次都要六分钟,所以是12分钟,听明白了吗?你们还有其他意见吗?

生₃：第一次烙两张饼，可以先把其中一张饼分开烙吗？

生₂：一口锅原本就可以烙两张饼。

师：谁还有补充？大家还有不同意见吗？

生₄：你可以先烙第一张和第二张的正面，再烙第一张反面和第三张的正面，最后烙第三张和第二张的反面。你听懂了吗？

生₂：我没听懂。

生₄：我可以举例给你看。（生₄上台利用学具举例，另一位听懂的小朋友也上台帮忙）先烙第一张和第二张的正面，大家看明白了吗？（掌声）第二次烙第一张饼的反面和第三张的正面。

师：你不是在烙第一张和第二张饼吗？为什么突然间又来到第三张饼呢？第二张饼干嘛去了呢？

生₄：第二张饼可以先……（生一时表达不出来，师适时引导其他学生上来帮助）

生₅：第二张饼可以先放到盘子上，然后烙第三张饼。

师：为什么要这样呢？

生₅：这样可以节省时间。这样的话，第三张就不用重新再煎一次了。

师：在烙第三张饼的时候就不需要单独烙了，是不是？让锅怎么样？

生：让锅不空。

师：他在想办法让锅不空。

生₄：最后烙第三张和第二张的反面。你们看明白了吗？

生：看明白了。（掌声）

师：刚才看不懂的同学看懂了吗？（懂了）他们刚才努力在做的是什么事情？他们都在努力实现让锅不空，这样就可以在时间上做到（优化）。

师：桌上有学具，你们也可以像这样操作一次。谢谢台上的孩子们，掌声给你们。

（展示其他学生的作品）

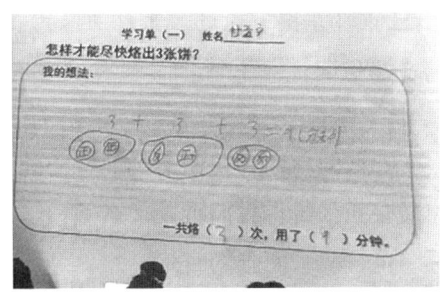

师：这些同学的做法都是保证每一口锅里面都有2张饼，实现了锅不空，这样在时间上就做到了优化。同学们真了不起，通过互帮互助，我们解决了三张饼怎么烙的问题，那我们也把刚才这个活动的过程记录下来。一起说一说吧。

生：第一次烙第一张饼的正面和第二张饼的正面，第二次烙第一张饼的反面和第三张饼的正面，第三次烙第二张和第三张饼的反面。

师：你看每一张饼都烙了两次，这样烙了几次呢？（3次）烙了六个面。烙了三次，每次都是烙几分钟呀？（3分钟）这样一共花了9分钟，把饼先拿出来再放进去，我们把这样烙饼叫做轮换。

师：孩子们，轮换着烙，也是要努力实现什么？

生：锅不空。

师：看来锅不空是很重要的，只有锅不空了，才可以实现时间上的（优化）。

师：通过刚才的探究，你有没有又积累了一点烙饼的经验呢？

生$_1$：让锅不空，然后实现时间的优化。

生$_2$：知道了如果是三张饼的时候就可以用轮换烙，如果两张饼就可以同时烙，这两种方法都可以使锅不空，达到了时间的优化。

师：非常好，谢谢你，我们把掌声送给他。还有谁要说？

生：为了实现锅不空，第一张锅里两面都烙，第二张锅里留一张已经烙过正面的饼，然后再放第三张烙正面的饼，第一张已经烙完了，第二张和第三张放到一起煎就得到了时间上的优化。

师小结：好的，我们烙两张饼的时候可以怎么烙？（同时烙）我们在烙三张饼的时候轮换烙。这样都可以达到时间上的优化。

[设计意图]通过学生自主探究，动手写一写、画一画，引导学生分析发现"烙3张饼"不同烙法时间不同的原因，从而揭开了烙3张饼如何做到"尽快"的面纱——"轮换烙，锅不空"，起到一个探"模"的作用。

师：同学们，我们能借助这样的经验来探索更多的饼怎么烙吗？同学们，如果有四张饼，我们可以怎么做？

生：两张两张同时烙。

师：是的，借助这个经验，我们把四张饼转化成了两张两张饼同时烙。那五张饼呢？

生：轮换烙。

师：轮换烙是几张饼轮换烙呢？（三张）我们五张饼就可以怎么烙？

生：先同时烙，再轮换烙。

师：那六张饼呢？

生：可以同时烙。

师：不要异口同声，要思考再回答。是不是这样两张两张同时烙？你举手了，表扬你。

生：还可以轮换烙。

师：有没有谁也想到了？它们确实也可以轮换烙，两张两张烙，要烙这么多次，它也可以三张三张烙，也是让锅不空。同学们，那两张两张烙完，你们是选择交替一下，拿出来再放进去吗？

生：可以先放第一、二张，然后把第二张拿出来，再放第三张去烙，第一张烙完了，再把第二第三张拿到锅里烙。

师：当我们有六张饼的时候，可以两张两张烙，也可以变成两个三张烙。可以选择两张两张烙，这样在操作上就实现了优化。就不需要拿起来，再放

242

进去。同学们，如果七张饼呢？可以怎么烙？

生：先同时烙，再轮换烙。

师：那八张饼呢？你们怎么烙？

生：同时烙。

师：没错，两张两张同时烙。同学们，如果有更多张饼呢？你们会烙吗？怎么烙？

生$_1$：轮换烙。

生$_2$：轮换烙。

生$_3$：我发现了一个规律，如果是双数的话就是同时烙，单数的话就是轮换烙。

（请生复述）

师：感谢这个同学总结出来的经验。现在我们继续来研究，当我们要烙四张饼的时候，要烙几次？

生：四次，因为两张饼就要烙两次，四张饼就是两个二，四次。

师：四次，一次三分钟，四次是几分钟？

生：12分钟。

师：五张饼呢？

生：先两次再三次。

师：总共需要几次？

生：五次，五次需要15分钟。

师：六张饼需要几次？

生：需要六次。

师：这样需要多少时间？

生：18分钟。

生：有七张饼，就是要烙七次，时间就是21分钟。

师：往后轮。

生：八张饼。两张两张烙，就是两次、四次、六次、八次，需要烙八次，共需要24分钟。

师：如果我要烙九张饼，你觉得是几次呢？

生：九次，27分钟。

师：我要烙十张饼，要烙几次？（十次）烙11张饼呢？（11次）12张饼呢？（12次）你有没有发现什么？如果我要烙100张饼，你能告诉我要几次吗？

生：饼的数量与它烙几次有关系。

出示课件：烙饼次数＝饼数。

师：你能说出需要烙的时间吗？

生：可以。

师：100张饼呢？

生：100张饼就是100次，烙300分钟。

师：除了一张饼以外，要求烙几张饼就可以把这几张饼乘烙一面饼的时间。

师：同学们，你们得出来的这个规律很不容易。我们四年级有很多同学都想知道呢，回顾一下刚才的学习，你觉得我们今天的烙饼是妈妈教你怎样把饼烙得又酥软又好吃吗？

生：不是。

师：但是怎样烙饼这个劳动的知识还是要学习的，哪一天你的家长要抓紧时间烙饼的时候，你可以告诉他数学上的这个烙饼问题。

生：怎样烙饼最省时间。

师：真了不起，你会告诉妈妈数学上的烙饼是一个数学模型，它在教我们怎样省时间，怎样优化。

生：数学上的烙饼，跟现实中的烙饼不一样。数学上的烙饼可以省时间，现实中，你想烙多久就烙多久。

师：你可以跟妈妈说，我会教你怎样让锅不空，在时间上实现优化。同学们，烙饼问题是一个数学模型，它教我们如何在时间上进行优化。

[设计意图] 在探索4、5、6……张饼的烙法时，学生在已经积累的烙2张、3张饼的活动经验基础上进一步思考与实践，从而成功建立起烙饼问题的基本模型。

（三）趣用：综合运用、建构模型

师：同学们，请看屏幕上的题目，它是烙饼问题吗？有没有讲到烙饼？

生：不是。

师：同学们，屏幕上的题目，它其实就是一个烙饼问题，请你用数学的眼光观察。题目中饼数在哪里？是烙饼问题吗？

生：跟烙饼问题很相似。

师：它就是一个烙饼问题的模型，明白了吗？烙一面的时间在哪里？

生：一局玩五分钟。

师：饼数在哪里？

生：小东、爸爸和妈妈这三个人。

师：饼数是三，好，一口锅最多烙多少？

生：一次最多两局，因为题目显示每人玩两局。

师：看到烙饼问题了吗？同学们，你们真有数学的眼光。

每面的时间　饼数　　一口锅最多烙　张

1.一种电脑小游戏，玩一局要5分钟，可以单人玩也可以双人玩。小东、爸爸、妈妈一起玩，每人玩两局至少需要多少分钟？

师出示第二道练习题。

师：下面这道题，有烙饼问题的模型吗？（有）你们真的很会学习，你们的眼睛是雪亮的。请告诉我，烙每面饼的时间在哪里？

生：每项检查三分钟。

师：还有呢？饼数在哪里？

生：三位同学。

师：饼数是这三位同学，每口锅烙几张饼？

（生回答有困难，请同学帮忙）

245

生：量身高，验视力。

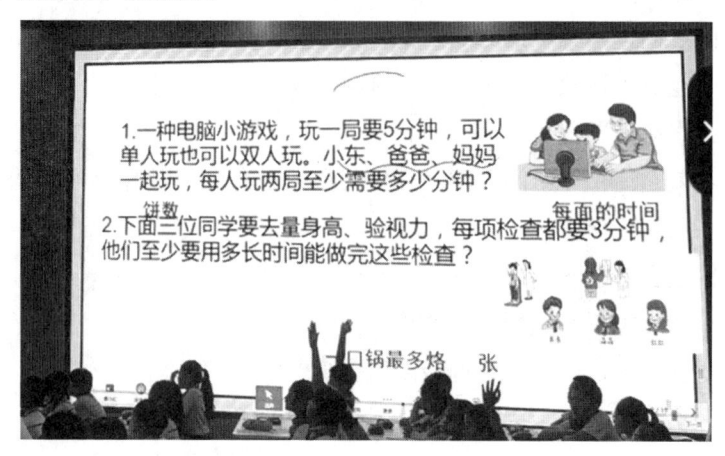

师：掌声送给这两个同学。

［设计意图］让学生体会到可以把"烙饼问题"数学模型应用到看似没有"烙饼"味道的生活问题，把所学的知识回归到生活中去实践、应用，让学生增强数学模型的应用意识。

（四）趣拓：回顾梳理、拓展延伸

师：同学们，烙饼问题体现了优化的思想。其实随着科学的进步，烙一张饼，我们也可以不用烙两次，只要一下子就可以烙出来了。随着科技的发展，我们还实现了空间上的优化。随着科学的进步，更多的操作上的、技术上的优化，还有待于同学们长大以后或者从现在开始继续用烙饼问题的模型来探究。

［设计意图］展示电饼铛等电器在"烙饼"中的应用，让学生明白有时候改变环境与条件也是一种创造与优化，从而培育了学生的创新意识。

师：这一节课你有什么收获呢？这么多同学举手，把你们的收获写下来，然后给我们的数学老师。这节课我们就上到这，下课。

【案例解析】

整节课林老师语言亲切，尊重学生，循循善诱。她带领着学生开门见山直接尝试解决烙饼问题，并利用教具示范烙一张饼，让学生自主探究画出或写出快速烙完两张饼和三张饼的方法。林老师与学生互动后就直奔主题，引入新课，引导学生提问题，让学生知道本节课所要学习的内容，能很快地集中学生的注意力，激发了学生学习数学的兴趣。

课中，林老师的每个提问都围绕着本节课的重点、难点和学生的疑难处，精确引出重点。林老师在本节课中也特别注重细节方面的追问，能认真倾听学生的话语，在学生模糊、听不明白的时候追问，在重难点的突破时追问，在课的生成时不失时机地追问，注重生成，注重引导，很好地突破了教材的教学难点，渗透了优化的思想。

本节课教学，教师关注学生对知识的理解程度和各种能力的形成，学生能在课堂中感受到烙饼问题在现实生活中的应用价值，同时让我们对烙饼问题的教学也有了新的认识。

抽象、推理、模型是数学基本思想。在探究烙饼问题的过程中，林老师引导学生从模拟烙三张饼的操作到观察发现、归纳概括烙饼的规律这么一个过程，发展学生的抽象、推理能力，体验建模的过程，培养学生的探究能力。教学中，当学生对"怎样烙三张饼最省时间"产生争议时，林老师适时引导学生通过操作烙饼直观演示，使学生对轮换法烙三张饼的模型有了更清晰的理解。林老师为了使学生突破烙饼问题，优化思想"每次都烙二张饼最省时间"，精心制作了微课展示"轮换法"烙三张饼和烙四五张饼的方法，并且用列表梳理烙饼的方法让学生直观观察，让学生更容易发现烙饼问题的规律，对这个模型难点的理解更加清晰深刻。

林老师的《烙饼问题》一课教学，围绕"无模—探模—建模—用模—创模"展开，给我带来了许多思考。简约的教学突显了数学的本质，学生通过对有关现象、事例、实验或其他学习材料的感知，主动地发现"烙饼问题"模型，不但对知识有了深刻的认识，而且能回归生活，应用数学模型解决问题，从而增强了应用意识和创新意识。

《多边形的整理与复习》

【教材分析】

《多边形的整理与复习》是四年级下册数学中的重要内容，属于空间与几何领域的知识。这部分内容在学生学习了长方形、正方形、三角形、平行四边形、梯形的特征的基础上进行，旨在帮助学生深化对多边形，特别是三角形、四边形（包括正方形、长方形、平行四边形、梯形）等图形的认识，理解图形之间的内在联系与区别，掌握图形研究的基本路径，即围绕边和角的特征进行分析。通过丰富的实例和实践活动，强调知识整理的重要性，培养学生的分类思维、系统思维及表达能力。

【学情分析】

学生已具备一定的图形认知基础，能够从直观上识别并命名常见的平面图形，但对图形的特征、性质及其相互关系的理解尚显肤浅，缺乏系统的整理和归纳。此外，学生在语言表达、逻辑推理及图形想象能力方面存在个体差异。因此，本节课需注重因材施教，通过小组合作、师生互动等方式，激发学生的探索兴趣，引导学生主动思考、积极交流，促进全体学生在原有基础上的发展。

【学习目标】

1. 通过想象图形的构建过程，深入理解点、线、面与多边形之间的关系，巩固三角形、四边形等平面图形的特征，理解图形之间的内在联系与区别，学会从边和角的角度分析图形，能够准确区分不同类型的多边形。

2. 通过小组讨论、作品展示、教师示范等活动，体验知识整理的过程，掌握分类归纳的方法，提升图形想象、逻辑推理及表达能力。借助画图形和猜图形的活动，提升学生对多边形特征的识别能力和空间想象力。运用想象与画图，培养学生从空间观念到平面图形的转换思维，引导学生通过猜图形活动，深入挖掘多边形性质之间的内在联系，提升归纳推理能力。

3. 培养学生的学习兴趣，增强团队合作意识，形成系统思维的习惯，感受数学学习的乐趣。

【学习起点】

学习起点：学生已能识别常见的平面图形，对图形的边和角有初步的认识。

【学习重点、难点】

重点：掌握三角形、四边形等平面图形的特征，理解图形之间的内在联系与区别。清晰构建点、线、面到多边形的形成过程，强化多边形的定义与分类。

难点：学会从边和角的角度准确分析图形，运用分类归纳的方法整理知识，形成系统的图形认知结构。

【教学实录】

（一）趣引：方法交流，思维碰撞

1. 同伴启智，方法碰撞。

小组成员围绕各自的思维导图展开热烈讨论与修正。

师：交流时，如果与他人观点不同，不妨在他人基础上进行订正或补充，这样会更好。

2. 作品展示，思维碰撞。

学生代表上台分享成果。

师：让我们以热烈的掌声欢迎赵城同学。

师：真是个大方自信的男生，再给他一点掌声鼓励！

生$_1$：大家请听我说，我是这样整理的，我整理了整个单元的内容，先分为几个主题，再细化每个主题的重点。大家有补充或疑问吗？

师：没有补充，也没有问题，看来大家都认同你的整理，很棒！

（展示下一个同学的作品）

师：接下来是丁晓雅同学，掌声欢迎！

生$_2$：大家请听我说，我是按照思维导图的方法，先把三角形的特征写出来，然后列出特殊的三角形。你们有补充吗？

生$_3$：你忘了写多边形的内角和。

生$_2$：谢谢你的提醒。其他同学还有补充或疑问吗？我和前面同学的整理方法有什么不同？

生₄：前一个同学是按分类，你是用思维导图。

生₂：谢谢你。

生₅：前面的同学没画图，丁晓雅画了图。

师：发言时，请大家注视发言人。

生₆：丁晓雅还涂了颜色，赵城没有。

生₂：谢谢大家。

师：学习一个单元或一个类型的知识时，要尝试对这些知识进行……

全班学生：分类。

师：分类方法多样，就像刚才两位同学展示的，各有特色，我们也能从中学习整理方法，比如，前面同学用主题式整理，后面同学加了一点颜色和图形，还举了实例。我们还可以增加这个单元或这个主题里面的学习难点或易错点。

[设计意图]此环节通过小组内和全班范围内的交流分享，促进了学生之间的思维碰撞与知识共享。赵城和丁晓雅两位同学的展示，分别呈现了分类整理和思维导图整理两种方法，体现了学生多样化的学习方式和整理策略。教师适时引导，鼓励学生对比不同方法，思考其优缺点，从而深化对知识整理的理解。同时，通过生生互评，培养了学生的批判性思维和表达能力。总结前面两位同学知识整理的方法，鼓励学生对学习内容进行分类和归纳。

3. 教师启智，方向引领。

师：林老师从这三方面进行了整理，老师对这些例题进行整理，老师做的是把这些例题进行……

全班齐答：分类。

师：然后我们再去了解一下每一个例子里面要做一些什么。当主题确定以后，我们要对知识进行整理，整理完了知识，就像现在夏天到了，妈妈就会把冬天的衣服和夏天的衣服进行整理和分类，我们要穿夏天的衣服时，拿起来就比较方便，不用从很多的衣服里面去找，是吧？知识的学习也是一样的，要进行整理，用的时候进行提取。

[设计意图]强调知识整理的重要性，类比家庭整理衣物，贴近学生的生

活经验，突出知识学习的系统性。

（二）趣探：建立模型，迭代结构

1. 谈话引入，唤醒知识。

师：刚才我们讲述多边形中最基本的结构图形……

全班齐答：三角形。

师：回顾一下，从一年级到现在，你还认识过哪些图形？

（学生依次回答正方形、长方形、梯形、平行四边形、菱形、椭圆等）

师：这些是你们认识的图形，我们深入研究过特征的图形有长方形（有4条边）、正方形（有4条边）、平行四边形（有4条边）、梯形（有4条边，至少一组对边平行），还有我们刚学的……

全班齐答：三角形。

2. 多维探究，明晰路径。

（1）想象图形

师：这些图形有什么特征，它们又有怎样的联系呢？接下来我们深入探究。

（通过幻灯片逐步引导学生从点、线段、高、点到直线的距离等概念出发，想象并画出图形）

师：（幻灯片出示一个点）这个叫……

生：小圆点。

师：（幻灯片出示一个点）又有一个……

生：小圆点。

师：两个小圆点之间可以画无数条的……

生：线。

师：在这无数条的线中有一条最短的线，这条最短的线长度就叫做……

全班齐读：两点之间的距离。

师：（幻灯片出示一个点）又出现了一个点，在这个点和这条线段之间也可以画出……

生：无数条的线段。

师：其中有一条线段很特殊。这条线段也有名字，它叫做……

全班齐答：（幻灯片出示）垂线段。

（2）画图形

师：同学们把这个图形"请"到学习单上，想象一下它会是一个什么图形呢？想象是自我学习一个非常重要的方法，先想再画。

学生在学习单上画出想象的图形。

师：嗯，画好了吗？你说要画什么图形，就帮你们画出这个图形。

（3）猜图形

师：现在我们来玩一个小游戏，尝试用语言描述你画的图形，让其他同学猜。看谁的语言表达得最惊艳，同学们能不能猜出你画的是什么图形？

生$_1$：它有三个锐角，你猜是什么？

生$_2$：锐角三角形。

生$_1$：答对了。

师：有没有其他的猜想？

师：有没有可能是其他图形？他说有三个锐角，可是林老师想象它不是一个锐角三角形。我想到了这样一个图形，（老师在黑板上画出图形）它也有三个锐角，你看他讲的图形有三个锐角。好，我这个图形有没有三个锐角？

生：有。

师：那要怎么说呢？只能指向你说的图形，谁有补充？你自己有想法吗？就画的那个图形，她说那个图形有三个锐角，我就画有三个锐角的图形，是不是你画的图形？

生$_1$：不是。

师：可以怎么补充？只能说成是你画的那个图形，自己能不能补充？

生$_1$：不行。

生$_2$：有三条线段围成的一个图形。

师：好，可以。

然后比如说三个锐角。现在我们来看看经过他的补充，我们再想象这个图形由三条线段围成，而这三条线段围成的就是3个……

全班齐答：锐角。

师：围成了一个什么图形？

全班齐答：锐角三角形。

师追问：会不会是林老师画的那个图形呢？

全班齐答：不是。

师：为什么会是这样的呢？

生：因为它只有三条线段。

师：前面那个同学补充了什么？

全班齐答：3条线段。

师：边是不是3条？这位同学讲到了什么？

全班齐答：角。

师：有了边的特征，有了角的特征，这两个我们学习图形、研究图形特征很重要的要素，就准确地描述出一个图形。我们再来试一试，好不好？还有画不同的平面图形的吗？你画的图形是什么？不能说名称，让大家猜。

生$_3$：上下左右互相平行，并且对角相等，猜一种图形。

生$_4$：长方形。

师：他说的是长方形，你同意吗？

（生$_3$摇摇头。）

师追问：为什么不同意？

生$_3$：斜角相等。

师：斜角是对角，他说的是对角相等。长方形可以吗？

生：可以。

师：先来考虑下他说的，你说。

生$_5$：它是平行四边形。

生$_3$：答对了。

师：那奇怪了，刚刚的推导也正确吗？他怎么说的？

生$_5$：他说的这个图形是斜的，不是那种竖的，它不是长方形。

师：他说的斜的角是从什么角度来观察图形的？斜角，不是什么角？

生：直角。

师：好的，能理解吗？你的角是斜角。哦，原来他说的这个图形对边互相平行，斜角相等。后面补充了一句，对角相等。

师：好，那这样子从边和角的角度，我们来思考一个图形的特征，是不是就更准确一些？好的，那这样的图形我们还可以画出什么？长方形。正方形可以吗？

生：正方形不可以。

师：我们还是从边的角度来思考，正方形是四边相等，通过边和角这两个要素准确地描述出一个图形，那这些图形又有怎么样的联系呢？我们继续看。（幻灯片展示）

生：平行四边形……长方形……正方形……梯形……三角形。

生$_1$：第一个图形可以变成长方形，长方形也可以变回原来的第一个图形。

师：这个世界是变化的。

生$_2$：随着边数量的增加或减少，或者说变长、变短，可以改变图形的大小。

师：他说边是变化的，然后图形的形状也变了。谢谢你，还有谁要说？如果你有思考，哪怕跟别人的一样，你也可以说跟谁一样。

师：刚才那个同学说什么？

生：他说边发生变化，图形的形状也发生变化。

师：边不变的时候，图形也发生了变化。那是因为什么？

生：角变了。

师：角发生变化，形状也会随着变化。

（三）趣用：沟通联系，连线成网

师：图形之间有千丝万缕的联系，我们一起来看一看。在多边形家族里面有很多的图形，有……

全班齐答：三角形、四边形。

师：如果我们用一个椭圆来表示，三边形、四边形，还会有……

生：五边形、六边形。

师：多边形是一个大家族，这个大家族里面最小的一个结构是什么图形？

生：三角形。

师：（幻灯展示）四边形、五边形等等。

师：好了，如果我们在四边形里面再画一画，会出现什么？

全班齐答：梯形、长方形、平行四边形……

师：你觉得粉红色的椭圆是什么图形。

生：平行四边形。

师：答对，继续，这个粉红色的里面还有一个方框是什么？

生：长方形。

师：掌声鼓励。

师：长方形这个里面没有什么？

全班齐答：正方形。

师：根据它们之间的关系，你又有了怎么样的感觉？

生$_1$：正方形是特殊的长方形，长方形是特殊的平行四边形，正方形是特殊的平行四边形。你们有不同的意见或补充吗？

生$_2$：梯形是特殊的平行四边形。

师：梯形是特殊的平行四边形，是这个意思吗？其他同学有不同意见或者补充吗？

生$_3$：正方形、长方形、平行四边形、梯形都是四边形。

师：好，他讲的这一句话你们同意吗？

全班齐答：同意。

师：正方形、长方形、平行四边形、梯形它们都是四边形。

师：梯形（师指图）是什么样子的，看懂了吗？从边和角来看它（师指板书），再来看平行四边形（师指图），有相同的地方吗？

生：都有4条边，4个角。

师：对，都有4条边4个角，边有不同的地方吗？

生：梯形上下两条边不相等，平行四边形上下两条边相等。

师：相等改成平行。我理解了，他说梯形，就只有一组对边是平行的，而平行四边形是有两组对边分别平行。

师：它们共同的地方都是……

全班齐答：四边形。

师：当平行四边形去掉一组对边平行的时候它就成了……

全班齐答：梯形。

师：所以我们不能说梯形是特殊的……

全班齐答：平行四边形。

师：梯形属于四边形，不属于……当我们想不起正方形有什么特征的时候，可以想一想长方形、平行四边形有什么样的特征，我们可以根据长方形的特征去推导正方形的特征，因为正方形也是一个特殊的……

全班齐答：平行四边形。

师：它们都属于四边形，就能推导出有 4 条边。领会一下它的作用，当我们对图形产生疑问的时候，我们可以通过这样的一个结构图，把它整合起来，从这个区域里面去找。

师：好的，同学，那现在我们静静地看着这幅图。

[设计意图] 此环节通过回顾知识、根据想象画图形和沟通联系三个步骤，帮助学生巩固了基础知识，构建了图形之间的联系。教师通过引导学生从边和角的角度分析图形特征，培养了学生的逻辑思维能力和空间想象能力。同时，通过讨论梯形与平行四边形的关系，引导学生理解特殊与一般的关系，深化了对图形特征的理解。

（四）趣拓：回顾梳理、拓展延伸

师：好了，同学，回顾一下我们刚才的学习，你有什么收获？

生$_1$：我知道了正方形是特殊的长方形，长方形是特殊的平行四边形。

师：它们的图形有变化是因为什么？

生$_2$：是因为边长，还有角的变化。

生$_3$：各部分都有联系。

师：通过边和角去找出它们之间的联系。

师：同学们，通过刚才研究图形围绕着边和角找到它们之间的联系，这个单元我们重新整理一下，认识了不同的整理方式，如果让你重新整理，你会怎么整理呢？这个问题带回去思考一下，然后重新整一整。

师：我们可以从哪里开始？

全班齐答：边。

师：还可以从哪里？

全班齐答：角。

师：对这个单独的知识进行重新分类和整理，最后老师给大家布置一个作业，看看你能画出哪些不同的图形。

【案例解析】

一、想象启思，构建雏形

教师引导学生通过想象图形，从最基础的点、线、面元素出发。点的移动成线，线的平移成面，此环节激活了学生的空间想象力，为多边形复习构建起思维雏形，开启知识大门。

二、绘图表意，深化认知

随后的画图环节，学生依据对多边形概念的理解动手绘制。这不仅检验了他们对边、角等要素的掌握程度，更在绘制过程中深化了对多边形特征的认知。教师借此机会查漏补缺，精准指导，助力学生夯实基础。

三、猜图添趣，拓展思维

猜图形环节充满趣味与挑战。创设学生依据图形特征的描述进行画图形，这需要灵活运用多边形的各类性质。此活动提升了学生对多边形特征的识别能力和空间想象力，培养学生从空间观念到平面图形的转换思维，拓展了学生的思维广度与深度，培养了他们的逻辑推理和逆向思维能力，让课堂氛围达到高潮。

四、整理归纳，巩固升华

整理和复习多边形知识时，教师组织学生对多边形的知识进行分类和梳理。从边和角这两个关键元素出发，系统探讨和整理，帮助学生将碎片化知识构建成完整体系，实现了知识的巩固与升华，为今后的几何学习筑牢根基。

五、知识关联，构建网络

在复习过程中，教师巧妙地引导学生关联多边形的各个知识点。从边和角的特性出发，探讨三角形、正多边形与普通多边形边的异同，不仅让学生关注边的数量，更深入到边的长度和位置关系，而且在变化中感受到角的变化影响图形。让学生深刻体会到多边形知识之间环环相扣的紧密联系，从而构建起完整的知识网络。

六、学为中心，深度学习

课堂上小组讨论的环节也充分发挥了学生的主体作用，学生们在交流互动中分享各自的见解，碰撞出思维的火花，进一步深化了对多边形的认识。整堂课环节紧凑，循序渐进，充分体现了以学生为中心的教学理念，有效达成了多边形复习课的教学目标。

总的来说，这堂"多边形的整理与复习"课通过紧扣核心概念，以一致性的教学思路引导学生认识多边形，无论是在知识传授、能力培养还是思维提升方面都取得了良好的教学效果，为多边形知识的复习教学提供了一个优秀的范例。

第三节　基于绿趣课堂的单元作业设计研究

《小数的意义和性质》单元整体作业设计

一、单元教学内容

人教版小学数学四年级下册第四单元《小数的意义和性质》共有五部分教学内容，分别是：小数的意义和读写法、小数的性质和大小比较、小数点移动引起小数大小的变化、小数与单位换算、小数的近似数。

纵观教材编排，《小数的意义和性质》是前面知识的发展，又是后续学习的基础。具体如下：

已学相关内容		本单元内容	后续的相关内容		
三上	三下	四下	四下	五上	五下
分数的初步认识	小数的初步认识	小数的意义和性质	小数的加法和减法	小数的乘除法	分数的意义和性质

单元教材内容具体如下：

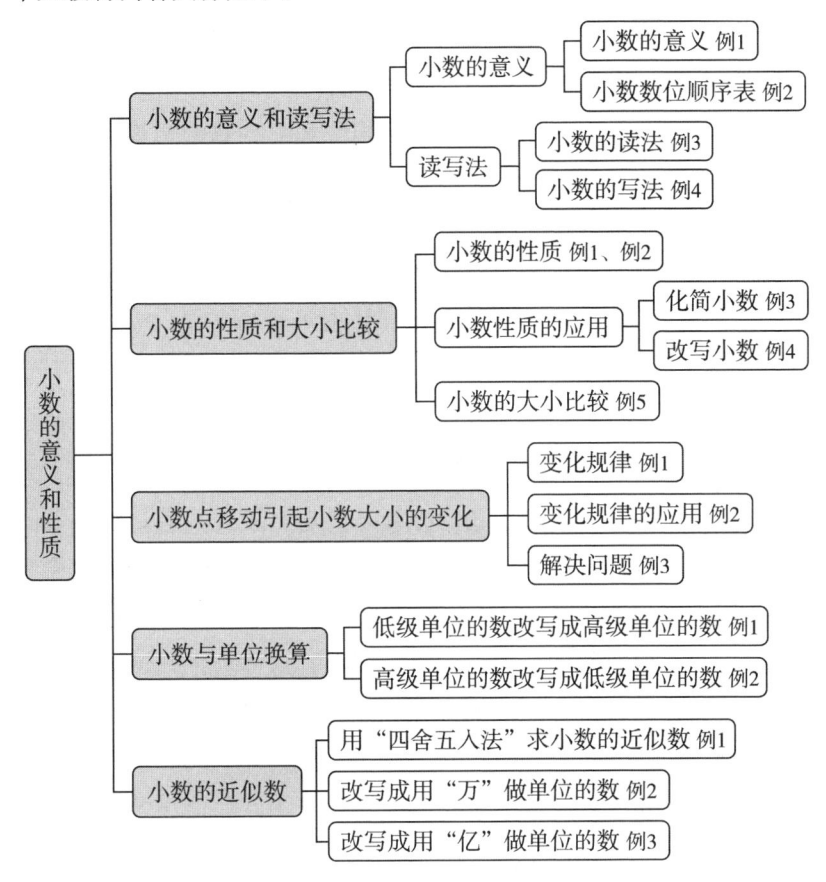

```
                                    ┌─ 小数的意义 ──┬─ 小数的意义 例1
                                    │              └─ 小数数位顺序表 例2
               ┌─ 小数的意义和读写法 ─┤
               │                    └─ 读写法 ─────┬─ 小数的读法 例3
               │                                   └─ 小数的写法 例4
               │
               │                    ┌─ 小数的性质 例1、例2
               │                    │                    ┌─ 化简小数 例3
 小数的意义和性质├─ 小数的性质和大小比较┼─ 小数性质的应用 ─┤
               │                    │                    └─ 改写小数 例4
               │                    └─ 小数的大小比较 例5
               │
               │                                   ┌─ 变化规律 例1
               ├─ 小数点移动引起小数大小的变化 ────┼─ 变化规律的应用 例2
               │                                   └─ 解决问题 例3
               │
               │                    ┌─ 低级单位的数改写成高级单位的数 例1
               ├─ 小数与单位换算 ───┤
               │                    └─ 高级单位的数改写成低级单位的数 例2
               │
               │                    ┌─ 用"四舍五入法"求小数的近似数 例1
               └─ 小数的近似数 ─────┼─ 改写成用"万"做单位的数 例2
                                    └─ 改写成用"亿"做单位的数 例3
```

二、学生学情分析

四年级学生已经有了学习概念的经验，他们在学习自然数、分数的初步认识过程中体会到了概念的学习需要从实际中抽象、辨析、运用。在知识上他们已经初步掌握了分数的基本知识，会根据具体的情境写分数；会读写小数，能结合具体的计量单位说出小数表示的实际含义；会进行简单的一位小数的加减，会比较简单的两位小数的大小；知道米、分米、厘米之间的进率，知道厘米与毫米之间的进率。这些知识都是本单元教学的基础。

三、单元整体教学思路

本单元是在学生学习"分数的初步认识"和"小数的初步认识"的基础上教学的,是学生系统学习小数的开始。从一年级认识人民币,接触价签上的小数到三年级从生活中"元、角、分"的角度引入学习小数,学生已经会以"元"为单位描述价钱,如,一瓶饮料的价格是 4.5 元。通过这部分内容的学习,学生将进一步理解小数的意义,认识小数的性质,为学习小数的运算及进一步学习分数奠定必要的认知基础。

本单元的教学内容比较多,是对小数比较全面而系统的研究。如果不能以明确的核心概念将本单元的教学"统领"起来,学生学起来会有"大珠小珠落玉盘"的感觉——个个都重要,分开来易忘,放在一起易混。下面对该单元从整体的角度进行梳理和分析:"小数的意义和性质"的核心概念是计数单位,我们可以把小数的意义、小数的读写、小数的性质、小数的大小比较、小数与单位换算等内容都和计数单位建立联系,这样就把知识点的罗列转化为一个知识网络,体现了知识间的内在联系,突出了核心概念,并且给核心概念以核心地位。

按上述思路,在该单元每一课时的教学设计中,如何让学生在知识技能的学习过程中,进一步理解数概念的本质,关注知识间的内在联系?如何设计有价值的问题,让学生在解决问题的过程中对计数单位、位值等核心概念在探究中感悟并理解?这些应是需要重点关注的内容。

1. 简化小数意义的叙述。

小数的实质是十进分数的另一种表示形式,其依据是十进制位值原则。但考虑到学生的接受能力,教材淡化十进分数为什么可以依照整数的写法用小数来表示的道理,着重从"小数是十进分数的另一种表示形式"来说明小数的意义,使学生明确"分母是 10、100、1000……的分数可以用小数来表示"。如果学生问为什么十进分数可以用小数表示,教师可以依其理解能力加以说明。

2. 重视对小数意义的理解。

对小数意义的理解要涉及十进分数，由于学生没有系统学习分数的知识，理解起来有一定困难。为此，教材除了在正式教学小数的意义时，借助计量单位（如长度单位）来帮助学生理解，在练习中还安排了很多根据十进制计量单位理解小数的实际意义的练习。如第 36 页第 3 题"用手势比画下面的长度"，第 37 页第 9 题"说一说下面小数的含义"等。

3. 加强小数与生活实际的联系。

小数在实际生活中的应用非常广泛，为了让学生体会这一点，教材在教学内容的设置上注重联系学生的实际生活，增强学生参与学习活动的积极性。如教材第 32 页的测量活动，第 38 页的商品标签，第 40 页的跳远排列名次等内容，这些内容都与学生的生活有着密切联系，学生有一定的生活经验，从而有利于促进学生参与到活动之中。

4. 创设学生自主探索的空间。

本单元一些内容与前面的知识有一定的联系，教材在编排这些内容时，注意给学生创设自主探索的空间。如小数的读、写，学生在三年级下学期初步认识小数时已学习过，这里只是小数的数位增加了，读、写方法没有变。因此，教材先出示一些小数，让学生试着读、写，在读、写过程中进一步明确小数读、写的方法。同时，教材注意提供清晰的探索线索，帮助学生明晰探索思路，使学生的探究活动更具针对性，提高探究效率。如教材第 40 页"小数的大小比较"，通过讨论的形式安排了三个层次的探究提示，体现出"从高位比"的方法和线索，为学生自主探究提供了思维保障。

5. 突出法则、规律等内容的提炼。

在本单元教学中涉及很多法则、规律等知识内容，如小数的读写方法、小数的性质、小数大小比较的方法、小数点移动引起小数大小的变化、小数单位换算、求小数的近似数的方法等。教材在编排时注重引导学生提炼，突出提炼过程和方法的引导。如"小数的近似数"教学，教材采用对话的方式，具体呈现了层次清晰的求小数近似数方法的探索过程，提高学生概括归纳的意识和能力。

四、单元作业目标

1. 使学生理解小数的意义，认识小数的计数单位，会读、写小数，会比较小数的大小。

2. 使学生掌握小数的性质和小数点移动引起小数大小变化的规律。

3. 使学生会进行小数和十进复名数的相互改写。

4. 使学生能够根据要求用"四舍五入法"保留一定的小数位数，求出小数的近似数，并能把较大的数改写成用"万"或"亿"作单位的小数。

5. 使学生进一步提高归纳、概括能力。

6. 设计作业素养提升的选做题等，《义务教育数学课程标准》里提出让不同的学生学习不同的数学，不同的人在数学上得到不同的发展。

五、课时教学要点和作业重点

课时名称	课时教学内容要点	重难点	教学思路	作业重点
《小数的意义》	使学生理解小数的意义，认识小数的计数单位。知道相邻两个计数单位之间的进率是10。	理解小数的意义，知道小数的计数单位及它们之间的进率。	1. 教学时让学生亲身经历测量活动，积累充实的感性认识，加强对小数产生的必要性的认识。2. 通过探究活动使学生知道十分之几的分数可以用一位小数来表示，接着通过知识的迁移使学生知道百分之几、千分之几……的分数可以用两位小数、三位小数……来表示。最后抽	知道小数的意义及小数的计数单位。

续表

课时名称	课时教学内容要点	重难点	教学思路	作业重点
			象概括出小数的意义，锻炼学生的多种能力，突破重难点，同时也渗透小数中相邻两个计数单位间的进率。 3. 通过不同层次的练习设计，让学生在对比练习的过程中不断加深对小数意义的理解，同时有意识地结合生活实际体现知识的应用价值，帮助学生根据小数意义理解生活中常见的小数所表示的含义。	
《小数的数位顺序表》	让学生掌握数位顺序表，理解数位、数值的意义。	认识小数的结构，理解小数的数位顺序表。能准确表示小数各个数位上的数字意义。	1. 先复习整数的计数单位及相邻两个计数单位之间的进率和整数的数位顺序表，将这一知识经验迁移到小数的数位顺序表整理过程中。 2. 通过小数的数位顺序表横向与纵向对比，使学生深刻理解小数的计数单位所表示的含义。	认识和理解小数的数位顺序表，知道小数计数单位表示的含义。

263

续表

课时名称	课时教学内容要点	重难点	教学思路	作业重点
《小数的读写法》	学习小数的读写方法，进一步理解小数数位的含义。	教学重点：理解小数的计数单位，掌握小数的读写方法。教学难点：能熟练、正确地读写小数。	1. 把握关键，使学生理解小数的读写法。2. 突出重点，在对比中提高学生读写小数的正确率。3. 突破难点，辨认有"0"的小数的读写法，进一步理解小数数位的含义。	会读写小数，能处理有"0"的小数的读写法。
《小数的性质（1）》	理解和掌握小数的性质。	教学重点：引领学生经历由具体到抽象的学习过程，积累充分的感性认识。教学难点：引导学生归纳概括小数的性质，抓住核心词"末尾"加深理解。	1. 通过人民币常见的价签形式引出小数性质的教学。2. 借助长度单位初步体会。3. 脱离具体量，借助图示从小数的计数单位间的关系进一步理解。4. 引导学生归纳概括小数的性质，抓住核心词"末尾"加深理解。	对比分析中理解小数的性质。
《小数的性质（2）》	会应用小数的性质将小数化简与改写。	灵活运用小数的性质解决问题；把整数改写成小数时，明确应先在整数个位右	1. 回顾小数性质，明确在什么位置添"0"和去掉"0"，小数的大小不变。2. 讨论应用小数的性质应注意什么，重点突出对"末尾"的	小数性质的应用。

续表

课时名称	课时教学内容要点	重难点	教学思路	作业重点
		下角点上小数点。	理解。 3. 应用小数的性质化简小数。 4. 应用小数的性质改写小数。 5. 小数性质应用的拓展。	
《小数的大小比较》	学习小数的大小比较方法，培养迁移类推能力。	教学重点：探究并概括小数大小比较的一般方法。 教学难点：掌握小数大小比较的方法。	1. 让学生经历比较的过程，理解比较小数大小的方法。 2. 引导思路，体现思维的层次性，提高探究的实效性，使学生深入理解比较的方法。	会比较小数的大小，通过解决生活中的问题深入理解比较的方法。
《小数点移动引起小数大小的变化(1)》	学习小数点移动引起小数大小变化的规律。	理解和掌握小数点移动引起小数大小变化的规律。	1. 观察对比，让学生感受小数点的位置移动了，小数的大小也变化了。 2. 自主探究小数点移动引起小数大小变化的规律。 3. 小结规律。 4. 充分发挥不同题型的作用，综合提高学生的应用意识。 5. 课堂小结，拓展延伸。	能灵活运用小数点移动引起小数大小变化的规律。

续表

课时名称	课时教学内容要点	重难点	教学思路	作业重点
《小数点移动引起小数大小的变化(2)》	主要学习如何运用小数点位置移动引起小数大小变化的规律正确进行计算。	应用小数点位置移动引起小数大小变化的规律解决实际问题。	1. 复习小数点移动引起小数大小变化的规律，明确本节课的学习内容。 2. 引导学生独立探究，经历转化的过程，进一步理解规律。 3. 观察、比较、分析、判断、推理。 4. 运用小数点移动引起小数大小变化的规律进行计算和解决问题。 5. 认真观察、归纳方法。	能灵活运用小数点移动引起小数大小变化的规律进行计算。
《解决问题》	主要学习如何运用小数点移动引起小数大小变化的规律解决简单的实际问题。	应用小数点位置移动引起小数大小变化的规律分析、解决简单的实际问题。	1. 复习小数点移动引起小数大小变化的相关知识。 2. 阅读题目，获取信息。 3. 讨论、交流。 4. 通过小数点移动引起小数大小变化的规律解决简单的实际问题，加深对小数点移动引起小数大小变化规律的理解。 5. 回顾与反思。	能灵活运用小数点移动引起小数大小变化的规律解决简单的实际问题。

续表

课时名称	课时教学内容要点	重难点	教学思路	作业重点
《小数与单位换算（1）》	进一步理解小数的意义；认识单名数和复名数，高级单位和低级单位。	会利用单位间的进率把低级单位的名数改写成高级单位的名数；理解单名数和复名数相互改写的原理。	1. 突出重点，围绕核心教学。设置情境环节，让学生感受不同单位不同形式的数据的混乱性，引导学生观察数据特点，体会改写的必要性。 2. 注重归纳，提升学生的整体认知。启发学生进行归纳，整体建构名数改写的方法。	利用单位间的进率把低级单位的名数改写成高级单位的名数。
《小数与单位换算（2）》	学习利用单位间的进率把高级单位的名数改写成低级单位的名数；进行单位改写的对比，学会区分。	理解和掌握高级单位的名数改写成低级单位的名数的一般方法；能正确进行名数的改写。	1. 给学生更多的探索空间，促进学习经验的迁移。通过小组合作的方式放手让学生试着改写，迁移前面的学习经验，表述自己的想法。 2. 加强板书引领，促进学生归纳提升。在探究的基础上，引领学生概括归纳名数改写的注意事项。	利用单位间的进率把高级单位的名数改写成低级单位的名数。

续表

课时名称	课时教学内容要点	重难点	教学思路	作业重点
《求小数的近似数》	学习求小数的近似数的方法；学会用四舍五入法求小数的近似数。	求一个小数的近似数；能够区别求近似数与改写求准确数的方法。	1. 能根据要求正确地运用"四舍五入法"求一个小数的近似数。 2. 初步了解求一个小数的近似数时表示的精确程度，理解求得一个小数的近似数时，小数末尾的"0"不能去掉。 3. 进一步培养学生运用旧知和类比推理的能力。	求一个小数的近似数。
《把较大数改写成用"万"或"亿"作单位》	主要学习改写成用万或亿作单位的数的方法；应用移动小数点位置的方法。	能够应用移动小数点位置的方法，把较大的数改写成用万或亿作单位的小数。改写过程中注意计数单位及单位名称。	1. 掌握把一个较大数改写成用万或亿作单位的数的方法，以及根据要求保留一定的小数位数。 2. 通过探索，增进学生对数学的理解。 3. 在数学活动中获得成功的体验，养成独立思考和探究问题的意识、习惯。	根据要求保留一定的小数位数。
《整理和复习》(1)(2)	针对小数的意义和性质进行系统的整理和复习，让学生在梳理知识的同时提高综	将知识系统整理构建，提高学生归纳总结能力。	1. 引导学生对四部分内容进行系统整理，需要有整体的构想和设计。 (1) 通过第一板块	1. 通过对知识间关系的梳理，将知识串点成线，织网成体，使

268

续表

课时名称	课时教学内容要点	重难点	教学思路	作业重点
	合运用能力。		"小数的意义"的整理，形成基本的整理模式。 (2) 引导学生利用整理模式进行另外三个板块的整理。 2. 通过讨论归纳，鼓励学生用数学语言进行规范总结。	知识结构化、系统化。 2. 提高学生综合应用能力。

六、单元课时作业设计

___月___日　建议用时 15 分钟　　真棒□　进步□　加油□

第 1 课时　小数的意义

素养练功房

1. 连一连，把能配成一副的手套连起来。

$\dfrac{13}{100}$　　$\dfrac{13}{1000}$　　$\dfrac{7}{1000}$　　$\dfrac{7}{10}$

0.013　　0.13　　0.007　　0.7

2. 写一写，用分数和小数分别表示出下面各图中的涂色部分。

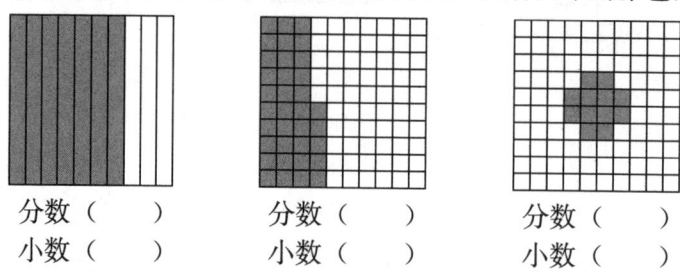

分数（   ）   分数（   ）   分数（   ）
小数（   ）   小数（   ）   小数（   ）

3. 填一填。

(1) 小数的计数单位是十分之一、（   ）、（   ）……分别写作（   ）、（   ）、（   ）……

(2) 8 厘米写成分数是（   ）米，写成小数是（   ）米。

4. 选一选。

2022 年 2 月 4 日冬奥会在北京举行，中国选手谷爱凌最终以 188.25 分夺得冬奥会自由式滑雪女子大跳台的金牌，这个两位小数的计数单位是（   ）。

A. 十分之一   B. 百分之一   C. 千分之一   D. 万分之一

5. 用自己喜欢的方式表示出 0.7。

素养提升间

6. 合合和欢欢在画线段，谁画得长？请说明理由。

我画了10厘米。   我画了0.2米。

___月___日 建议用时15分钟

第2课时 小数的数位顺序表

素养练功房

1. 填一填。

(1) 把下面的表格填写完整。

数位	整数部分				小数点	小数部分		
数位	……	万位	千位	十位	.	百分位	万分位	……
计数单位	……	万	百	一(个)		十分之一	千分之一	……

a. 相邻两个计数单位之间的进率是（　　）。

b. 整数部分的最低位是（　　），小数部分的最高位是（　　），小数部分没有（　　）位。

c. 小数点右边第三位是（　　），它的计数单位是（　　）。

(2) 8.29 里面有（　　）个一，（　　）个十分之一和（　　）个百分之一。

(3) 一个数的十位数和十分位上都是 5，千分位上是 7，其他数位上的数都是 0，这个数是（　　）。

(4) 2.3 的计数单位是（　　），它有（　　）个这样的计数单位。

2. 选一选。

(1) 0.7 和 0.8 之间有（　　）个小数。

A. 1　　　　B. 9　　　　C. 10　　　　D. 无数

(2) 翔安大桥全长 12.3 千米，预计今年 9 月份通车，在这个小数中"3"所占数位的计数单位是（　　）。

A. 千分之一　　B. 百分之一　　C. 十分之一　　D. 0

(3) 与 3.82 计数单位相同的的小数是（　　）。

A. 0.2　　　　B. 7.85　　　　C. 0.9　　　　D. 0.002

3. 在 □ 里填上合适的小数。

0　　1　　2　　3　　4　　5

4. 写出下面各数中"8"表示的意思。

(1) 80.04　　(2) 5.48　　(3) 0.83　　(4) 0.008

素养提升间

5. 用3、9、5、0这几数字和小数点写出下面各数。

　　a. 大于9且小数部分是三位的小数：
（　　　　　　　　　）

　　b. 小于1且千分位上是5的三位小数：
（　　　　　　　　　）

每个数字都要用上并且只能用一次哦！

___月___日　建议用时15分钟　真棒□　进步□　加油□

第3课时　小数的读法和写法

素养练功房

1. 读出下面横线上的数。

(1) 在冬奥会的单板U形池比赛中，一名运动员的最终得分是 <u>89.5</u> 分。

读作：_____。

(2) 我国发射的长征五号B运载火箭箭体长度约为 <u>53.7</u> 米。

读作：_____。

(3) 土星绕太阳一周约是 <u>29.5</u> 年。

读作：_____。

(4) 月球的平均公转速度约为 <u>1.023</u> 千米/秒。　　读作：_____。

2. 写出下面横线上的数。

(1) 北京冬奥会自由式滑雪女子大跳台决赛，谷爱凌以总分<u>一百八十八点二五</u>分获得冬奥会历史上首枚自由式滑雪女子大跳台金牌。

写作：_____。

(2) 国家体育场（鸟巢）建筑面积为<u>二十五点八</u>平方米。

写作：_____。

(3) 北京故宫太和殿连同台基通高<u>三十五点零五</u>米。

写作：_____。

(4) 人的上半身与下半身之比约是<u>零点六一八</u>时最美。

写作：_____。

3. 选一选，将正确答案的序号填在括号里。

(1) 下面各数中，读出两个零的是（　　）。

A. 0.6007　　B. 60.077　　C. 600.77　　D. 6007.07

(2) 下面各数中，只写一个"0"的是（　　）。

A. 五百点七　　B. 五十点零七　　C. 五点零七　　D. 零点五零七

(3) 用1、3、0、9和小数点组成的一个零都不读的两位小数可能是（　　）。

A. 0.139　　B. 10.39　　C. 13.90　　D. 130.9

素养提升间

4. 合合和欢欢进行闯关挑战：用0、0、5、8和小数点，按下面要求各写出一个小数。（每个数字都要用上并且只能用一次）你能帮帮她们吗？

整数部分是0的三位小数	只读一个零的两位小数	一个零都不读的一位小数

5. 合合在读一个小数时，没有看到小数点，读成九百二十三万零五，读原来的小数需要读出两个零，你知道原来的小数是多少吗？请你写出来，再读一读。

这个小数是（　　　　　　），读作（　　　　　　　）。

273

第4课时 小数的性质（1）

素养练功房

1. 涂一涂、比一比，并说说你的发现。

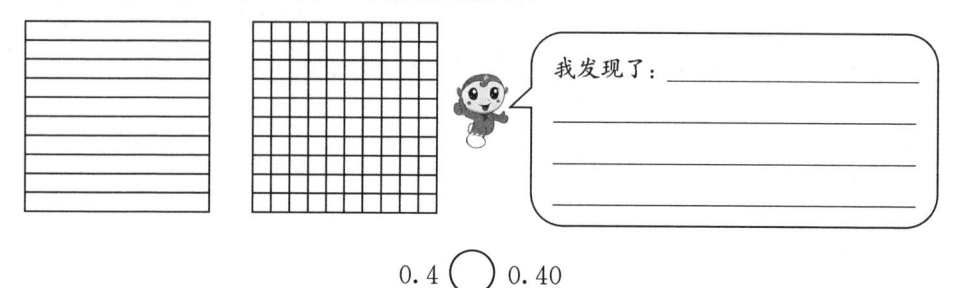

我发现了：_____

0.4 ○ 0.40

2. 比较 0.6、0.60 与 0.600，它们（　　）。

　A. 大小相同，计数单位相同　　B. 大小不同，计数单位相同

　C. 大小相同，计数单位不同　　D. 大小不同，计数单位不同

3. 下列说法正确的是（　　）。

　A. 小数点后面添上"0"或去掉"0"，小数的大小不变

　B. 因为 0.5＝0.500，所以 0.5 和 0.500 的意义相同

　C. 把 900 末尾的"0"去掉，数的大小不变

　D. 应用小数的性质，可以根据需要改写小数

素养提升间

4. 填一填。

（1）厦门全国首条、世界最长的空中自行车道——厦门云顶路自行车专用道示范段，全长约 7.600 km，此长度用的是（　　）位小数表示，计数单位是（　　），化简后的长度是（　　）km，这时的计数单位是（　　）。

（2）在厦门，市民足不出户轻点手机，"菜篮子"很快就能便利地送上门来。以下是朴朴超市特选商品，请为它们添加价格标签。（以元为单位，用两位小数表示）

4元5角 　　　31元　　　　10元9角9分　　　9角

___月___日 建议用时15分钟

第5课时　小数的性质（2）

素养练功房

1. 找朋友。

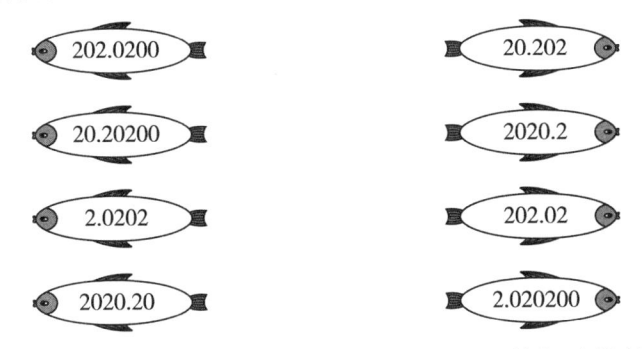

202.0200　　　　20.202

20.20200　　　　2020.2

2.0202　　　　　202.02

2020.20　　　　　2.020200

2. 在 0.04、0.040 和 0.004 三个小数中，大小相等但计数单位不相同的两个小数是（　　）；计数单位相同但大小不相等的两个小数是（　　）。

A. 0.04 和 0.040　　　　B. 0.04 和 0.004
C. 0.040 和 0.004　　　D. 无法确定

3. 新学期，舫山小学课后延时服务推出"益智数学"课程——"4×4 数字华容道"。以下是部分学生完成复原时间。不改变数的大小，下面每个数中的哪些"0"可以去掉，哪些"0"不能去掉？在可以去掉"0"的下面画"△"。

14.10秒　40.00秒　1.03分　60.40秒　0.55分　0.30分

275

4. 素有"海上花园"之称的鼓浪屿位于厦门岛西南隅，与厦门岛只隔一条宽 600 米的鹭江，轮渡 5 分钟可达，面积 1.87 平方公里，常住人口约 1.6 万人，为厦门市辖区。鼓浪屿【成人票】五大景点联票 90 元，包含皓月园、菽庄花园、国际刻字艺术馆、日光岩、风琴博物馆等五个景点。

> 不改变数的大小，上面的数（横线部分）如果在末尾添上"0"，哪些数的大小不变？为什么？

答：_____

_____。

素养提升间

5. 用 7、7、0、0 和小数点"."组数，写出符合要求的小数。

（1）可以去掉一个"0"而不改变大小的小数：_____。

（2）可以去掉两个"0"而不改变大小的小数：_____。

（3）一个"0"都不能去掉的小数：_____。

___月___日 建议用时15分钟   真棒☐ 进步☐ 加油☐

第6课时　小数的大小比较

素养练功房

1. 写小数，比大小。

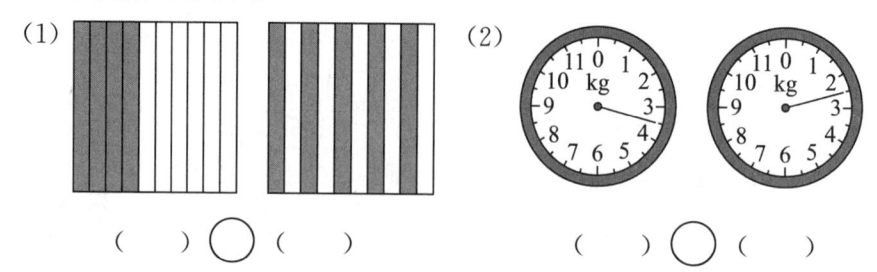

(1) （　）○（　）

(2) （　）○（　）

2. 先在直线上表示出下面各数，再比较它们的大小。

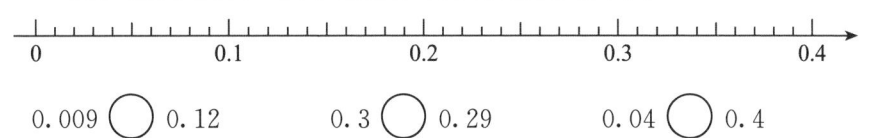

```
0────┼────0.1────┼────0.2────┼────0.3────┼────0.4→
```

0.009 ◯ 0.12　　　　0.3 ◯ 0.29　　　　0.04 ◯ 0.4

3. 欢欢调查了 4 种富钙食品每 100g 中的含钙量。

食品名称	木耳	芝麻酱	牛奶	山楂
钙含量/g	0.259	1.170	0.135	0.162

(1) 你能帮欢欢把表格中的小数从大到小排列吗？
　　（　　　）＞（　　　）＞（　　　）＞（　　　）

(2) 你能帮欢欢选择表格中合适的小数填入下列括号中吗？
　　1＞（　　　）＞0.2＞（　　　）＞（　　　）＞0.1

4. 健康学家把 10 岁儿童的体重分成了四种类型：标准、超重、肥胖和偏瘦，其中最胖的类型为肥胖。

(1) 下面的数据各对应一种不同的类型，请你把表格补充完整。

体重类型				
体重/kg	27.93	33.74	41.31	51.38

(2) 如果合合的体重是 51.5 kg，他的体重属于哪种类型？

素养提升间

5. 请你帮助合合解决下面的问题。

　　　　□.□9

(1) 使这个两位小数最大，这个小数是（　　　）。

(2) 使这个两位小数最小，这个小数是（　　　）。

(3) 使这个两位小数最接近 1，这个小数是（　　　）。

第7课时 小数点移动引起小数大小的变化（1）

素养练功房

1. 去掉 3.06 的小数点后，与原数相比，（ ）。

   A. 大小不变　　B. 扩大 100 倍　　C. 扩大 10 倍　　D. 缩小 $\dfrac{1}{100}$

2. 把 5.305 的小数点（ ）得到 0.5305。

   A. 向右移动一位　　　　　B. 向右移动两位
   C. 向左移动一位　　　　　D. 向左移动两位

3. 6.02 的小数点先向右移动两位，再向左移动三位，得到的数是（ ）。

   A. 0.0602　　B. 0.602　　C. 6.02　　D. 60.2

4. 算一算。

   3.72×10＝　　0.06×100＝　　536÷10＝　　265÷100＝

   4.05×100＝　　1.37×1000＝　　6.03÷10＝　　620÷1000＝

5. 合合买一支铅笔花了 0.56 元，买 10 支铅笔需要多少钱？买 100 支呢？

6. 一个小数的小数点向左移动两位后，再向右移动三位，得到 7.09。这个数原来是多少？

素养提升间

7. 甲、乙两数的差是 279，若把甲数的小数点向左移动一位，则两数相等。甲、乙两数各是多少？

___月___日 建议用时15分钟

第8课时 小数点移动引起小数大小的变化（2）

素养练功房

1. 把 3.59 扩大到原来的 100 倍，得到的数是（　　）。
 A. 0.0359 B. 0.359 C. 35.9 D. 359

2. 0.3 的计数单位是 0.60 计数单位的（　　）倍。
 A. 1 B. 10 C. 100 D. 1000

3. 在 7.2 末尾添上两个"0"，然后去掉小数点，这个数就（　　）。
 A. 扩大到原来的 10 倍   B. 扩大到原来的 100 倍
 C. 扩大到原来的 1000 倍   D. 扩大到原来的 10000 倍

4. 将 8.15 的小数点去掉，这个数就扩大到原来的（　　），将 8.15 的小数点向左移动两位，得到的数是（　　）。

5. 某种植物 1 千克含油 0.08 千克，100 千克这样的植物含油（　　）千克，1000 千克这样的植物含油（　　）千克。

6. 为疫情防控需要，舫山小学准备配制一些消毒液，如果 10 g 消毒原液能配置 1000 g 消毒液，那么 1 kg 消毒原液能配制多少千克消毒液？

素养提升间

7. 厦门翔安香山的生态保护得非常好，香山种植了许多花草，其中有一块长方形花圃，将其各边缩小到原来的 $\frac{1}{1000}$ 后画在纸上，如下图所示。请你算出这块花圃的实际面积是多少平方米？

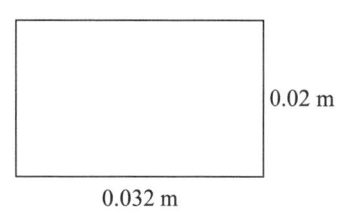

0.02 m

0.032 m

___月___日 建议用时15分钟

第9课时 解决问题

素养练功房

1. 两个数的商是0.35，如果被除数扩大到原来的100倍，那么商是（　　）
A. 0.035　　B. 3.5　　C. 35　　D. 350

2. 两个数相乘的积是0.92，如果两个因数都扩大到原来的10倍，那么现在的积是（　　）。
A. 0.92　　B. 9.2　　C. 92　　D. 920

3. 10千克海水含盐0.3千克，1吨海水含盐（　　）千克。
A. 3　　B. 30　　C. 300　　D. 3000

4. 李叔叔家的小车行驶100千米耗油7.3升，那么行驶1000千米，耗油量是多少？

5. 某工厂生产了一批零件，这批零件有10000个，经抽查每100个中达到一等品的有96个，这批零件中大约有多少个一等品？

6. 每100 g小麦能加工82 g面粉，照这样计算，10 kg小麦能加工多少千克面粉？1 t呢？

素养提升间

7. 一个数的小数点向右移动一位后，比原数大63，在不改变数的大小的情况下，将原来的数改写成计数单位为0.001的数，改写后的数是多少？

___月___日 建议用时15分钟

第10课时 小数与单位换算（1）

素养练功房

1. 填一填。

> 厦门老院子企鹅网红世界拥有厦门第一家活体企鹅展览馆"冰雪企鹅城"；企鹅以海洋浮游动物，主要是南极磷虾为食，有时也捕食一些腕足类动物、乌贼和小鱼。企鹅的胃口不错，每只企鹅每天平均能吃750 g食物，主要是南极磷虾。

(1) 750 g＝（　　　）kg

> 把低级单位的数改写成高级单位的数，要（　　）进率，只要把750的小数点向（　　）移动（　　）位。

> 北极熊是熊科熊属的一种动物，是世界上最大的陆地食肉动物。肩高可达1.6米。一头成年北极熊雄性体重约0.72 t，头体长约2.3米。

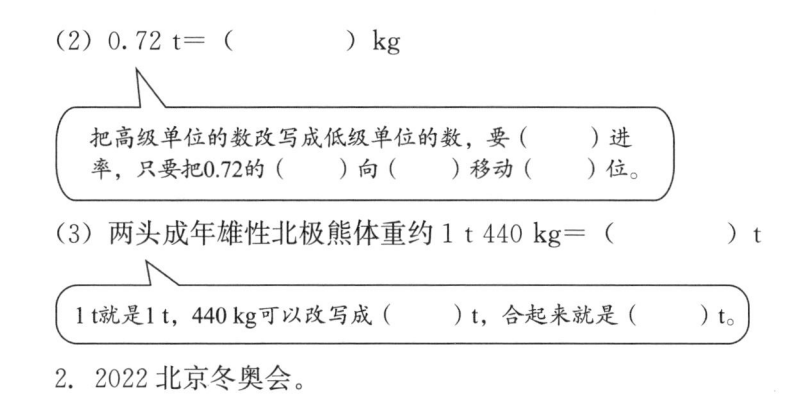

(2) 0.72 t＝（　　　）kg

> 把高级单位的数改写成低级单位的数，要（　　）进率，只要把0.72的（　　）向（　　）移动（　　）位。

(3) 两头成年雄性北极熊体重约1 t 440 kg＝（　　　）t

> 1 t就是1 t，440 kg可以改写成（　　）t，合起来就是（　　）t。

2. 2022北京冬奥会。

(1) 国家越野滑雪中心位于太子城区域东南侧山谷，滑雪赛道总长9千米700米，分为东侧山谷和南侧山谷的训练赛道。

9 千米 700 米＝（　　　）千米

（2）首钢滑雪大跳台的造型设计的灵感来自跳台竞赛剖面曲线与敦煌"飞天"飘带形象的契合，总高度 60.5 米，长约 0.164 千米，主体结构用钢量 4100 吨。

60.5 米＝（　　　）厘米　　　0.164 千米＝（　　　）米

3. 下面是小学生（6～12 岁）平均每天选择食物的参考量统计表。

种类	谷类及薯类	动物性食物	豆类及豆制品	蔬菜和水果	烹调油
参考量（g）	375	250	75	325	15～25

一名 10 岁的小学生 100 天需摄取谷类及薯类多少克？合多少千克？

素养提升间

4. 舫山小学的教室走廊准备布置"班级文化墙"，需要重新装修，一个班级的墙面，每行有 15 块瓷砖，每列有 8 块瓷砖。每块瓷砖长 30 cm，宽 20 cm，这面墙的面积是多少平方米？

第 11 课时　小数与单位换算（2）

素养练功房

1. 在括号里填上合适的单位使等式成立。

902（　　）＝9.02（　　）　　　5470（　　）＝5.47（　　）

60（　　）＝6（　　）＝0.6（　　）

2. 谁说得对。(对的打"√",错的打"×")

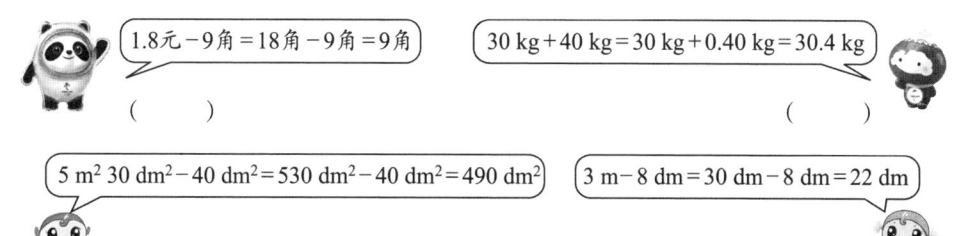

1.8元－9角＝18角－9角＝9角
( )

30 kg＋40 kg＝30 kg＋0.40 kg＝30.4 kg
( )

5 m² 30 dm²－40 dm²＝530 dm²－40 dm²＝490 dm²
( )

3 m－8 dm＝30 dm－8 dm＝22 dm
( )

3. 选择。

（1）把 2.39 的小数点先向左移动两位,再向右移动两位后,这个数( )。

A. 大小不变　　　　　　　　B. 缩小到原数的 $\frac{1}{10}$

C. 扩大到原数的 10 倍　　　D. 扩大到原数的 100 倍

（2）《铁路旅客运输规程》规定儿童身高超过 1.5 m 时,乘坐动车应购买全价票。按照此规定,( )应购买全价票。

小东 1.48 m　　小花 1 m 43 cm　　小丽 145 cm　　小西 15.4 dm

A. 小东　　　B. 小花　　　C. 小丽　　　D. 小西

4. 每年的 4 月 7 日是世界无烟日,大家都知道吸烟有害健康,如果烟民们每人每天少吸 1 支烟,一年大约可以减排二氧化碳 0.38 kg。照这样计算,10000 名烟民每人每天少吸 1 支烟,一年大约可以减排二氧化碳多少吨?

素养提升间

5. 欢欢家有一张折叠式餐桌,折叠时桌面长 90 cm,宽 70 cm。展开时桌面的长不变,宽增加 40 cm。展开时桌面的面积是多少平方厘米?合多少平方分米?合多少平方米?

___月___日　建议用时15分钟

第12课时　求小数的近似数

素养练功房

一、填空。

1. 写出近似数。（保留一位小数）

厦门大桥全长6.695 km，约是（　　）km

翔安隧道跨海全长6.05 km，约是（　　）km

厦门环岛路全长43.078 km，约是（　　）km

2. 0.982保留一位小数是（　　），保留后小数末尾的"0"（　　）（选填"能"或者"不能"）去掉。

二、选择。

3. "人民至上、生命至上"——抗击世纪疫情彰显"中国之治"优势。在疫情来袭之时，全国上下同心，以最小代价、最快速度扑灭疫情，截至目前，我国已累计治愈13.1173万人，保留两位小数是（　　）万人。

A. 13.11　　B. 13.12　　C. 13.117　　D. 13.120

4. 3.050中去掉（　　）上的"0"，它的大小不变。

A. 十分位　　B. 千分位　　C. 十分位和千分位　　D. 无法判断

三、解答。

5. 合合参加体检时，量得身高是1.249 m，体重是29.86 kg，他的身高精确到百分位是多少米？体重精确到十分位是多少千克？

素养提升间

6. 一个三位小数的近似数是5.80，这个三位小数最大是多少？最小是多少？

___月___日 建议用时15分钟 真棒□ 进步□ 加油□

第13课时 把较大数改写成用"万"或"亿"作单位的数

素养练功房

一、填空。

1. 填一填。

厦门云顶山海拔1175米，是（　　）万米。

地球和火星的平均距离约为225000000千米，是（　　）亿千米。

冬奥会场地建筑面积258000平方米，是（　　）万平方米。

2. 235640改写成用"万"做单位的数是（　　），将改写后的数保留两位小数是（　　），保留整数是（　　）。

二、选择。

3. 远古时，厦门为白鹭栖息之地，故又称"鹭岛"。至今，厦门仍有各种鹭类约2.2万只，下面的数据中，（　　）不可能是各种鹭类的数量。

A. 22153　　　B. 21998　　　C. 22065　　　D. 21056

4. 25亿≈25□5000000，□里可以填（　　）。

A. 0　　　B. 0~9　　　C. 0~4　　　D. 5~9

三、解答。

5. 一块长方形水田的长和宽分别是65 m和46 m，这块水田的面积是多少公顷？（结果保留两位小数）

素养提升间

6. 用8、6、5、0和小数点组成不同的小数，四舍五入后，近似数是6的小数有哪些？近似数是1的小数有哪些？（每个数字都要用上且只能用一次）

第14课时 整理和复习（1）

素养练功房

1. 填空。

《三国演义》中关羽身高九尺，换算成现在身高大约是 2.16 m；张飞身高八尺，换算成现在身高大约是 192 cm。某地建有一座关羽雕像，重约 2.32 吨。一本《三国演义》售价是由 2 个十、8 个十分之一和 5 个百分之一元组成的数。

(1) 2.32 的计数单位是（　　　　），它有（　　）个这样的计数单位；不改变数的大小，把它改写成三位小数是（　　　　）。

(2) 因为 2.16 m 〇 192 cm，所以（　　　　）的身高更高一些。

(3) 书店里一本《三国演义》的售价是（　　　）元，这个小数读作（　　　　　）；买 100 本《三国演义》需（　　　）元。

2. 选择。

(1) 下面各数中的"2"表示 2 个 $\frac{1}{10}$ 的是（　　）。

A. 20.6　　　B. 5.32　　　C. 0.29　　　D. 2.34

(2) 大于 0.891 而小于 0.893 的小数共有（　　）个。

A. 1　　　　B. 2　　　　C. 无数　　　D. 无法确定

(3) 下面关于小数中"0"的说法正确的是（　　）。

A. 20.20 中的两个"0"都要读

B. 在 7.25 的末尾再添一个"0"，它就扩大到原来的 10 倍

C. 33.896 保留两位小数时，末尾的"0"不可以去掉

D. 18.5 和 18.50 的计数单位相同

素养提升间

3. 在北京 2022 年冬奥会短道速滑男子 1000 m 比赛中，3 名中国运动员

的成绩如下，其中李文龙和武大靖的成绩被遮住了一部分。

成绩/秒	李文龙	任子威	武大靖
	1分29.●17	1分26.768	1分4●.937

（1）从表中可以直接判断出（　　　　　）的成绩排第（　　），说说你的理由：_____。

（2）如果李文龙排第二，那么他的成绩可能是（　　　　）秒。

___月___日 建议用时15分钟

第15课时　整理和复习（2）

素养练功房

1. 填空。

（1）0.☐8元＞28分，☐里可以填（　　）。

（2）2.35 t＝（　　）t（　　）kg　　2公顷500平方米＝（　　）公顷

（3）保留两位小数：314660≈（　　）万　　480650000≈（　　）亿

2. 选择。

（1）用"四舍五入"法取近似数，要使29.9☐8≈30.0，☐里有（　　）种填法。

A. 1　　　　　B. 4　　　　　C. 5　　　　　D. 9

（2）把一个小数的小数点先向左移动三位，再向右移动一位，这个小数（　　）。

A. 大小不变　　　　　　　　B. 缩小到原来的 $\frac{1}{10}$

C. 缩小到原来的 $\frac{1}{100}$　　　　D. 扩大到原来的100倍

(3) 找出下面各题错误的原因，并把相应的序号填在（　）里。

A. 用错"四舍五入"法

B. 精确度不对

C. 改写后没有写"亿"字

①3.95 保留一位小数是 4。　　　　　　　　　　　　　（　）

②7.38 精确到十分位是 7.3。　　　　　　　　　　　　（　）

③把 73990000 改写成用"亿"作单位的两位数约是 0.74。（　）

④9.499 精确到十分位是 10.0。　　　　　　　　　　　（　）

素养提升间

3. "冰墩墩"是北京冬奥会吉祥物，深受群众喜爱。新春特别版冰墩墩高度约 23 cm，重量约 0.2 kg。照这样计算，1000 个新春特别版冰墩墩重量约多少 kg？

4. 把一个小数小数点向右移动两位后，比原来的数大 297。求原来的数。

《简易方程》单元整体作业设计

一、单元教学内容

人教版小学数学五年级上册第五单元《简易方程》共有六部分教学内容，分别是：用字母表示数、解简易方程、方程的意义、等式的性质、解方程、实际问题与方程。这一单元的教学内容在学生的数学学习中起着承上启下的重要作用，既是对之前所学的数与代数知识的巩固和深化，也是后续学习代数方程、函数等知识的基础。

单元教材内容具体如下：

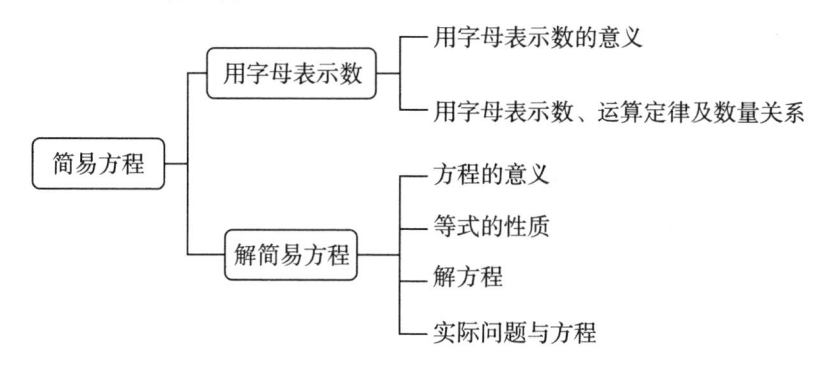

```
                    ┌─ 用字母表示数的意义
        ┌─ 用字母表示数 ─┤
        │           └─ 用字母表示数、运算定律及数量关系
简易方程 ─┤
        │           ┌─ 方程的意义
        └─ 解简易方程 ─┤ 等式的性质
                    │ 解方程
                    └─ 实际问题与方程
```

二、学生学情分析

在小学五年级之前，学生已经掌握了基础的算术运算，包括加减乘除。他们也已经学习了简单的代数表达式，如用符号表示未知数，进行基本的数学运算等。在几何方面，学生已经了解了正方形、长方形等基本图形的面积和周长计算公式。通过之前的学习，学生已经具备了一定的逻辑思维能力和问题解决能力，能够进行一些简单的数学推理。这些知识都是本单元教学的基础。

三、单元整体教学思路

本单元的主要学习内容是用字母表示数和解简易方程以及简易方程在解决一些实际问题中的运用，这三大板块内容紧密结合，螺旋上升，在第一板块中加强用含有字母的式子表示数量关系的教学，为第三板块学习列方程解决实际问题奠定了更为坚实的基础。而中间板块解方程单独编排，并且解方程的类型更全面，分散难点。体现建立模型，解释应用的过程。

1. 重视用字母表示数量关系的教学。

符号化思想是重要的数学思想，在小学低年级教材就有了符号化思想的渗透，学生在日常生活和前面的学习中已经接触到了用字母表示数，学习了用符号表示一个特定的数、用字母表示运算定律等、用代数式表示数量关系，即根据数量关系的陈述写出代数式，这是进一步学习代数知识的基本技能。对小学生来说，受以往学习习惯、思维方式的影响起初会有一些困惑。教学中要加强用字母表示数的教学，努力转变学生的算术思维，为后面学习列方程解决实际问题作准备。

2. 感受利用等式性质解方程的优势。

利用等式的基本性质，并以此为基础导出解方程的方法。这不仅有利于改善和加强与中学数学教学的衔接，而且有利于学生代数思维习惯的培养。以等式性质作为解简易方程的依据后，利用等式基本性质解方程的优越性便显现出来了。例如，解形如 $x\pm a=b$ 的方程，都可以归结为，等式两边减去与加上 a，得 $x=b-a$ 与 $x=b+a$；解形如 $ax=b$ 与 $x\div a=b$ 的方程，都可以归结为，等式两边除以与乘上 a，得 $x=b\div a$ 与 $x=ab$。这样解方程显然比原来依据逆运算关系解方程思路更为统一。

3. 加强列方程解决实际问题的教学。

纵观小学全套教材，在五年级这一单元解决问题安排的例题最多，共有 5 题。这样集中编排其意图可想而知，这些题目如果用算术方法解答，都需要逆向思维，转变是比较难的，这就要老师突出对等量关系的分析，重视数学与现实世界的联系，从现实世界中引出方程，充分借助实物直观、几何直观，发挥数形结合的优势，由实际问题引入前面没有出现过的方程，深切感悟方程的实质、等价思想和建模思想，切实加强数学应用意识的培养。

四、单元作业目标

1. 认识用字母表示数的作用，会用字母表示学过的运算定律、计算公式、常见的数量关系，会求含有字母的值。

2. 理解方程的作用，方程的基本性质，掌握用等式的性质解简易方程。

3. 会画图分析简单的数量关系，综合运用所学知识列方程解决简单的实际问题。

4. 渗透符号化思想、方程思想、代数思想。

5. 设计作业超市、选做题等，让不同的学生学习不同的数学，践行《义务教育教学课程标准》里提出的让"不同的人在教学上得到不同的发展"的理念。

五、课时教学要点和作业重点

结合《课程标准》《教师教学用书》及相关资料，根据学情和教材中本单元的编排要点，进一步细化课时教学要点。

课时名称	课时教学内容要点	重难点	教学思路	作业重点
《用字母表示数》（例1）	通过列表举例子，抽象出用含有字母的式子表示数或数量关系用字母表示数（两个数量之间的加减关系）	理解用字母表示数的意义和作用	通过提供给学生大量的感性材料理解含有字母式子的意义，让学生理解含有字母的式子的意义，从中体会它的优越性。	能用只含有一个运算符号和字母表示数。
用字母表示数（例2）	通过列表举例子，抽象出用含有字母的式子表示数或数量关系（两个数量之间的乘除关系）	掌握含有字母的乘法式子的简写	采用由个别到一般的归纳思路，先列出用具体的数表示的式子，然后直接提出用含字母的式子表示一般情况的问题；并结合做一做让生获得较完整的亲身体验。	用字母表示只有一步的乘除的数量关系。
用字母表示数（例3）	1. 采用填表形式让学生回忆所学运算定律，同时介绍字母相乘的书写，让学生体会用字母表示的优点。 2. 以正方形为例，用字母表示出周长和面积并引出平	能用字母表示运算定律和公式，并能根据字母公式求值；理解一个数的平方的含义。	在运算定律这一单元中，学生已经初步掌握了加法运算律和乘法运算律的运用。通过调查发现学生对加法运算律掌握较好，而对乘法运算律掌握有所欠缺，特别是乘法对加法的分配律运用有些困难。学生对运算律在数系中的扩	能用字母表示运算定律和公式，并能根据字母公式求值。

291

续表

课时名称	课时教学内容要点	重难点	教学思路	作业重点
	方，让学生仿照样例，代入公式求值。		充了解不多。学生掌握知识是零乱的，不系统的，没有整体感知。为此，在教学中，教师应引导学生回顾整理知识，形成知识网络体系。学生整理知识的过程应放在小组活动之中，发挥集体的智慧和力量。学生整理的方式和形式可能会有很多，教师不应当把学生框住，而是应鼓励学生只要合理有效便可以。并通过分类比较进一步弄清各运算律及运算性质之间的关系，以形成更为清醒的认识。	
用字母表示数（例4）	放手让学生自己解决问题，即出示问题情景，让学生思考自己解决问题，关键是引导学生找出 x 的取值范围。	能熟练地用字母表示简单的数量关系解决实际问题；理解应用题的意图和思路。	用含有字母的式子表示题目中较复杂的数量关系时，应先让学生弄清题目中的数量关系是什么，再用含有字母的式子表示出来。	能熟练地用字母表示简单的数量关系解决实际问题。
用字母表示数（例5）	1. 在实际情境中理解用字母表示数的意义，会用含有字母的式子表示复杂的数量关系。 2. 在探索数量关	1. 重点：理解用字母表示数的意义，会用含有字母的式子表示复杂	1. 铺垫：先给出复习题，让学生列综合算式。 2. 出示例题，启发学生根据乘法分配律计算。 3. 适当拓展例题内涵，将例5的式子改成：$4x$	1. 会用字母表示实际情境中的复杂数量关系。 2. 能运用

续表

课时名称	课时教学内容要点	重难点	教学思路	作业重点
	系的过程中，体会用字母表示数的优点，感受数学的简洁美。 3. 渗透代数思想，培养符号意识，提高概括能力。	的数量关系。 2. 难点：会用字母表示应用题中的复杂数量关系。	$-3x$。 让学生说说它的含义，再说出化简的结果。	乘法分配律进行化简。
方程的意义	1. 理解和掌握等式与方程的意义，明确方程与等式的关系。 2. 感受方程与生活的密切联系，发展抽象思维能力和符号意识。	1. 重点：理解和掌握方程的意义。 2. 难点：明白方程和等式的异同。	1. 做好演示准备：用电脑制作动画来演示。 2. 引导学生边观察、边思考。 3. 思考每一步的数学含义，用式子表示。 4. 逐步抽象出方程的概念，初步体会方程的作用。 5. 引导学生识别方程，并说明理由。	1. 能区分和辨认方程。 2. 会用方程表示简单的数量关系，如 $x \pm a = b$。
等式的性质	1. 观察天平演示保持平衡的几种变换情况，初步认识等式的基本性质。 2. 利用观察天平保持平衡所发现的规律，能直接判断天平发生变化后能否保持平衡。 3. 培养观察、概括、分析的能力。	1. 重点：掌握等式的基本性质。 2. 难点：理解并掌握等式的性质，能根据具体情境列出相应的方程。	1. 通过几种变换情况引导学生思考，逐步演示。 2. 用等式表示演示过程。 3. 学生双向观察，总结规律。 4. 运用等式的性质解决问题。	1. 能灵活运用等式的基本性质。 2. 了解等式的性质，能用等式的性质解决简单的实际问题。

续表

课时名称	课时教学内容要点	重难点	教学思路	作业重点
解方程（例1）	1. 初步理解"方程的解"与"解方程"的含义以及"方程的解"和"解方程"之间的联系和区别。 2. 经历解形如 $x \pm a = b$ 这类方程的步骤和过程，掌握解此类方程的方法。 3. 在解方程过程中培养代数思想和符号意识。	1. 重点：理解"方程的解"和"解方程"之间的联系和区别。 2. 难点：理解形如 $x \pm a = b$ 的方程原理，掌握正确的解方程格式及检验方法。	1. 借助三幅天平演示图，引导学生进行观察、思考。 2. 学生独立尝试。 3. 交流解方程的方法，及时小结。 4. 引入方程的解与解方程的概念。 5. 提示学生进行检验，并介绍验算过程。	1. 掌握解方程的步骤和方法。 2. 掌握解方程的书写格式和解方程的策略。 3. 了解等式的性质，能用等式的性质解简单的方程。
解方程（例2）	1. 运用知识迁移，结合直观图例，应用等式的性质，让学生自主探索和理解简易方程的解法。 2. 进一步掌握解方程的书写格式和解方程的策略。 3. 在解方程过程中积累数学活动经验，感受解方程的思维过程和数学转化思想，发展抽象思维能力。	1. 重点：用等式的性质解比较简单的方程。 2. 难点：会解形如 $ax = b$ 的方程。	1. 由复习入手，让学生独立尝试。 2. 凭借天平演示，展现解方程的完整思考过程。 3. 运用例2的方法，尝试解形如 $x \div a = b$ 的方程。 4. 及时小结，积累解方程的经验。 5. 交流解方程的方法。	1. 掌握解方程的步骤和方法。 2. 掌握解方程的书写格式和解方程的策略。 3. 了解等式的性质，能用等式的性质解简单的方程。

续表

课时名称	课时教学内容要点	重难点	教学思路	作业重点
解方程 （例3）	1. 经历运用等式的性质探究方程解法的过程，体会方程的解法和等式的性质之间的联系，掌握解方程的方法。 2. 在解方程过程中积累数学活动经验，感受解方程的思维过程和数学转化思想，发展抽象思维能力。	1. 重点：灵活运用等式的性质解方程。 2. 难点：利用等式的性质解不同难度的方程的策略和步骤。	1. 由复习入手，让学生独立尝试。 2. 及时抽象，启发学生依据等式的性质进行转化。 3. 突出转化思想，将形如 $a-x=b$ 的方程转化为 $x+b=a$。 4. 及时小结，积累解方程的经验。 5. 交流解方程的方法。	1. 掌握解方程的步骤和方法。 2. 掌握解方程的书写格式和解方程的策略。 3. 掌握利用等式的性质解不同难度的方程的策略和步骤。
解方程 （例4）	1. 初步学会形如 $ax\pm b=c$ 的方程的解法。 2. 理解把含有未知数的式子看成一个整体求解的思路和方法。 3. 培养学生的发散思维，养成认真审题、仔细解答的良好学习习惯。	1. 重点：学会解形如 $ax\pm b=c$ 的方程。 2. 难点：理解把含有未知数的式子看成一个整体求解的思路和方法。	1. 复习，让学生独立尝试。 2. 对比，启发学生思考"把什么看作一个整体"。 3. 学生尝试解方程，交流解法。 4. 小结解方程的方法。	1. 了解解形如 $ax\pm b=c$ 的方程的关键是先把 ax 看作一个整体。 2. 运用等式的两条性质有序解方程，即先求 $ax=?$ 再求 $x=?$。

续表

课时名称	课时教学内容要点	重难点	教学思路	作业重点
解方程（例5）	1. 巩固运用等式的性质解方程的步骤和方法，学会解形如 $a(x\pm b)=c$ 的方程。 2. 在解方程过程中通过由具体到一般的抽象概括过程，培养代数思想和符号意识。	1. 重点：综合运用等式的性质1和等式的性质2解方程。 2. 难点：明确把方程中的哪个式子看成一个整体。	1. 启发学生思考"把什么看作一个整体"。 2. 引导学生比较课本上形如 $a(x\pm b)=c$ 的两种解法。 3. 在独立练习中培养检验习惯。 4. 小结解方程的方法。	1. 了解解形如 $a(x\pm b)=c$ 的方程的关键是先把小括号内的式子看作一个整体。 2. 运用等式的两条性质有序地解方程。 3. 掌握利用等式的性质解不同难度的方程的策略和步骤。
实际问题与方程（例1）	1. 初步理解和掌握列方程解决简单的实际问题的步骤和方法。 2. 借助直观图和生活经验经历通过数量之间的等量关系列方程的过程。 3. 初步建立方程意识和建模思想，促进抽象思维的发展和提升。	1. 重点：根据题目中的数量之间的等量关系列方程。 2. 难点：根据题意分析数量之间的相等关系。	1. 读取题目，获取信息。 2. 分析题意，列出等量关系式。 3. 列方程解决实际问题的步骤和方法。 4. 根据写出的数量关系列方程。 5. 解方程。 6. 交流解题思路。	1. 掌握列方程解决问题的步骤和方法。 2. 能用方程表示简单情境中的等量关系。 3. 了解等式的性质，能用等式的性质解简单的方程，并会

续表

课时名称	课时教学内容要点	重难点	教学思路	作业重点
				解决简单的实际问题。
实际问题与方程（例2）	1. 根据具体情境列出形如 $ax\pm b=c$ 的方程，初步学会列方程解决"几倍多（少）几"的实际问题。 2. 在经历列方程解决实际问题的过程中发展抽象思维和方程意识，提高抽象思维能力和思维水平。	1. 重点：分析稍复杂的两步实际问题的数量关系，找等量关系列方程。 2. 难点：找出等量关系式列方程。	1. 读取题目，获取信息。 2. 分析题意，画出线段图。 3. 根据线段图，列出等量关系式。 4. 根据写出的数量关系列方程。 5. 解方程。 6. 交流解题思路。	1. 能用方程解决"几倍多（少）几"的实际问题。 2. 能用等式的性质解简单的方程，并会解决形如 $ax\pm b=c$ 的实际问题。
实际问题与方程（例3）	1. 理解有关两数之积的数量关系，掌握根据具体情境列出形如 $a(x\pm b)=c$ 的方程来解决实际问题。 2. 经历利用迁移类推的方法去解决实际问题的过程，培养方程意识和解决问题的策略方法。	1. 重点：分析数量关系，会列出含有括号的方程并解答。 2. 难点：列方程解答类似两积之和或差的问题。	1. 读取题目，获取信息。 2. 分析题意，找出单价、数量、总价。 3. 列出等量关系式。 4. 根据写出的数量关系列方程。 5. 解方程。 6. 交流解题思路。	1. 能用方程解决形如 $a(x\pm b)=c$ 的实际问题。 2. 能用等式的性质解方程，并会解决价格模型的实际问题。

续表

课时名称	课时教学内容要点	重难点	教学思路	作业重点
实际问题与方程（例4）	1. 初步学会解决含有两个未知数的实际问题，会设其中一个量为 x，另一个量用含有 x 的式子表示。 2. 经历解形如 $ax \pm x = b$ 方程的步骤和过程，掌握解此类方程的方法和策略。 3. 在解方程过程中培养代数思想和符号意识，以及方程思维和方程意识，体会用方程解决问题的优势。	1. 重点：初步学会解决含有两个未知数的实际问题。 2. 难点：当有两个未知量时，如何合理假设未知数。	1. 读取题目，获取信息。 2. 分析题意，找出两个未知量之间的关系。 3. 列出等量关系式。 4. 根据写出的数量关系列方程。 5. 解方程。 6. 交流解题思路。	1. 能用方程解决含有两个未知数的实际问题。 2. 学会通过合并同类项的方法解方程，并会解决含有两个未知数的实际问题。
实际问题与方程（例5）	1. 经历性目标：读例题、画线段图、分析等过程，能根据速度、时间、路程的数量关系列方程。 2. 探究性目标：通过自主探究、合作交流等过程，会画线段图，并根据	1. 重点：能根据题中的等量关系列方程解决问题。 2. 难点：掌握列方程解决实际问题的步骤。	1. 自主读题，获取数学信息。 2. 尝试画线段图表示本题意思。 3. 写出数量关系。 4. 交流画法。 5. 比较数量关系。 6. 根据写出的数量关系解方程。 7. 说一说线段图的作用。	1. 能用方程表示简单情境中的等量关系，了解方程的作用。 2. 了解等式的性质，能用等式的性质解简单

298

续表

课时名称	课时教学内容要点	重难点	教学思路	作业重点
	线段图写出等量关系式及列方程解答实际问题。 3. 思考性目标：能熟练地用方程解决实际问题；发展应用意识。		8. 交流解题思路。	的方程，并会解决简单的实际问题。
整理和复习	1. 进一步理解方程的意义和作用，会用方程解决实际问题。 2. 通过独立思考、自主探究、合作交流，学会归纳整理所学的方程知识。 3. 在经历整理知识的过程中，培养总结、归纳能力，提高对本单元所学知识的掌握程度，增强数学的应用意识。	1. 重点：总结归纳整理关于简易方程的知识点。 2. 难点：梳理知识点，形成知识体系。	1. 谈话激趣，揭示课题。 2. 回顾梳理，构建网络。 3. 基础练习，排查漏洞。 4. 综合练习，大显身手。 5. 总结质疑，反思评价。	运用本单元所学知识解决生活中的实际问题。

六、单元课时作业设计

___月___日 建议用时15分钟 真棒□ 进步□ 加油□

第1课时 用字母表示数（1）

素养练功房

一、选一选。

1. 一本五年级上册数学书约重263克，比一本数学丛书重x克，一本数学丛书重（　　）克。

　　A. $263+x$　　　B. $x-263$　　　C. $263-x$　　　D. $263+263+x$

2. 小红今年a岁，比数学老师小32岁，数学老师今年（　　）岁。

　　A. $a-32$　　　B. $32-a$　　　C. $a+32$　　　D. 无法确定

3. 爸爸的年龄是43岁，比我大x岁，$(43-x)$表示什么意思？（　　）。

　　A. 我的年龄　　　　　　　　B. 我比爸爸少的岁数

　　C. 我和爸爸的岁数和　　　　D. 爸爸的年龄

4. 五年（5）班有男生25人，女生比男生少y人，全班有（　　）人。

　　A. $25+y$　　　B. $50-y$　　　C. $50+y$　　　D. $5+25+y$

二、算一算。

当$a=2.2$，$b=0.5$，那么$a-b=$_____。

三、答一答。

方特游乐园本周五卖出了a张票，比周六少100张。

　　A. 两天共卖出多少张？　　　B. 当$a=150$时，两天共卖出几张？

素养提升间

作业超市：幼儿园的小东今年a岁，爸爸比他大28岁。

1. 用式子表示爸爸几岁。

2. a可代表任意数吗？为什么？

___月___日 建议用时15分钟

第2课时 用字母表示数（2）

素养练功房

一、选一选。

1. $M+M+M$ 可以简写成（　　）。

A. $M3$　　　B. $3M$　　　C. $M+3$　　　D. $M\times 3$

2. 晓东今年 a 岁，爸爸是他的 6 倍，爸爸今年（　　）岁。

A. $a+6$　　　B. $6a$　　　C. $a-6$　　　D. $a+6a$

3. 一筒羽毛球有 12 个，x 筒有（　　）个。

A. $x+6$　　　B. $6x$　　　C. $x-6$　　　D. $12x$

4. 舫山小学中草药基地，薄荷种了 x 平方米，车前草种了 b 平方米，薄荷的种植面积是车前草的（　　）倍。

A. $x-b$　　　B. $b-x$　　　C. $x\div b$　　　D. $b\div x$

二、算一算。

当 $a=4.3$ 时，$6a=$_____。

三、答一答。

1. 一共重_____kg

2. 每杯果汁_____毫升

素养提升间

作业超市：找规律：2.5，5，10，20，……，x，（　　）。

___月___日 建议用时15分钟

第3课时 用字母表示数（3）

素养练功房

一、选一选。

1. $M+M$ 可以写成（　　）。

A. $M2$　　　B. $2M$　　　C. $M+2$　　　D. M^2

2. $a\times(b+c)=a\times b+a\times c$ 运用了（　　）运算定律。

A. 乘法交换律　　　　B. 乘法结合律

C. 乘法分配律　　　　D. 乘法交换律和乘法结合律

3. a^2 表示（　　）。

A. $a\times 2$　　　B. $a+a$　　　C. $a\times a$　　　D. $a-a$

二、算一算。（利用公式计算下面图形的周长和面积）

4 cm
2 cm

三、答一答。

用 a 表示总价，b 表示数量，c 表示单价，那么 $a=$ _____。

周日妈妈去新华都买了两袋5千克的月牙大米，一共花了多少钱？（请代入公式计算）

素养提升间

作业超市：下面是一堵学校的外墙，抗疫需要用铁丝网围一个长 a 米，宽 b 米的隔离区，要怎样围才能使材料最少？当 $a=15$，$b=10$ 时，铁丝网最短是多少米？

_____

___月___日 建议用时15分钟

第4课时 用字母表示数（4）

素养练功房

一、选一选。

1. 张师傅每天做 m 个零件，是王师傅每天做的6倍，王师傅每天做（　　）个零件。

　　A. $m+6$　　　B. $m\div 6$　　　C. $6m$　　　D. $6\div m$

2. 学校买来一批篮球和足球。买来篮球12个，每个 a 元，买来足球 b 元。买这批篮球和足球共用了（　　）元。

　　A. $a+b$　　　B. $12(a+b)$　　　C. $12a+b$　　　D. $a+12b$

3. 当 $a=5$、$b=4$ 时，$ab+3$ 的值是（　　）。

　　A. $5+4+3=12$　B. $54+3=57$　C. $5\times 4+3=23$　D. $5\times 4-3=17$

4. 甲数是 a，比乙数的4倍少 b，乙数是（　　）。

　　A. $a\div 4-b$　　B. $(a-b)\div 4$　C. $(a+b)\div 4$　D. $a\div 4+b$

二、算一算。

已知 $a=1.8$，$b=2.5$，求 $4a+2b$ 的值。

三、答一答。

书架上有故事书 x 本，科技书的本数比故事书的1.5倍还多5本。

(1) 用式子表示乙书架上有多少本书。

(2) 当 $x=45$ 时，乙书架上有书多少本？

素养提升间

作业超市：如图，3个杯子叠起来高16厘米，5个杯子叠起来高22厘米，（　　）个杯子叠起来高31厘米；x 个杯子叠起来的高度是（　　）厘米。

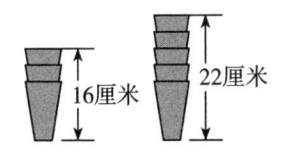

第5课时 用字母表示数（5）

素养练功房

一、选一选。

1. 厦门地铁线路长 a km，北京地铁的线路长度是厦门的 n 倍，北京地铁线路长（　　）km。

　　A. $a+n$　　　B. $a-n$　　　C. na　　　D. $2a$

2. 买1个篮球 a 元，买1个排球 c 元，买2个篮球比买2个排球需多付（　　）元。

　　A. $a-c$　　　B. $2a-c$　　　C. $2(c-a)$　　　D. $2(a-c)$

二、算一算。

1. 当 $a=2.5$ 时，求 $12a+28a$ 的值。

2. 当 $n=6$ 时，求 $12n-5n$ 的值。

三、答一答。

舫山小学进行啦啦操训练，每行有男生2人，女生5人，一共站成 a 行。

(1) 用含有字母的式子表示女生比男生多的人数。

(2) 如果 $a=3$，参加啦啦操训练的一共有多少人？

素养提升间

作业超市：在舫山小学五年级篮球比赛中，欢欢共投进6个球，其中2分球 x 个，其余为3分球。请用含有字母的式子表示欢欢投篮总分。

第6课时　方程的意义

素养练功房

一、选一选。

1. $2a+5$ 是（　　）。

   A. 等式　　　B. 方程　　　C. 含有字母的式子　　D. 以上都不是

2. 下面式子是方程的是（　　）。

   A. $33+67=100$　B. $3a+15$　C. $x-15>6$　D. $5x=45$

3. 用蓝线圈表示等式，黑线圈表示方程，下面正确的是（　　）。

二、看图列方程。

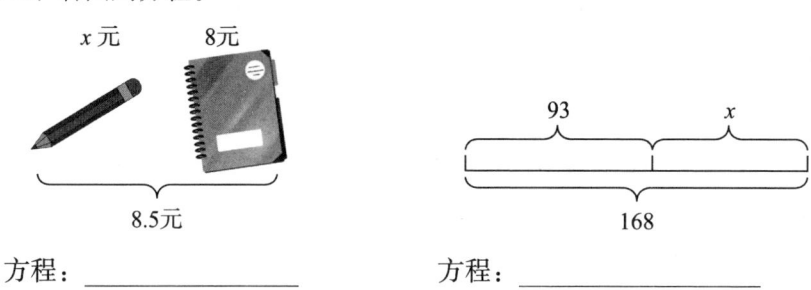

x元　　8元

8.5元

93　　x

168

方程：_____　　方程：_____

三、答一答。

李老师家上个月水电费一共花了160元，其中水费 x 元，电费130元。请用方程表示出数量关系。

素养提升间

作业超市：一个等腰三角形的两个角分别是 $50°$ 和 $x°$，你能根据三角形的内角和列出方程吗？

第7课时 等式的性质

素养练功房

一、选一选。

1. 如果 $c=d$，那么下面算式中错误的是（　　）。

A. $c+6=d-6$　　B. $c+a=d+a$　　C. $c+3=d+3$　　D. $c-n=d-n$

2. 若 $5a=25$，那么下面算式中正确的是（　　）。

A. $5a\times5=25\div5$　　　　　　B. $5a\times5=25\div25$

C. $5a\times5=25\times5$　　　　　　D. $5a\div5=25\times5$

3. 如图，一个西瓜的重量等于（　　）个苹果的重量。

A. 3　　　　B. 4

C. 5　　　　D. 6

二、算一算。

如果 $a=b$，请根据等式的性质填空。

$a+9=b+(\quad)$　　　　$a-6=b-(\quad)$　　　　$a+c=b+(\quad)$

$a\times5=b\times(\quad)$　　　$a\div3=b\div(\quad)$　　　$a\times d=b\times(\quad)$

三、答一答。

合合买了1个文具盒和2支黑笔，欢欢买了10支同样的黑笔，两人用的钱同样多。1个文具盒的价钱等于几支黑笔的价钱？

素养提升间

作业超市：若 $a+b=13$，$a+c=21$，$b+c=26$，则 $a+b+c$ 等于多少？

第8课时 解方程（1）

素养练功房

一、选一选。

1. $x=8$ 是下列方程中（　　）的解。

A. $x+24=31$　　B. $x-4=8$　　C. $x+33=41$　　D. $x-28=36$

2. 解方程 $x+12=31$ 时，等式两边要同时（　　）。

A. 加上 12　　　B. 减去 12　　C. 加上 31　　　D. 减去 31

二、列方程求解。

1. x 与 6.5 的和是 33.7。

2. x 与 63 的差是 37。

三、解决问题

1. 舫山小学五年（4）班有 46 名学生，男生有 x 名，女生比男生少 4 名，请列出方程并求解。

2. 李爷爷家有一块长方形菜地（如图），已知这块菜地的周长是 26 m，请列出方程并求解。

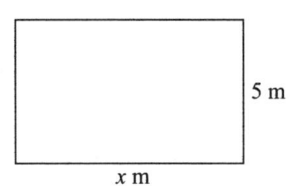

（图：长方形，宽 5 m，长 x m）

素养提升间

作业超市：厦门鼓浪屿作为国家 5A 级旅游景区，世界文化遗产项目之一，闻名海内外，成为厦门市的名片之一，每年吸引大量的旅客到此游玩。春节期间，陈老师和 5 个朋友也去了一趟鼓浪屿。中午从轮渡码头坐船上岛，船票每人 8 元。上岛后，到一家面馆用午餐，平均每人花费 x 元，下午的时候到岛上著名的景点"日光岩"观赏，原价 50 元的门票，春节期间半价优惠。已知他们一共花了 360 元，请列出方程并求解。

___月___日 建议用时15分钟 真棒□ 进步□ 加油□

第9课时　解方程（2）

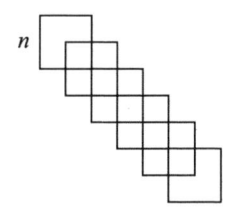

素养练功房

一、选一选。

1. 合合在解方程 $3x=9$ 时，下面算法正确的是（　　）。

   A. $3x \div 3 = 9 \div 9$ 　B. $3x = 9 \div 9$

   C. $3x \div 3 = 9$ 　D. $3x \div 3 = 9 \div 3$

2. 6 个同样大的正方形重叠（如右图），重叠部分的顶点正好是各正方形的中心点。已知正方形的边长是 n，这个重叠后的图形的周长是（　　）。

   A. $10n$ 　B. $12n$

   C. $14n$ 　D. $16n$

二、解方程，带※的要检验。

1. $3x=4.5$　　　　　　　　※2. $15.2\div x=4$

三、答一答。

积极响应厦门马拉松"绿色出行"号召，厦门人热衷于公共交通出行，某日公共交通客运量达 216.8 万人次。

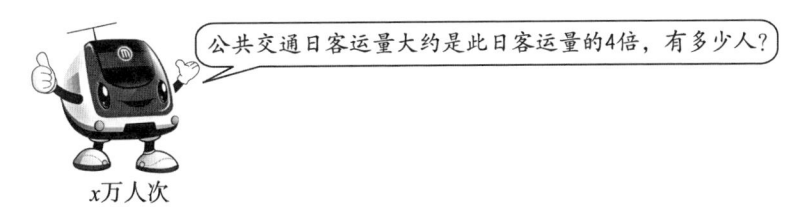

公共交通日客运量大约是此日客运量的4倍，有多少人？

x 万人次

素养提升间

作业超市：已知关于 x 的方程 $x+1.8=9$ 和 $ax=28.8$ 有相同的解，求 a 的值。

___月___日　建议用时15分钟

第10课时　解方程（3）

素养练功房

一、选一选。

1. 数学创客"汉诺塔"选拔赛中，合合用时 n 秒，若欢欢用时 $(2n-11)$ 秒，那么 $2n-11-n$ 表示（　　）。

A. 欢欢比合合多用时几秒？　　B. 欢欢比合合少用时几秒？
C. 合合和欢欢一共用时几秒？　　D. 合合比欢欢多用时几秒？

309

2. 严老师今年 x 岁，闹闹今年 $(x-27)$ 岁，过 n 年后，她们相差（ ）岁。

A. $n-27$　　　B. $n+27$　　　C. n　　　D. 27

二、解方程，带※的要检验。

1. $36-x=7$　　　　　　　　※2. $10-x=0.8$

三、答一答。

1. 根据题目中的数量关系列出方程，并求出方程的解。

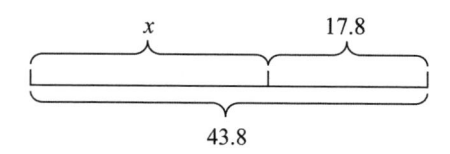

x　　　17.8

43.8

2. 双十一购物狂欢节，各大店家纷纷推出促销活动，求优惠多少元？

原价：99元
优惠：x元
现价：88元

素养提升间

作业超市：$(56-7a)\div 14$，当 a 等于多少时，式子结果是 0？当 a 等于多少时，式子结果是 3？

___月___日 建议用时15分钟

第11课时 解方程（4）

素养练功房

一、选一选。

1. 翔安区香山公园有一块长方形草地，长 a 米，宽 30 米，它的周长是（   ）。

   A. $60+2a$　　B. $30a$　　C. $30+a$　　D. $60+a$

2. 不解方程，可知下列方程的解最大的是（   ）。

   A. $2x+8=90$　B. $4x+8=90$　C. $6x+8=90$　D. $8x+8=90$

3. "a 的 4.5 倍比 b 多 0.8" 用式子表示是（   ）。

   A. $4.5\div a-b=0.8$　　　　B. $a\div 4.5-b=0.8$
   C. $4.5a+b=0.8$　　　　　D. $4.5a-b=0.8$

二、解方程，带※的要检验。

1. $7x+18=102$　　　　　　※2. $6x-5\times 7=13$

三、答一答。

厦门地铁三号线起于沙坡尾站，途经厦门火车站，止于翔安机场站，是连接厦门岛和翔安的重要交通要道。三号线全线长 45.01 千米，其中有一段长度大约为 x 千米的过海隧道。已知全长比过海隧道长度的 7 倍少 0.49 千米。求过海隧道的长度是多少千米？

素养提升间

作业超市：在括号里填上合适的数，使每个方程的解都是 $x=6$。

$x+(\ \ \ )=25.5$　　$(\ \ \ )-x=27.6$　　$(\ \ \ )\times x=72$

$(\ \ \ )\div x=9$　　$(\ \ \ )\times x+3=99$　　$7x\times(\ \ \ )=105$

311

___月___日 建议用时15分钟

第12课时 解方程（5）

素养练功房

一、选择题。

1. 下列选项中，可以用式子 $(6+2)a$ 表示的是（　　）。

   A. 下列整条线段的长度 　　B. 下列整条线段的长度

   C. 下面图形的面积 　　D. 长方形的面积

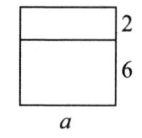

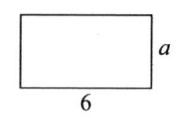

2. 欢欢把 $5x-9$ 错写成 $5(x-9)$，结果比原来（　　）。

   A. 多 36　　　B. 少 36　　　C. 多 27　　　D. 少 27

二、解方程，带※的要检验。

1. $9(x-3)=81$　　　　　　※2. $7(20-x)=140$

三、根据题目中的数量关系列出方程，并求出方程的解。

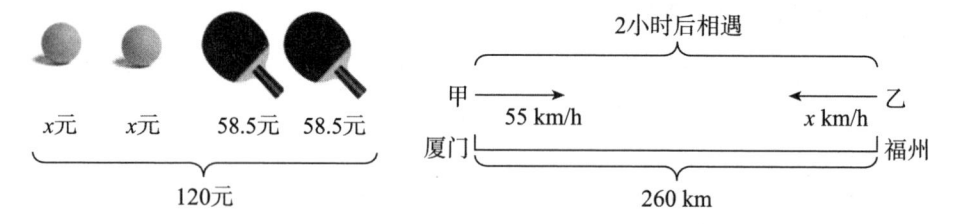

素养提升间

作业超市：福建省厦门市的集美龙舟赛是闽南地区每年端午节的特色习俗之一。2020年集美"学村杯"龙舟邀请赛在龙舟池举行，192人组成12支队伍"激情开桨，龙舟竞渡"，已知每支队伍一条船，每条船上人数相等，且每条船上有1人击鼓，1人掌舵，其余的人同时划桨。那么每条船上划桨的有几人？

___月___日 建议用时15分钟 真棒□ 进步□ 加油□

第13课时　实际问题与方程（1）

素养练功房

一、选一选。

1. 厦门某特产店推出优惠活动：每满150元立返现金 a 元，来厦门旅游的陈叔叔买了460元的特产，他可以返现金（　　）元。

A. $2a$　　　　B. $3a$　　　　C. $3a+10$　　　　D. $3a-10$

2. 一个等边三角形和一个正方形拼在一起（如右图所示），这个图形的周长是（　　）。

A. $7n$　　　　B. $6n$

C. $5n$　　　　D. $4n$

3. 朴朴超市周六白天外送198单，其中下午外送106单，周六外送的单数是周一的3倍。要求出周六上午外送的单数，下列数量关系错误的是（　　）。

A. 上午外送的单数＋下午外送的单数＝198

313

B. 198－下午外送的单数＝上午外送的单数

C. 198＋下午外送的单数＝上午外送的单数

D. 周一外送的单数×3＝周六外送的单数

二、根据题意写出等量关系，再列出方程。

2020年东京奥运会，中国运动健儿们共获得38枚奥运金牌，是奥运会起源国家希腊获得金牌数的19倍，希腊获得多少枚金牌？

等量关系：_____

解：设_____

方程：_____

三、列方程解决问题。

1. 翔安区舫山小学举行"童心向党，建党一百年"绘画比赛活动，六年级有43幅作品获奖，比三年级获奖作品多8幅，三年级获奖作品有多少幅？

2. 李老师响应"节能减排，低碳生活"的号召骑车上班。手机APP显示，她骑行5分钟，可以减少80 g二氧化碳的排放。求骑行每分钟可以减少多少克二氧化碳的排放？

素养提升间

作业超市：三个连续奇数的和是39，这三个奇数分别是多少？

第14课时 实际问题与方程（2）

素养练功房

一、选一选。

1. 下面哪个算式可以表示这条线段的长度？（ ）。

   A. $a+b$　　　B. $2a+b$　　　C. $a-b$　　　D. $2a-b$

2. 厦门是东南沿海重要的中心城市，其海产资源丰富。九月份甲渔场的销售额为 m 万元。比乙渔场销售额的 2.3 倍多 3 万元。乙渔场这个月的销售额为多少万元？下面数量关系正确的是（ ）。

   A. 甲渔场的销售额＋3＝乙渔场的销售额×2.3

   B. 乙渔场的销售额－甲渔场的销售额×2.3＝3

   C. 乙渔场的销售额×2.3－3＝甲渔场的销售额

   D. 乙渔场的销售额×2.3＋3＝甲渔场的销售额

二、看图列方程。

1. 海鸥：x只，多120只，720只

2. $3x$，105人，少15人

三、列方程解决问题。

港珠澳大桥是世界最长的跨海大桥，全长 55 km，比厦门翔安隧道的 6 倍还长 2.8 km。厦门翔安隧道长多少千米？

素养提升间

作业超市：求牛的体重是多少千克？

我的体重是5 t。

大象的体重比我的8倍少40 kg。

___月___日 建议用时15分钟

第15课时　实际问题与方程（3）

素养练功房

一、选一选。

1. 动物园里有相同数量的鸵鸟和长颈鹿，共有脚66只，求鸵鸟和长颈鹿各多少只。如果设鸵鸟有 m 只，下面方程正确的是（　　）。

    A. $m+2m=66$ B. $2m-m=66$

    C. $2m+4m=66$ D. $4m-2m=66$

2. 把四张形状完全相同的小长方形卡片（如图①）不重叠地放在一个底面为长方形（长为 a cm，宽为 b cm）的盒子底部（如图②），盒子底面未被卡片覆盖的部分用阴影表示，则图②中两块阴影部分的周长的和是（　　）cm。

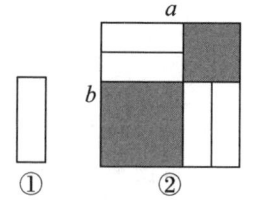

    A. $4a$ B. $4b$

    C. $2(a+b)$ D. $4(a-b)$

二、舫山小学棋艺社团成立啦！指导老师购买社团用品的一张小票部分数据看不清了，你能算出每副象棋多少钱吗？

货品	数量	单位	单价	金额
象棋	20	副		
围棋	15	副	20.00 元	
总计金额人民币（大写）：伍佰肆拾元整					

三、列方程解决问题。

武夷山大红袍和安溪铁观音都是福建名茶。万翔超市运进武夷山大红袍和安溪铁观音共计 720 罐，其中武夷山大红袍有 20 箱，运进的安溪铁观音有多少箱？

我和安溪铁观音都是每箱装24罐。

素养提升间

作业超市：A、B 两个工程队合作负责厦门地铁 4 号线的挖掘工程。两个工程队 9 月 1 日从上午 8:00 开始工作，到中午 12:00 休息。一共挖掘了 880 米，A 工程队每小时比 B 工程队多挖 20 米。B 工程队每小时挖多少米？

___月___日 建议用时15分钟

第16课时 实际问题与方程（4）

素养练功房

一、选一选。

1. 一套新型防近视课桌椅870元，一张桌子的价格比一把椅子的2倍少10元。要求桌子和椅子的价格，设（   ）为未知数最简单。

   A. 桌子的价格　　　　　　B. 椅子的价格
   C. 桌子和椅子的总价格　　D. 以上都不合适

2. 2020年12月4日，新一代"人造太阳"装置建成并实现首次放电。厦门市某小学观看此新闻的学生有360人，男生人数为女生人数的3倍，女生有多少人？列式正确的是（   ）。

   A. 360×3　　　　　　B. $360 \div 3$
   C. 设女生有 x 人。$x+3x=360$　　D. 设女生有 x 人。$3x-x=360$

二、看图列方程。

1. 杏树：x棵
   桃树：160棵
   $3x$棵

2. 桃树：x棵
   苹果树：$4x$棵 5棵 }200棵

三、解决问题。

一箱牛奶以进价的1.8倍出售，某超市为了回馈新老客户进行周年大促销，凡是超市会员客户就可以按售价的一半购买一箱牛奶，这样的情况下，超市每售出一箱牛奶还要亏损6元。这箱牛奶的进价是多少元？

素养提升间

作业超市：有甲、乙两个储备粮仓，甲粮仓的存粮量是乙粮仓的 3 倍。如果从甲粮仓搬 45 t 粮食到乙粮仓，那么两个粮仓的存粮量就相等了。原来甲、乙两个粮仓各有存粮量多少吨？

___月___日　建议用时 15 分钟　真棒□　进步□　加油□

第 17 课时　实际问题与方程（5）

素养练功房

一、先根据图意把等量关系式补充完整，再列出方程。

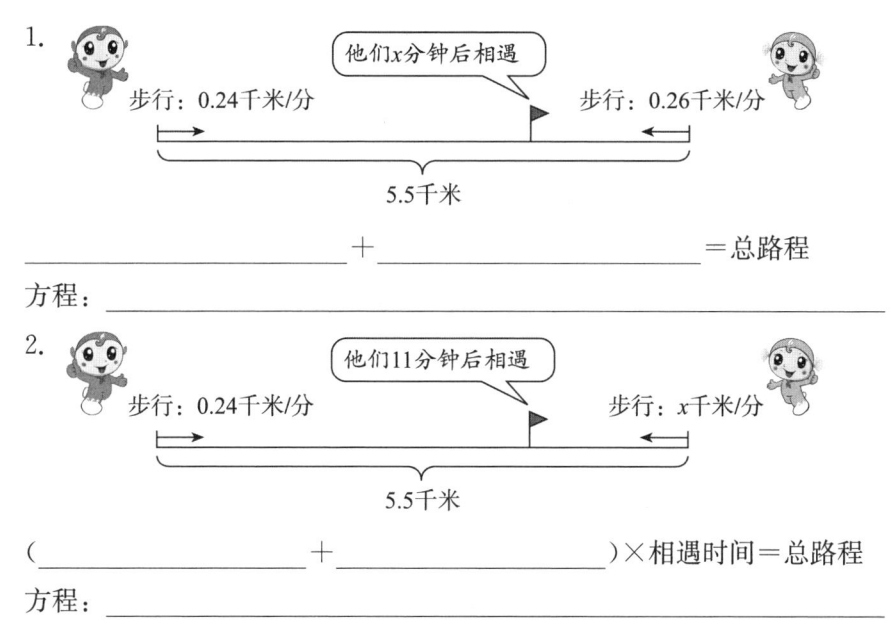

1. 步行：0.24 千米/分　他们 x 分钟后相遇　步行：0.26 千米/分

   5.5 千米

   _____ + _____ = 总路程

   方程：_____

2. 步行：0.24 千米/分　他们 11 分钟后相遇　步行：x 千米/分

   5.5 千米

   (_____ + _____) × 相遇时间 = 总路程

   方程：_____

二、列方程解决下面问题。

1. 小王和小李分别从相距 184 千米的两地同时出发，相向而行。小王开汽车每小时行 65 千米，小李骑摩托车每小时行 50 千米，两人经过几小时相遇？

2. 在舫山小学 2020 年运动会 800 米长跑项目中，小明平均每分钟跑 135 米，小东平均每分钟跑 140 米，几分钟后他们相距 10 米？

素养提升间

作业超市：列方程解决下面问题。

两个袋子里分别装有同样数量的红球和黄球。每次取出 6 个红球和 5 个黄球。取了若干次后，红球没有了，黄球还剩 10 个。

（1）一共取了几次？　　　　（2）原来红球和黄球各有几个？

___月___日　建议用时 15 分钟

第 18 课时　整理和复习

素养练功房

一、选一选。

1. 方程与等式的关系是（　　）。

A. 方程｜等式　　B. 方程 等式　　C. 等式 方程　　D. 以上都不对

2. 下列各式中，属于方程的是（　　）。

A. $25+x$　　B. $25+x>18$　　C. $25+x<18$　　D. $25+x=18$

3. 小明和爸爸的年龄和是 52 岁，再过 x 年，两人的年龄和是（　　）岁。

A. $52+x$　　B. $52-x$　　C. $52+2x$　　D. $52-2x$

4. 一个两位数，个位上是 a，十位上是 b，用含有字母的式子表示这个两位数是（　　）。

A. $a+b$　　B. $10a+b$　　C. $10b+a$　　D. ab

5. 下列说法正确的是（　　）。

A. x 的 3 倍与 6.5 的和是 $6.5x+3$

B. 等式的两边同时乘一个相同的数，等式仍然成立

C. 方程 $5x=6.5$ 和 $3x-0.5=3.4$ 有相同的解

D. 因为 x^2 表示两个 x 相乘，所以 x^2 一定大于 x

二、算一算。

$0.5x+3.5=9.7$　　　　$6x-3.7=14.3$　　　　$1.2x\div3=0.2$

$8(x-5)=32$　　　　$6x+3x=81$　　　　$7.5y-0.3y=21.6$

三、看图列方程并求解。

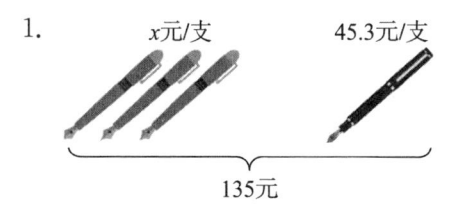

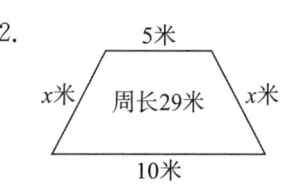

1. x元/支　　45.3元/支　　135元

2. 5米　　x米　　周长29米　　x米　　10米

四、列方程解决下面问题。

1. 截至 2021 年 10 月 23 日，全球新冠疫苗累计接种 68.1 亿剂。其中，中国累计接种 22.4 亿剂，比美国接种数量的 5 倍多 1.9 亿剂。美国累计接种多少亿剂？

2. 人民网北京 2021 年 10 月 9 日电（记者赵竹青），记者从国家航天局探月与航天工程中心获悉，嫦娥五号月球样品首个研究成果 10 月 8 日凌晨发表在国际学术期刊《科学》杂志上。该研究证明月球在 19.6 亿年前已经存在岩浆活动，比此前已知的月球地质寿命的 2 倍少 0.4 亿年。此前已知的月球地质寿命是多少亿年？

3. 新疆喀什味道馕产业园建于 2020 年 5 月，吸引了大批外来游客参观购买，脱贫致富效果不断凸显。其中馕小屋 A 和馕小屋 B 日产馕 3650 个，馕小屋 A 比馕小屋 B 的 2 倍多 650 个。馕小屋 A 和馕小屋 B 日产馕各多少个？

素养提升间

作业超市：

(1) 当 $a=$（　　）或（　　）时，$a^2=6a$。

(2) 如果 $a+a+a+a+b=48$，$a+a+a+a+b+b=64$，那么 $a=$（　　），$b=$（　　）。

(3) 马大哈在解方程 $x-\square=6.4$ 时，把"－"写成"＋"，得到的解是 2.8。正确的解应该是（　　）。

《百分数（二）》单元整体作业设计

一、单元教学内容

人教版小学数学六年级下册第二单元《小数的意义和性质》共有六部分教学内容，分别是：折扣、成数、税率、利率、解决问题、生活与百分数。这些内容是在学生已经学习了百分数的基本概念、计算和应用基础上进一步拓展的，旨在帮助学生理解百分数在日常生活和经济活动中的广泛应用，并能够运用百分数知识解决实际问题。

单元教材内容具体如下：

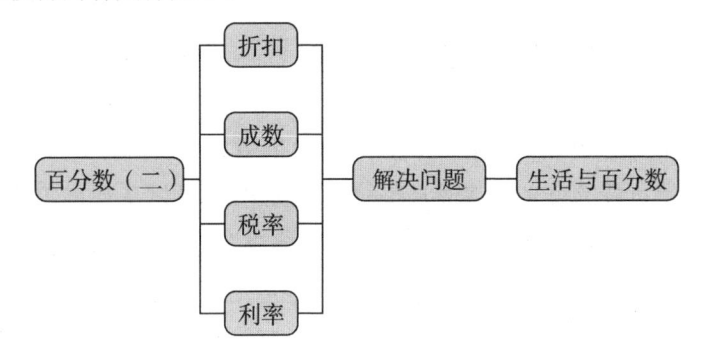

```
                ┌─ 折扣 ─┐
                ├─ 成数 ─┤
  百分数（二）──┤        ├── 解决问题 ── 生活与百分数
                ├─ 税率 ─┤
                └─ 利率 ─┘
```

二、学生学情分析

钻透教材是实施教学的必需，学情分析是实施教学的基础。

《课程标准》明确指出教师教学应该以学生的认知发展水平和已有的经验为基础，面向全体学生。著名教育家苏霍姆林斯基说过："每个孩子都不是空着脑袋走进课堂的。"这节课前学生已经在知识、生活、思维等方面有了充分的准备。

知识储备方面：纵观教材编排，本单元开始教学前，学生就已经在六年级上册第六单元《百分数（一）》中学习了"百分数的意义""小数、百分数、分数之间的互化""百分数的简单应用""运用方程解决简单的百分数问题"等相关内容。理解了百分数的意义，具备初步解决百分数实际问题的能力。

生活经验方面：学生在生活中或有所见或有所闻，对百分数有着丰富的感性认知。

合作探究能力方面：经过长期的学习，学生已经具备了良好的语言组织能力和抽象思维能力。

这些都为本单元教学的实施奠定良好的基础。

三、单元整体教学思路

本单元内容是在学生理解百分数意义、掌握分数四则混合运算、能用分数四则运算解决实际问题、会解决一般性的百分数实际问题的基础上进行教学的。主要内容包括折扣、成数、税率、利率等百分数的特殊应用。《义务教育数学课程标准（2011版）》在"学段目标"的"第二学段"中提出："体验从具体情境中抽象出数的过程，认识万以上的数；理解分数、小数、百分数的意义，了解负数的意义；掌握必要的运算技能""尝试从日常生活中发现并提出简单的数学问题，并运用一些知识加以解决""经历与他人合作交流解决问题的过程，尝试解释自己的思考过程""在运用数学知识和方法解决问题的过程中，认识数学的价值"，以及在"课程内容"的"第二学段"中提出"会运用数描述事物的某些特征，进一步体会数在日常生活中的作用""能解决小数、分数和百分数的简单实际问题"。

根据课标要求，本单元确定以下教学思路：

（1）深化数学知识间的联系，完善学生认知结构

本单元解决的百分数问题，虽然都是两步计算的，但是学生都有一定的知识基础。如"求一个数的百分之几是多少，用乘法计算"为学生列式提供了知识基础，分数两步计算的问题为百分数两步计算提供了思路上的经验。所以教学活动中，要抓住核心知识，加强知识间的联系，让学生在用已有知识尝试解决新问题的过程中，形成百分数问题的解题思路和方法。

（2）突出教材内容的现实性，发展学生应用意识

"认识到现实生活中蕴含着大量的数学信息，数学在现实世界中有着广泛的应用；面对实际问题时，能主动尝试着从数学的角度运用多种知识和方法寻求解决问题的策略。"这是《课程标准》中培养数学应用意识的具体要求。教学时，一方面注意选择学生熟悉的、现实生活中的事例作为数学学习的素材。另一方面，要特别选择现实生活中真实事物和数据，使学生感受百分数在现实生活中的应用价值，培养应用意识。在解决求利息的问题时，让学生"按现实的利率"计算等。

（3）加强教学重难点的对比分析，促进学生理解掌握

著名教育家乌申斯基认为：比较是一切理解和思维的基础，我们正是通过比较来了解世界上的一切的。《百分数（二）》单元中折扣、成数、税率、利率等知识点既有联系又有区别，通过对比分析其重难点，有利于建构学生的知识模块。而将《百分数（二）》的重难点与六年级上册《百分数》的重难点进行分析，把握新、旧知识间的联系，让新、旧知识在相互作用下，逐渐充实原有认知结构，将所学知识串点成线、连线成网，从而使学生能够扎实地掌握数学知识，发展逻辑思维能力。

（4）强化习题的灵活性，提高学生自主解决问题的能力

变式是通过变更对象的本质（或非本质）特征的表现形式，变换人们观察事物的角度或方法，以突出对象的本质特征，从而掌握事物的本质和规律。在练习中恰当使用变式能够有效地促进学生掌握知识、深化体验。例如有关税收的实际问题，经过课堂上的探索与研究，学生对"各种收入应纳税部分×税率＝应纳税额"的计算方法有了初步建构，但往往是稚嫩的、不稳定的，通过变换材料的本质（或非本质）属性让学生去感知、体验、领悟。教学时，在学生直接求个人所得税的同时，不妨改变问题，让学生用多样的方式求出税后收入；还可以直接给出某人所缴的税额，反推出其工资收入。从而揭示知识的本质，使学生进一步巩固知识、形成技能、发展思维、提升能力。

（5）构建良好的师生关系，实现有效教学

培养良好的师生情感是有效教学的突破口，培养良好的师生情感就是要以师爱去激励每个学生进步。对于数学无效学习的学生这样一个"与众不同"的特殊群体，必须正确认识他们，关心他们，以爱心抚慰他们的心灵，以诚

心赢得他们的信任，以耐心期待他们转化，让他们健康成长。

四、单元作业目标

1. 理解折扣、成数、税率、利率的含义，能够解决相关知识的实际问题。

2. 联系已有的百分数知识和经验，提高解决百分数实际问题的能力。

3. 能够在解决百分数实际问题的过程中，进行有条理的思考，并对结论的合理性作出有说服力的说明。

4. 经历折扣、成数、税率、利率的学习过程，体验百分数在日常生活中的广泛应用以及在交流、信息传递中的作用。

5. 树立依法纳税和科学理财的意识。

6. 感受数学知识和方法的应用价值，增强学习数学的兴趣和信心。

7. 设计不同层次的作业，实现义务教育数学《课程标准》里提出的让不同的学生学习不同的数学，不同的人在数学上得到不同的发展。

五、课时教学要点和作业重点

结合《课程标准》《教师教学用书》及相关资料，根据学情和教材中本单元的编排要点，进一步细化课时教学要点。

课时名称	课时教学内容要点	重难点	教学思路	作业重点
《折扣》	主要学习："折扣"的含义，并能打通知识之间的联系，弄清"几折"的含义，并把实际问题转化成百分数问题。	教学重点、难点：1. 理解"折扣"的含义；2. 把"折扣"问题转化成百分数问题。	1. 紧密联系生活实际，帮助学生理解"折扣"的实际含义。2. 引导学生主动迁移，把折扣问题与已经学过的百分数问题联系起来，并在解决实际问题的过程中学	1. 理解"折扣"的含义；2. 打通"折扣"问题与"百分数"问题的联系，渗透转化思想。

续表

课时名称	课时教学内容要点	重难点	教学思路	作业重点
			会转化成百分数问题。 3. 联系生活实际，掌握"原价×折扣＝现价"的数量关系，并能灵活运用这一数量关系解决生活实际问题。 4. 通过变式练习，加深理解，打通了"折扣"与"百分数"问题之间的联系，建立了表象。	
成数	"成数"表示的具体含义；"成数"与"折扣"的区别与联系；能将"成数"问题转化成"百分数"问题的方法。	1. 理解"成数"的含义，以及它和"折扣"的区别与联系。 2. 学会把成数转化成百分数。	1. 课前通过收集成数的相关信息，帮助学生建立"成数"的表象，加深对"成数"的理解。 2. 在解决问题的过程中，学会把"成数"转化成"百分数"。 3. 在解决问题的过程中，引导学生利用已有经验，分析数量关系。 4. 通过学生分享总结经验，对比类推，打通了知识之间的联系，提高学生解决有关百分数的实际问题的能力。	1. 理解"成数"的含义。 2. 利用已有经验，分析数量关系，学会把"成数"转化成"百分数"，打通了知识之间的联系，提高学生解决有关百分数的实际问题的能力。

续表

课时名称	课时教学内容要点	重难点	教学思路	作业重点
税率	"税率"和"应纳税额"的含义。在计算税款的过程中，加深学生对社会现象的理解，增强学生法制意识，提高学生解决问题的能力。	1. 理解"税率"和"应纳税额"的含义，能正确计算应纳税额。 2. 把"税率"问题转化成百分数问题，并正确解答。	1. 紧密联系生活实际，帮助学生理解"税率"和"应纳税额"的实际含义。 2. 引导学生主动迁移，把税率问题与已经学过的百分数问题联系起来，并在解决实际问题的过程中学会转化成百分数问题。 3. 联系生活实际，掌握"应纳税额＝各种收入应纳税部分×税率"的数量关系，并能灵活运用这一数量关系解决生活实际问题。 4. 通过变式练习，加深理解，打通了"税率"与"百分数"问题之间的联系，建立了表象。	1. 理解"税率"和"应纳税额"的含义。 2. 打通"税率"问题与"百分数"问题的联系，渗透转化思想。
利率	"了解储蓄的意义，理解本金、利息和利率的含义，掌握利息的计算方法。掌握应用百分数的知识解决与储	1. 掌握利息的计算方法，解决与储蓄有关的实际问题。 2. 建立利率问题与百分数问题之间的关系。	1. 课前通过收集利率的相关信息，帮助学生建立"利率"的表象，加深对"利率""利息"和"本金"的理解。 2. 在解决问题的过程	1. 理解"利率"的含义。 2. 利用已有经验，分析数量关系，学会把"利率"问题转

328

续表

课时名称	课时教学内容要点	重难点	教学思路	作业重点
	蓄有关的问题。		中，学会把"利率"问题转化成"百分数"问题。 3. 在解决问题的过程中，引导学生利用已有经验，分析数量关系。 4. 通过学生分享总结经验，对比类推，打通了知识之间的联系，提高学生解决有关百分数的实际问题的能力。	化成"百分数"问题，打通了知识之间的联系，提高学生解决有关百分数的实际问题的能力。
解决问题	综合运用折扣知识解决生活中的"促销"问题。	1. 了解不同的促销方式，并理解其实际含义。 2. 学会运用所学知识分析生活问题。 3. 会分析、会比较、会作判断，提高解决问题的能力。	1. 课前进行调查，了解不同的促销方式，并理解其实际含义。 2. 能运用所学的折扣知识，进行分析、比较"每满100减50"和"打五折"销售的含义，并作出判断，从而解决生活实际问题。 3. 通过比较，发现什么情况下两种促销方式折扣相同，什么情况下两种促销方式折扣差距较大，培养了学生分析问题、讨论问题、反思与总结问题的能力。	1. 理解不同的促销方式，并理解其实际含义，运用所学的折扣知识解决生活问题。 2. 会比较、善分析，合理选择消费方式，真正体会到数学与生活的紧密联系。

续表

课时名称	课时教学内容要点	重难点	教学思路	作业重点
生活与百分数	经历信息搜集的全过程，提高搜集信息和综合运用信息解决百分数实际问题的能力。	1. 经历收集信息，运用信息解决问题的全过程。 2. 设计合理的存款方案。	1. 课前进行调查，了解不同的储蓄利率，并理解国家调整利率的原因。 2. 能运用所学的利率知识，进行分析、比较各种储蓄方式的含义，并作出判断，从而解决生活实际问题。 3. 通过分析，设计合理的存款方案，培养了学生分析问题、讨论问题、反思与总结问题的能力。	1. 理解不同的存款方式，并理解其实际含义，运用所学的利率知识解决生活问题。 2. 会比较、善分析，真正体会到数学与生活的紧密联系。

六、单元课时作业设计

第 1 课时 折扣

慧眼识珠

1. "三八女王节"来啦，厦门万象城的商铺为了吸引顾客，纷纷让利促销。让我们一起来到万象城，看看都有哪些优惠吧！

(1) 一件 T 恤衫原价 150 元，现在打六折出售，现价（　　）元。

A. 15　　　　B. 60　　　　C. 240　　　　D. 90

(2) 一件 T 恤衫现在打六折出售，现在售价是 90 元，每件的原价（　　）元。

A. 60　　　　B. 150　　　　C. 240　　　　D. 225

（3）一件 T 恤衫原价 150 元，现价比原价便宜 60 元，这件衣服是按（　　）折销售的。

A. 四　　　　B. 六　　　　C. 七　　　　D. 八

（4）一件 T 恤衫打六折，现价比原价降低（　　）。

A. 6 元　　　B. 60%　　　C. 40%　　　D. 12.5%

仔细观察并比一比上面各题，你发现了什么？_____

扬帆起航

2. "三八女王节"博库图书专营店做促销活动，如下：

乐乐挑选了一套《藏在地图里的国家地理——中国》。打完折后这套书应付多少钱？

原价128.00元

乘风破浪

3. "三八女王节"到了，厦门万象城搞促销活动，甲品牌鞋每满 200 减 100 元，乙品牌鞋"折上折"，就是先打六折，在此基础上再打九五折。如果两个品牌的某一双鞋子的质量和款式都一样，而且标价 560 元，哪个品牌的更便宜？

第 2 课时 成数

慧眼识珠

1. 下面相等的一组是（　　）。

   A. 二成五与 2.5%
   B. 七成与 0.07
   C. 八成五与 85%
   D. 四成与 $\dfrac{4}{100}$

2. 为加快全区的农业增效，农民增收，翔安区委、区政府以"三宝九品百味"等特色农产品为基点，坚持"两头在内，中间在外"的发展思路，加快农业结构调整优化步伐。2021 年翔安区胡萝卜种植面积将近 3.5 万亩，产量约 30 万吨。往年翔安胡萝卜出口跟内销的比例大概 4 比 6，出口的国家将近 20 个。受疫情影响，今年的胡萝卜主要销往国内市场，内销约占七成。今年内销比往年少多少万吨？列式正确的是（　　）。

   A. 30×(60%＋70%)
   B. 30×(70%－60%)
   C. 30÷(60%＋70%)
   D. 30÷(70%－60%)

3. 2020 年上半年，为了防控新冠肺炎疫情，人们响应政府号召，尽量避免外出，网上购物数量逐渐增多。某地区 6 月份的快递数量比 2019 年同期增长了 20000 件，达到了 45000 件。该地区 2020 年 6 月份的快递数量比 2019 年同期增长了（　　）。

   A. 约三成一
   B. 约七成
   C. 八成
   D. 约四成四

扬帆起航

4. 某二手车市场今年上半年的二手车交易量为 2.8 万辆，比去年上半年的交易量下降了三成。去年上半年二手车的交易量是多少万辆？

5. 某品牌的空调在不同月份的销售情况如下表。

月份	六	七	八	九
销售情况	800万台	1000万台	比上个月增长二成五	比上个月下降三成

哪一个月销售量最多，是多少？

乘风破浪

6. 某品牌的学习机是按进价提高四成定价，春节期间闽南生活广场某专柜优惠大促销——"八五折优惠酬宾"，欢欢用压岁钱买了一台。这时商店每台学习机仍可获利380元。这一品牌的学习机每台进价是多少元？

第3课时 税率

慧眼识珠

1. 妈妈买了一瓶高档化妆品，需要缴纳消费税90元，消费税占售价（含税）的15%。妈妈买这瓶高档化妆品一共花了多少钱？正确的列式是（　　）。

　　A. $90 \times 15\%$　　　　　　B. $90 \div 15\%$

　　C. $90 \times (1-15\%)$　　　　D. $90 \div (1-15\%)$

2. 微商王阿姨要提现 6 万元，需扣除（　　）元的手续费。

A. （60000－1000）×0.1％

B. 60000×0.1％

C. （60000＋1000）×0.1％

D. 60000×(1＋0.1％)

> 零钱提现收费规则：
> 每位用户终身享受1000元免费提现额度，超出部分按提现金额的0.1%收取服务费。

扬帆起航

3. 个人所得税部分相关数据如下表所示。

级数	全月应纳税所得额	税率/%
0	不超过 3000 元的部分	3
1	超过 3000 元至 12000 元的部分	10
2	超过 12000 元至 25000 元的部分	20

> 最新个人所得税政策调整，免征额上调每月到5000元，并在原有基础上要扣除六项个人所得税专项附加。即，在计算个税时，应纳税所得额=工资总数-三险一金-专项附加-免征额。

2020 年 8 月，欢欢爸爸的工资为 22000 元，三险一金以及六项专项附加费合计 4000 元，按规定这个月他应缴纳个人所得税多少元？

乘风破浪

4. （纳税求布价）
昨日街头干事毕，闲来税局门前立。
见一客持四百布，每疋必须税二尺。
贴回铜钱六百文，收布二十一半疋。
不知每疋卖几何，只言每疋长四十（尺）。

今译：昨天在街上办完事，慢悠悠地走到税局门前停下来。看见一客商持 400 疋布前来纳税，按规定每疋布必须缴税 2 尺。税局收去 21.5 疋布作税款。因多收了布，税局补给他铜钱 600 文。已知每疋布长 40 尺，请问每疋布多少钱？

第 4 课时 利率

慧眼识珠

1. 李叔叔将 15000 元钱存入银行，年利率是 2.75％，到期后得到利息 2475 元。李叔叔将这些钱存了（　　）年。

　A. 两　　　　B. 三　　　　C. 五　　　　D. 六

2. 合合把 3000 元压岁钱存入银行半年，年利率是 1.5％，到期后可得利息多少元？列式为（　　）。

　A. 3000×1.5％
　B. 3000×1.5％×6
　C. 3000×1.5％×0.5
　D. 3000×1.5％×1

扬帆起航

3. 下面是李阿姨 2015 年 5 月 2 日到中国建设银行存款时开具的储蓄存单凭证。到期时李阿姨可以取回多少钱？

4. 在精准扶贫项目中，王叔叔种植了一块药材地，2019年共收入30000元，他把30000元存入银行，整存整取三年，年利率是2.75%。到期时王叔叔可取回本金和利息一共多少元？

5. "科学技术是第一生产力"。某公司积极响应"科技兴国"号召，向银行贷款一笔资金用于项目研发，月利率是0.47%，半年后连同利息一次性还清贷款61.692万元，该公司向银行贷款多少万元？

乘风破浪

6. 今有贷人千钱，月息三十。今有贷人七百五十钱，九日归之，问息几何。

> 这是我国古代数学名著《九章算术》中的一道趣题。一个月按三十天计算。

第5课时 解决问题

慧眼识珠

1. 春节期间，妈妈想买一件标价780元的羽绒服，甲商场"每满100元减20元"，乙商场打"八折"出售，你能帮妈妈出出主意，去哪个商场买划算些？（　　）。

   A. 甲商场　　　　　　　　B. 乙商场
   C. 甲商场和乙商场一样　　D. 无法比较

2. 同款同样标价的潘婷洗发水，甲商场与乙商场两家商场分别打出优惠广告，下面几种说法中正确的是（　　）。

   A. 甲商场便宜
   B. 乙商场便宜
   C. 甲、乙商场一样便宜
   D. 乙商场买三瓶才优惠，在甲商场买更合适

   甲商场：降价25%销售！
   乙商场：买三送一！

3. 学校为篮球社团新购买48个篮球，甲文具店打"八折"促销，乙文具店"买10个送2个"促销。去哪个文具店买比较划算？（　　）。

   A. 甲文具店　　　　　　　　B. 乙文具店
   C. 甲文具店和乙文具店一样　D. 无法比较

4. 朴朴超市里有一款简爱酸奶原价每瓶8.8元，以下哪种促销方式对顾客最有利？（　　）。

   A. 每瓶7.5元　　　　B. 买4瓶送1瓶
   C. 2瓶12.9元　　　　D. 无法确定

扬帆起航

5. "好又惠"鞋店清仓大甩卖，这一天同时售出两双皮鞋，每双成本价都是200元，其中一双赚25%，另一双按成本价打八折出售，同时售出两双鞋是赚还是亏？

乘风破浪

6. 双十一到了，妈妈看上了下面这款原价1980元的羊绒大衣。某直播间推出了预售活动，在预售价990元的基础上，还可以同时参加三种优惠活动：a. 付100元定金立减100元；b. 领"双十一"购物津贴；c. 领店铺优惠券。请你结合我们本单元所学的数学知识，帮妈妈选一选并算一算，怎么买这件羊绒大衣到手价最低，是多少钱？

¥990预售价
专柜价¥1980
付定金立减100

"双十一"购物津贴跨店　领津贴每满400减50

店铺优惠券　满1699减110　满1299减80

限购　每笔订单限购10件；此优惠限量10……

第6课时 生活与百分数

慧眼识珠

1. 某公司2021年全年的营业额中应纳税的部分是55万元。如果按应纳税部分的3%缴纳增值税，那么这家公司2021年应缴纳增值税多少万元？正确的列式是（　　）。

   A. 55×3%　　　　　　B. 55÷3%
   C. 55×(1−3%)　　　　D. 55÷3%−45

2. 扣除三险一金费用以及六项专项附加费用，赵师傅每月收入8500元，按国家规定5001~8000元的部分需按3%缴纳个人所得税，8000~17000部分则按10%缴纳。那赵师傅每月应缴纳（　　）元个人所得税。

   A. 165　　　B. 350　　　C. 105　　　D. 140

扬帆起航

3. 小小调查员。

（1）请你去附近的银行调查最新的商业贷款利率，并了解国家调整利率的原因。

	短期贷款	中长期贷款	
时间	一年以内（含一年）	一至五年（含五年）	五年以上
年利率%			

2015年

	短期贷款	中长期贷款	
时间	一年以内（含一年）	一至五年（含五年）	五年以上
年利率%	4.60%	5.00%	5.15%

（2）王阿姨计划按照商业贷款60万元用于个人住房，贷款时间为10年。请你根据调查计算一下，到期时王阿姨应还给银行多少万元？

乘风破浪

4. 2021年6月15日，王老师打算把写作获得的5万元存起来，三年后连本带息捐赠给"希望工程"用于农村教育建设，有以下几种储蓄方式可供选择。请你算出每种方式可获得的利息是多少？（一年期理财产品每年到期后连本带息继续购买下一年的理财产品，且连续三年利率不变）

本金	存款方式	年利率
5万	定期三年	2.75%
	三年期国债	4.00%
	一年期理财产品连续购买三年	3.60%

第四章

评价篇——绿趣课堂的评价

第一节　绿趣课堂评价体系构建

一、绿趣课堂评价的意义

随着新一轮课程改革的推进，评价的功能从甄别与选拔，变为发挥激励作用促进学生的进步与发展、教师的提高以及教学实践的改进。2022年义务教育各个学科新课标中，均提出以"核心素养"为导向的评价。如《义务教育数学课程标准（2022年版）》中提出，教师要树立"教—学—评"一体化的意识，评价维度多元性要求，教师要全面考核和评价学生核心素养的形成和发展，不仅要关注学生知识技能的掌握，还要关注学生基本思想的把握、基本活动经验的积累；不仅要关注学生分析、解决问题的能力，还要关注学生发现、提出问题的能力。基于核心素养的教学评价，要由对知识技能的单维评价，到对问题解决、思维品质、情感态度等的多维评价。

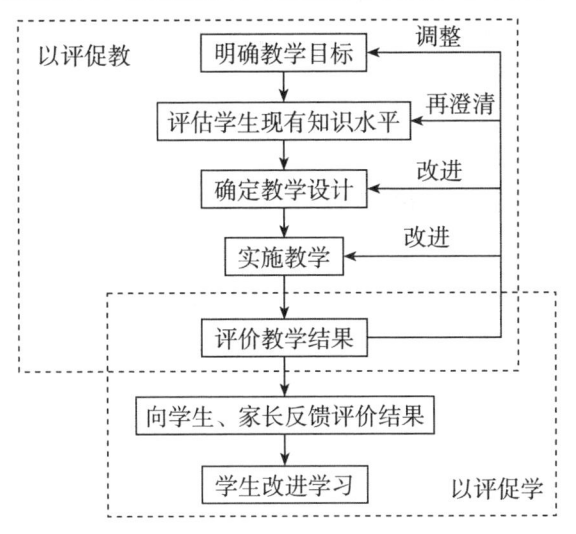

```
以评促教 ┌─ 明确教学目标 ←── 调整
         │      ↓
         │ 评估学生现有知识水平 ←── 再澄清
         │      ↓
         │  确定教学设计 ←── 改进
         │      ↓
         │    实施教学 ←── 改进
         │      ↓
         └─ 评价教学结果 ──┘
                ↓
        向学生、家长反馈评价结果
                ↓
             学生改进学习         以评促学
```

(一) 课堂评价深刻影响学生发展

建构主义学习观的核心是"学习是发生在学生头脑中的",无论我们如何精心设计教学过程,都无法进入学习者的头脑之中,将知识技能安装进学生的大脑中去。课堂评价实施频率高、程序简单,是了解学生需求和现状的重要手段。教师的评价会直接或间接影响学生的学习动力。评价具有激励功能,但并不是所有评价都能够激发学生的学习积极性,现实课堂教学中最常用的相对评价可能促进一部分学生的发展,而伤害了另一部分学生的自我认知。斯蒂金斯对比了两类学生以截然不同的方式体验着课堂评价,有的学生早早地取得了成功,在此基础上继续成长;有的学生早早失败,并且不断落后。研究发现,教师积极的评价有利于学生学习兴趣和自我效能感的提高,促进他们的学习动机和学习表现。绿趣课堂通过教师的课堂评价,激发学生探索的积极性以及自信心,以促进学生学业水平的提高。在教师对学生提供正面反馈的情况下,学生的理解能力得分较高。相反,教师使用否定的语言和评价会导致学生的焦虑感增加,学习兴趣降低,学习表现下降。当教师给予学生有效的反馈,比如肯定、鼓励、称赞,能够有效地唤醒孩子的学习热情,从而促进孩子的学习效果的显著提升。教师的评价行为还可能影响学生的自尊心和自信心。研究表明,教师在评价学生时使用过于严厉或负面的语言会影响学生的自尊,不利于学生学习兴趣的培养以及学习积极性的提高,也就影响了学习成绩和学习动机。研究表明,教师在评价学生时使用正面的语言和鼓励性的反馈可以提高学生的自我效能感,从而促进他们的学习成长。

(二) 有助于改进教学提升质量

科学合理的课堂教学评价,可让教师对学生的学习过程及结果有详细的了解,并可及时掌握学生的学习动态,从而有针对性地制定教学措施,以确保教学质量进一步提升。由于课堂教学评价是从多个层面、多个角度对学生的课堂学习过程及学习成果进行评价的,因此,教师要学会洞察及挖掘学生的优点,同时委婉地提出学生的不足之处,使得他们都能自信满满地投入到后期的学习活动中,感受到收获的乐趣。在绿趣课堂中教师应充分尊重学生的学习主体地位,将"为学生长远发展服务"作为教学设计的切入点及落脚点。这就需要教师全面了解学生的个性特点,以推动全体学生共同发展为目标，依据学生发展需求有目的地设计和改进教学措施，从而达到因材施教的教学目标。教师通过对不同学生的学习情况进行全面评价，及时发现自己教学方法、教学内容及专业知识方面存在哪些漏洞。并以学生的学习需求为目标，不断优化自己的教学方法，提升自身的专业能力。由此可见，通过合理、科学的课堂评价，可使教师和学生共同成长，也可使师生在教学相长中不断提高教学质量。

二、绿趣课堂评价原则

（一）客观性原则

评价标准应该尽可能客观，不受主观因素的干扰，避免因教师的主观情感或学生的个人特质而产生误判。首先，教师在课堂上所采取的评价手段和方法是合理公正的，保证能够客观评价每位学生。另外，教师课堂评价应如实反映学生课堂表现，不受学生性别、家庭等其他因素的影响，不带有教师个人主观偏见。

（二）全面性原则

评价标准应该能够全面反映学生的真实情况，不仅仅要关注学生学科知识的掌握情况，还得考虑学生的思维、创新以及实践能力等综合素质的培养。不仅要面对全体学生，还应促进学生全面发展，与新课程的理念相吻合。

（三）透明性原则

评价标准应该公开透明，布置活动任务前就让学生清楚评价标准，以便他们更好地了解同伴的学习情况和需要。教师教学计划时也应提前设计评价表格，将评价结果公布给学生，也可以反馈给家长，使得家长时刻清楚学生的学习成果。教师需要及时与家长保持有效沟通，向家长反馈学生在校学习情况，家校协作，促进学生的学习和成长。

（四）可操作性原则

评价标准应该具有可操作性，让教师能够更好地实施课堂评价，评价结果能够准确地反映学生的学习情况。由于课堂时间有限，突发情况较多，这就对教师课堂评价可操作性提出了更高的要求。因此，从评价体系制定开始，就一定要便于实施评价人的掌握与使用。

（五）有效性原则

评价标准应该是在教师与学生的课堂沟通中，激发学生的学习积极性，帮助学生树立自信心，从而主动参与学习活动，有效地帮助学生学习，让学生更好地掌握知识和技能，在情感、知识、能力各个方面都能得到一定的发展。有效的课堂评价还有助于教师关注学生学习状态、情绪、效果等，以便及时调整自己的教学设计及思路，寻求各种途径和方法提升自己的能力，从而更好地促进教师自身的发展。

（六）绿色性原则

评价标准应该公平、公正、阳光，关注学生的全面发展。评价内容不仅包括知识和技能，还应包括学生的学习态度、学习习惯、交流合作能力等方面。评价方式应多样化，如课堂观察、作业分析、小组讨论等，以全面、客观地反映学生的学习情况和发展水平。课堂教学应体现生态、自然、和谐的理念，关注学生生命活力的自然绽放和个性化发展。通过营造、绿色评价等方式，促进学生可持续发展，构建一个充满生机和活力的绿色课堂。

（七）趣味性原则

绿趣数学课堂评价原则中的趣味性原则，是指在教学过程中，教师运用幽默生动的语言、灵活的教学技巧、直观形象的表演以及富有感染力的激情等方式，最大限度地增加课堂活力，激发学生的学习兴趣，从而增强学习效果的一种教学方式。这一原则要求教师学为中心，把原本枯燥、难懂的数学内容变得生动而富有感染力。趣味性原则主要体现在两个方面：一是吸引学生注意力的外在兴趣，这种兴趣能够帮助学生掌握当下的数学知识，但有时也可能使学生游离于知识之外；二是真正吸引学生投入数学学习的内在兴趣，这种兴趣往往源于对数学本质的理解，通过知识与知识之间的联系而获得，通常比较持久。为了实现趣味性原则，教师可以采用多种教学策略重视从数学的本源出发，唤醒学生的数学思维，生成新知，有效沟通新旧知识的联系，增加数学思维的含量，激发学生思维的积极性。

三、绿趣课堂评价维度

(一) 互动维度

从情境入手，构建绿趣课堂评价体系。绿趣课堂注重对学生思维的培养，它是基于特定的情境，让学生之间形成互动，让师生之间形成互动，在此过程中生成思维。这样的思维具有明显的情境性，需要师生之间具备较强的情感联系。在课堂教学中，教师要创设实现这种思维互动的情境，在情境中产生共鸣，激发求知欲望，提高思维层次。从某种程度上而言，情境是绿趣课堂构建的必由之路。

(二) 反思维度

师生共同反思，构建绿趣课堂评价体系。反思是一种极为重要的维度，绿趣课堂中要想培养学生的反思能力，仅仅依靠学生的自觉性是不够的，教师在课堂中也需要营造一定的质疑环境，在教学结构中留有质疑的环节，这样才能提高学生运用反向思维的能力，培养学生的反思意识。以人教版解决问题为例，在回顾与反思环节，除了检查自己做的对不对，还可以回顾反思学生可能会出现无处下手的困境，这时就需要教师带领学生探索出科学的方法来进行回顾反思，如再一次从阅读理解入手，经历解决问题的全过程，还可以想一想刚才是如何解决问题的，在解决问题的过程中有没有遇到过什么问题，又是如何解决的，有没有积累了什么解决问题的经验，这样的题目除了这种方法还有其他的方法吗？用这样的方法还可以解决什么问题？通过这样引导，学生积累了解决问题的经验，思维也得到发展。

(三) 表达维度

鼓励学生表达，表达是将知识由学习向应用转变的过程，是真正意义上掌握知识，并将知识转化为自身能力的一种表现。在绿趣课堂的教学中，教师要设法引导学生主动表达，设计表达的话题，营造平等交流的环境，保证学生的表达空间，这样才能真正意义上提升学生的表达能力。基于此，教师应聚焦绿趣课堂培养学生高阶表达能力的几个评价维度，从评价方式、表达价值、课堂结构、表达环境、话题引导等方面加强学生的课堂表达，既能凸显学生课堂的主体地位，又能让教师的教学重心由传统的知识习得转向思维培养。

附量表：

基于核心素养的绿趣课堂教学观察记录表

观察小组名称		成员姓名	
观察视角	怎么学	观察记录	
观察视点		一个小组的学习情况	
1. 指导预习：是否布置学生预习和思考练习，从中发现学生的问题？			
2. 学思结合：是否引导学生思考教学内容，并主动发现、提出问题？			
3. 合作学习：形式、次数，是否有效组织、汇报交流、点拨指导？			
4. 聆听心声：教师能否细心聆听学生不同意见，然后灵活积极地回应？			
5. 情境导入：是否创设情境，导入新课，激发兴趣，引导学生主动学习？			
6. 活动作业：学生活动、作业时间、内容、效果，活动的交流与指导。			
7. 学法指导：学生用工具、记笔记、抓要领、做小结、做对比等情况。			
补充观点			
教学改进建议			

年　月　日

基于高阶思维的绿趣课堂教学观察记录表

观察小组名称			成员姓名		
课主题				执教者	

观察视角：怎么教	观察记录		
1. 问题的认知水平？（①记忆 ②理解 ③应用 ④分析 ⑤评价 ⑥创造）	具体问题		问题层次
2. 课堂提问：教学环节的启发问题和无效问题次数。	教学环节	启发式问题	无效问题
3. 示范操作：教师能否示范高水平的探索过程操作？			
4. 创新训练：能否分层设计变式训练题？能否设计高阶思维的训练题？（分析、评价、创造）			
5. 平衡教学：能否将探究式教学与有意义接受式教学相结合？			
补充观点			
教学改进建议			

年　月　日

第二节　绿趣课堂学习成效评价

学生学习成效评价是课程达成评价的核心，应立足"学生学得怎么样"和"对学帮助效果如何"展开。而传统的评价方式基本按照教和学两条线分开进行的，势必产生"教得好学得不一定理想，学得好不一定是教的结果"；学习者的学习往往局限于"教什么学什么"和"考什么学什么"，势必产生"学、思、行不能合一"的问题。因此，通过构建教和学共同体，实施以学生素养发展为导向的学习成效评价，可以克服"唯考试、唯分数、唯智育"的不科学评价导向，绿趣课堂转观念、改课堂、变模式、导评价是实现"以评促学、以评促教、教学相长"的重要引擎。

一、学习成效评价内涵

学习成效评价是教育工作者最关心的工作之一。对学生个体学习的进展和行为变化的评价，是教学整体的一部分。学习成效评价是指在教学实践中，教师依据教学目标，对学生学习结果进行分析及解释，对多种评价方法得到的信息所表明的学习效果作出价值判断，判明学生知识、技能等的掌握程度及能力的形成状况。一方面，学习成效评价可以使教师了解学生知识掌握的程度，有利于教师及时采取调适措施。另一方面，在学习过程中，学生及时地了解自己的学习成效，正确地评价自己的学习，可以克服学习上的盲目性、提高学习积极性、调整学习行为、取得较快的进步。学习成效评价的主要目的是为了激励学生的学习，根据学生的实际改进教学，促进学生更好地发展。

如一年级数学绿色评价活动，以"'之乎折也'我会折"和"数学故事我来讲"两项活动设计为例：

1."之乎折也"我会折

在"之乎折也"的数学折纸活动中，学生通过翻转、折叠、调整顺序和折法，逐渐提高动手操作能力、空间想象能力和创造性思维。在利用 8 个数进行加减计算的过程中，学生的计算能力和列举能力得到了充分的锻炼。在观察图案、寻找隐藏成语的过程中，学生的观察能力、推理能力和成语储备被充分调动。

评价：教师对学生的折纸作品、加减计算结果以及成语寻找的准确性进行评价，同时关注学生在活动过程中的参与度和创新思维。

2. 数学故事我来讲

"数学故事我来讲"活动给了学生演绎数学小故事的机会。从前期的数学小故事搜集，到对故事中蕴含知识与道理的理解，再到对故事的讲述，不仅锻炼了孩子们的语言表达能力，更提高了孩子们对数学的好奇心与求知欲。

评价：教师对学生的故事讲述能力、对故事内容的理解程度以及数学知识点的运用进行评价，同时关注学生在活动中的自信心和表达能力。

这样的绿趣课堂学习成效评价活动让学生不仅在数学知识和技能上得到了提升，还在动手操作、语言表达、创新思维等方面得到了锻炼。学生在活动中的积极参与和自信表现，为他们以后的学习和生活奠定了坚实的基础。

二、学生学习成效评价的种类

（一）教学前的评价。

通常被称为预备性评价。它是指在教学活动开始之前，对学生的学习背景、知识掌握程度、学习需求以及可能遇到的困难等方面进行系统的评估。预备性评价的目的是帮助教师更好地了解学生的现状，以便制定更加符合学生实际的教学计划，选择更加适合的教学方法，从而提高教学的针对性和有效性。通过预备性评价，教师可以发现学生的优点和不足，进而在教学过程中给予有针对性的指导和帮助，促进学生的全面发展。

（二）形成性评价。

所谓形成性评价，是随时了解学生知识掌握的程度、学生的学习是否有进步、学生有无学习困难，发现学生的潜质，通过诊断的教育活动存在的问题，提供反馈信息，有利于学生和老师根据需要采取恰当的调适措施，提升实践中正在进行的教育活动的质量。形成性评价即过程评价，注重在学生日常学习、发展过程中实施相应的评价。形成性评价不能和以判断学生能力为主的评价方式混为一谈，更不能用来评定等级。形成性评价主要用于不断地反馈学生学习成功或失败的信息，它特别注重强化学生学习的成功之处，显示学生学习过程中需要改进的具体的学习错误。下面从形成性评价这一方面介绍在具体的教学实践中与课程相适应的学习成效评价的操作。

（三）情境性评价。

情境性评价强调情境的真实性和关联性。教师需要选取与学习内容紧密相关的真实生活场景，如购物、旅行、家庭预算等，创设能够激发学生思考和参与的情境；情境性评价关注学生的实践能力和问题解决能力。在情境中，学生需要运用所学的数学知识来解决实际问题，如计算购物总价、制订旅行预算等。这种实践性的学习方式不仅能够提高学生的数学运算能力，还能够培养他们的逻辑思维和问题解决能力，教师需要采用多种评价方式，要充分注重评价的激励性，既要鼓励和保护学生已有的主动性、积极性，还要激发其进一步进行思考、探索、表现等。评价的具体形式可以是专业化的话语，可以是动作（包括鼓掌、神态、表情），还可以是符号等。这种评价的主体与对象，可以是学生个体，还可以是学生群体，以确保每个学生都能在绿趣数学课堂中获得成长和进步。

（四）行为观察。

行为观察是以评价对象的行为表现为主，在自然场景中了解和评定评价对象的方法。作为评价的依据，观察应当有记录。教师在日常的教学中，当学生在回答提问或进行练习时，通过课堂观察，及时地了解学生学习的情况，从而做出积极反馈，正确的给予鼓励和强化，错误的给予指导与矫正。

（五）诊断性评价。

如果把形成性评价看作是对学生学习错误的初诊的话，诊断性评价就是复诊。它的重点在于对学生学习中屡犯错误深层原因的调查。它需要一些精心准备的诊断性测试以及高度专业化的访谈技术。

（六）激励性评语。

激励性评语可以应用在作业批改中，针对作业的正确性、书写好坏等的激励性评语可以激发学生不断进步。

（七）总结性评价。

所谓总结性评价，是了解学生的学习成果是否达到预期的教学目标，以作为评定成绩的依据。它和形成性评价的不同之处在于，它的目的是评定学生的学习成就，而形成性评价旨在发现困难和改进教学。总结性评价也是对教学目标达到程度的判断，同时提供了教学目标适当性与教学策略有效性的信息。考试自然是必要的，在试题的取材方面，总结性评价抽取具有代表性的学习内容，涵盖的范围较广。

三、实施学习成效评价要遵循的原则

1. 发展性原则。评价在于促进学生发展，为学生的发展服务，评价要常常提供有关学生"潜力"和"能力"的信息，增强学生主动发展的内驱力。

2. 全面性原则。在评价的内容、指标构成上体现全面性，既有利于全面提高学生特定领域的素质发展，又有利于全面提高学生的综合素质。

3. 自主性原则。评价主体应当是课程的学习者和受益者——学生。

4. 过程性原则。评价要贯穿于学生学习的全过程之中，贯穿于学生生命生长、发展的全过程之中。

5. 合作性原则。在学生自评基础上，更强调实施生生互动、师生互动的开放性的合作评价。

四、构建学习成效评价体系

将成果导向评价作为主线，并将增值评价与学习行为评价融入其中，一方面促进教师更加关注教学对学生学习成效的影响，不断完善学生学习成果的相关制度和措施，推进教学范式的改革与实践，为学生的知识、能力和素养的进一步提升营造良好的条件和氛围，助力学生学习质量的提升；另一方面可以让学生真正以主体角色，通过自己的学习行为及切身感知来保证评价的信度和效度，激发自身高阶学习潜力和学习效能。

增加学生自我评价和同伴评价的比重，能够更好地发挥学生的主体作用，在增加学生自我评价和同伴评价的比重方面，可以借鉴一些国内外的成功案例。例如，英国的一项教育实践研究表明，学生自我评价对学习的促进效果是显著的。教师可使得学生通过自我评价以及互相评价，增强对自己、对学习伙伴学习表现的认识，从而激发他们的学习动力和学习兴趣。另外，在荷兰的一项教育实践研究中，研究者发现，课堂中的自我评价和互相评价不仅有利于激发学生学习热情帮助学习，还能够增强他们的社交能力和合作意识。基于这些成功案例，可以建立起相应的互动式课堂评价体系，比如，教师在课堂上引导学生进行各种机制的评价，有利于学生互通有无，交流学习，同时也可以将学生的自我评价和同伴评价纳入到课堂评价的考虑范围之中，从而促进学生的全面发展。教师应根据教学目标设立评价标准，课堂活动、作业等都应符合教学目标，指导学生在参与课堂活动的过程中学会评价。

例如，在课堂活动开始前，指导学生向自己提问：①我要在活动中达成哪些目标？②我要如何达成这些目标？③我要如何判断自己或同伴是否达成了目标？

1. 通过多种方式，如课堂讨论、小组合作等，鼓励学生进行自我反思和他人评价，帮助他们发现自身的不足与优势，并从中学习到他人的长处与短处。例如，在小组交流中，教师指导学生对自己在小组中的表现进行评价，同时也可以要求学生对同伴的表现进行评价，使学生互相交流学习，共同成长。

2. 制定学生自我评价和同伴评价的方案。通过设计让学生能够系统地进行评价和总结，同时也方便老师进行统计和分析。例如，在小组合作中，老师可以设计小组合作评价表格，让学生对小组成员的表现进行评价和总结，以此来促进小组成员之间的相互合作和学习。

3. 老师和学生共同制定课堂评价标准。老师和学生共同制定课堂评价标准，让学生更加清晰地知道自己应该做什么，以及如何才能做得更好。比如，教师在课堂讲解的过程中，可以引导学生对老师的讲解进行点评，以此来建立课堂评价标准,并让学生能够更好地理解和掌握知识点。

4. 鼓励学生进行反思和总结。通过鼓励学生进行反思和总结,让学生能够对自己的表现进行深入思考和总结,以此来发现自己的不足和优点,并进一步提高自己的学习能力和学习效果。例如,在课堂结束前,老师可以要求学生对今天的学习进行总结和反思,并进行自我评价和同伴评价,以此来提高学生的自我意识和学习效果。

学生学习成效评价立足于学习成果,以落实学生发展为主要目的,将教学过程、学习活动与评价活动融为一体。通过对学生的学习态度、学习行为、学习能力、学习成果、学习效能等方面开展评价,有利于找到教学中存在的问题及解决问题和改进质量的有效途径。

第三节 绿趣课堂教师教学评价

随着我国基础教育改革的纵深推进,教师作为评价者的身份日益受到重视。相应地,教育评价的促学作用也愈发凸显。中共中央、国务院颁布的《深化新时代教育评价改革总体方案》中,提出要对学生进行多元评价,完善多向度的评价标准。在《义务教育数学课程标准(2022年版)》中明确要求,教师需要发挥评价的育人作用,以丰富的评价方式、多元的评价维度来评价学生的学习过程与结果,合理呈现并运用评价结果。

教师肩负着促进学生学习与发展的重要责任。其中,教师的评价素养是决定课堂评价有效性最为基础的因素。首先,教师能够全程参与课堂评价任务或工具的开发或选择、课堂评价实施、课堂评价结果的管理和使用等过程,更充分地了解学生的学习现状与预期目标之间的差距,从而根据评价结果、基于评价反思,做出更好的关于学生学习与教师教学调整方面的评价决策。其次,教师是课堂评价的直接组织者、实施者与决策者。教师作为课堂评价的关键,能够从课堂中获得大量关于学生学习过程与结果的一手评价信息。

绿趣课堂的评价应包括五个基本要素，即清晰的目标、真实性任务、有力的证据、多元化的主体和有效的反馈。

一、评价要有清晰的目标

新课标指出评价应以教学目标为依据，在绿趣课堂的评价体系中，确保评价具有清晰的目标至关重要。主要体现在三个核心特性上：明确性、层次性与关联性。

1. 明确性。这不仅有助于教师明确教学方向，也能让学生清楚了解自己的学习目标和预期成果。评价具备清晰的目标至关重要，目标明确意味着每一个评价目标都需界定清晰，不含糊其辞，让学生和教师能够一目了然地理解期望达到的学习成果或能力标准。这要求目标描述具体、可量化或可观察，避免使用抽象或泛泛而谈的词汇，确保评价活动直接针对具体的学习目标进行。

2. 层次性。强调评价目标应体现出由浅入深、由易到难、循序渐进的递进关系。它要求在设计评价目标时，不仅要关注基础知识的掌握情况，还要考查学生将知识应用于解决实际问题的能力，以及在此基础上形成的更高层次的思维能力和情感态度。通过设立不同层级的评价目标，可以更加全面地反映学生的学习进程和个体差异，促进每个学生的个性化发展。对于基础较弱的学生，目标可能是"理解加法运算的基本概念，并能正确计算简单的加法题"；而对于优秀学生，则要求"能灵活运用加法运算解决生活中的实际问题，如购物找零等"。

3. 关联性。是指评价目标应与教学目标以及学生的实际生活紧密相连。评价目标应紧密围绕教学目标展开，确保评价活动能够有效地检验教学目标的实现程度。同时，它还应与课程标准保持一致，确保评价内容符合学科要求和教育政策导向。此外，评价目标还应贴近学生的生活实际，让学生在评价过程中能够感受到知识的价值和意义，激发他们的学习兴趣和动力，达到素养的提升。例如"简单的分数加减法"设计评价目标：（1）学生通过画图、说理等理解分数的计算也是相同的计数单位相加减，与整数、小数计算的算理是一样的。（2）沟通小学阶段整数、小数、分数计算的算理。（3）结合具体事例说明算式的意义。课上教师结合目标确保评价活动能够有效地检验学生是否达到了教学目标。在设定评价目标时，参考课程标准中对运算能力、推理意识两个核心素养的要求，确保评价内容与课程标准相符。还可以在评价过程中融入与学生实际生活相关的元素，如，设计一个购物场景的题目，让学生用分数来计算购物时商品的折扣和总价。这样的题目不仅考察了学生的分数计算能力，还让他们在实际情境中感受到了分数的应用价值，从而激发了他们的学习兴趣。

二、设计真实性的评价任务

在设计绿趣课堂的评价任务时，我们尤其注重任务的真实性和与学生实际生活的紧密联系。评价任务不仅仅是书本知识的简单应用，而是模拟或再现学生在真实世界中可能遇到的情境和问题。以"超市购物计划"为例：小学生充满好奇心与探索欲，为了让学生深刻理解数学不再是枯燥的数字游戏，而是解决现实问题的有力工具，我们设计了真实性评价任务。这一任务旨在通过模拟真实的购物场景，让学生在轻松愉快的氛围中，培养实践能力与综合素质。

【评价目标】

1. 能运用小数进行复杂的购物金额计算，并能在有限的预算内，综合考虑价格、数量、需求等多方面因素，制订出既经济又合理的购物计划，实现问题解决能力的显著提升。

2. 通过小组合作，学会倾听、尊重与协作，实现小组内互帮互助，搭建起友谊与信任的桥梁。

3. 鼓励学生在购物计划中展现独特的视角与创意，如寻找隐藏的优惠、提出新颖的搭配方案等，激发他们的创新潜能。

【评价标准】

清晰性：购物计划是否条理清晰、一目了然地列出了所需物品及其数量、价格，让读者能够轻松理解。

合理性：预算分配是否科学合理，是否充分考虑了价格、数量与需求之间的平衡关系，避免了不必要的浪费。

准确性：在计算总价时是否一丝不苟、准确无误地运用了加减乘除运算法则以及货币单位的换算知识。

创新性：购物计划中是否融入了新颖的元素与创意的火花，如独特的商品搭配、巧妙的省钱策略等，让人眼前一亮。

合作与沟通：小组成员之间是否展现了良好的团队合作精神与沟通能力，共同为完成任务而努力拼搏、相互支持。

通过这样一场精彩纷呈的超市购物计划评价任务，学生们不仅在数学知识的海洋中畅游得更深更远，还在实践中学会了如何运用这些知识去解决实际问题；他们不仅收获了成功的喜悦与成长的自信，还结下了深厚的友谊与留下珍贵的回忆。

三、有力的评价证据

有力的评价证据直接关系到评价的准确性和有效性。评价过程应依赖于明确、可量化且能够真实反映学生学习成效的数据、作品或表现，以此为依据来评估学生的学习进展与达成目标的情况。如"认识时间"单元教学中，为了收集有力的评价证据，教师可以设计一系列与生活紧密相关的实践活动。可以让学生记录一周内自己每天的起床时间、上学时间、放学时间和睡觉时间，并绘制成统计图。这一过程中，学生的时间记录表、时间线图以及他们对自己时间管理情况的反思报告，都可以成为评价他们掌握时间概念及计算能力的重要依据。还可以设计一系列时间计算的小游戏或挑战，如"快速找时间差""制订合理时间表"等，学生在游戏中的表现来评估他们的时间计算能力。这些活动中的游戏得分、解题步骤，以及学生之间的合作与交流情况，同样是构建有力评价证据的重要组成部分。

也可以通过在线时间管理应用或教育平台，追踪学生完成时间计算任务的进度、正确率和所用时间，这些数据将为教师提供客观、量化的评价依据。

有力的评价证据在绿趣课堂评价体系中发挥着至关重要的作用，它要求教师在设计教学活动时，注重评价证据的多样性和有效性，以确保评价结果的准确性和公正性。同时，这也促使教师更加关注学生的个体差异和学习过程，为他们提供更加个性化和有针对性的指导和支持。

四、评价主体多元化

《义务教育数学课程标准（2022年版）》在评价建议中指出发挥评价的育人导向作用，坚持以评促学、以评促教，教师要全面考核和评价学生核心素养的形成和发展。

1. 评价方式丰富

在绿趣数学课堂中，教师应结合学习内容、学生学习特点，选择适当的评价方式，激发学生对数学的兴趣，促进其全面发展。评价不仅关注学生的学习成果，更重视其学习过程、思维能力、情感态度及团队合作等多方面的表现。常言道："数学之美，在于探索与发现；评价之智，在于全面与深入。"在绿趣数学的课堂上，我们深刻践行这一理念：课上可采用"过程性评价"与"结果性评价"相结合的评价方式。

过程性评价关注学生在学习过程中的参与度、思维活跃度、问题解决策略的多样性等。例如，关于几何图形的探索活动中，学生分组合作，利用七巧板拼接出各种图形并尝试证明其性质。教师通过观察记录、小组讨论汇报、同伴互评等形式，对学生的创新思维、合作精神及表达能力给予即时反馈和正面评价。这种评价方式让学生感受到努力的过程同样重要，激发了他们持续探索的热情。

结果性评价更注重其多样性和个性化。比如，在学期末的数学展示会上，学生可以根据自己的兴趣和特长，选择以数学小论文、数学模型制作、数学故事讲述等形式展示自己的学习成果。这种评价方式不仅考查了学生的数学知识和技能掌握情况，还充分展现了他们的创造力、沟通能力和自信心。每个孩子都是独一无二的，我们的评价应当尊重并鼓励这种独特性。

绿趣课堂还引入了"自我评价"与"反思性评价"的机制。鼓励学生定期进行自我评估，反思学习过程中的得失，明确自己的进步方向和努力目标。

例如，在学习完一个章节后，学生需要撰写学习心得，总结自己的学习方法和策略，提出改进建议。这种评价方式帮助学生建立自我认知，培养自我调节和自我激励的能力。

2. 评价主体多样

新课标指出评价主体应包括教师、学生、家长等。综合运用教师评价、学生自我评价、学生相互评价、家长评价等方式，对学生的学习情况进行全方位的考查。如学习单元结束时，教师可以要求学生设计一个学习小结，对学生的学习情况进行评价，也可以组织学生在班级展示交流学习小结让学生互评，以及让学生自评总结自己的进步，反思自己的不足，汲取他人值得借鉴的经验。

在绿趣课堂的实践中，评价主体的多样性被赋予了深刻的内涵与实践价值，它不仅打破了传统教育中教师单一评价的模式，更通过引入学生自评、互评以及家长、社区等多元评价主体，构建了一个全方位、立体化的评价体系。正如苏霍姆林斯基所言："教育的技巧并不在于能预见到课的所有细节，而在于根据当时的具体情况，巧妙地在学生不知不觉中做出相应的变动。"这一理念在绿趣课堂评价主体的多样性中得到了生动的体现。在学生们探索"分数的加减法"这一知识点时，教师不再是唯一的评价者。在小组合作学习中，学生们首先会进行自我评价，他们反思自己在学习过程中的理解程度、解题策略的有效性以及遇到的困惑。这种自我评价促进了学生的自我认知和元认知能力的发展。随后，学生之间会进行互评。他们互相检查对方的解题步骤，讨论解题思路的差异，甚至就某个难题展开辩论。在互评过程中，学生学会了欣赏他人的优点，也学会了如何以建设性的方式指出他人的不足。这种互评机制不仅加深了学生对知识点的理解，还培养了他们的批判性思维和团队协作能力。此外，家长也被邀请成为评价主体之一。他们可以通过查看学生的学习日志、参与家庭作业辅导或与学生共同完成数学实践活动来评价学生的学习情况。家长的参与不仅让家长更加了解学生的学习状态，也为学生提供了来自家庭的支持和鼓励。

信息技术应用在数学教育的方方面面，从教学形式、学习形式到成果，都能看到互联网的力量。微课、慕课、云课堂等多种教学平台也大大提升了教学效率，方便了教师和学生，因此可以使用互联网这驾马车，推动课堂评价活动的开展。首先，在互联网模式下，优质的教育资源大规模共享，教师可以从中学习到优秀的课堂评价案例，学习有资历教师的课堂评价经验，与线下教学实际相结合。其次，互联网本身也是一种教学工具，使用互联网平台开发课堂评价工具，宣传评价课程，逐渐提高学生对于课堂评价的接受度，提升学生积极性和良好态度，通过互联网的及时性特点加深学生课堂评价的正向感受反馈。最后，教师利用互联网大数据技术搜集、分析、使用课程评价相关信息，理解课程评价数据信息，在开展过程中实时更新，关注自身教学和学生反馈，适应学生的个性化需求，以提升自己的专业度，促进学生良好发展。教师还可以使用互联网工具对自己的课程评价活动进行评估，收集学生的反馈意见和建议，积累经验吸取教训，不断熟练掌握课程评价。

绿趣课堂中评价主体的多样性不仅丰富了评价的内容和形式，更促进了学生综合素质的全面发展。它让学生在学习过程中不断反思、交流和成长，同时也为教师和家长提供了更多了解和支持学生的途径。

五、有效的评价反馈

"经验＋反思＝成长"，教师课堂评价能力的提升与自身的课后反思是息息相关的。教师只有课后反思才能清楚自己哪些评价行为是合理可取的，是符合素质教育发展，可以继续发扬的；清楚在哪些方面还存在问题，还需要进一步的思考和改进，从而寻找学习和进步的途径。教师在不断地反思和学习中，也能不断更新自己的教育理念，使得自己能够顺应时代的潮流，掌握更先进的教学手段，领悟更高的、更科学的评价技能，为学生的全面发展提供更好的保障。

有效评价反馈不仅是衡量学生学习成效的重要手段，更是促进学生全面发展素养落地的关键环节。有效评价反馈不仅仅是简单的信息传达，更是深入学习过程，促进学生反思与进步的催化剂，能够直接关联到学生的学习体验与成就感。当学生看到自己的努力得到认可时，能极大地激发他们的学习动力和探索欲。有效的反馈应当具备明确性、具体性、建设性、及时性和互动性等特点。

明确性指的是反馈内容需要直接指向学生的学习表现，让学生清楚地知道自己在哪方面做得好，哪些方面有待提升。

具体性则要求反馈不仅要指出问题，还要提供具体的例子或情境，帮助学生准确理解并定位自己的不足之处。

建设性是鼓励学生改进的关键。它强调在指出问题的同时，也要提供积极的解决方案或建议，帮助学生找到改进的方向和方法。这种反馈能够激发学生的内在动力，促使他们积极面对挑战，不断进步。

及时性也是有效反馈的重要特征之一。及时的反馈能够让学生在学习过程中迅速获得关于自己表现的反馈，从而及时调整学习策略，避免问题积累。同时，及时的反馈也能够让学生感受到教师的关注和重视，增强他们的学习信心和动力。

互动性是有效反馈不可或缺的一部分。它鼓励学生与教师或同伴之间进行积极的交流和讨论，共同探讨学习中的问题和挑战。这种互动不仅有助于学生深入理解反馈内容，还能够促进他们之间的合作与分享，形成良好的学习氛围。

教师自我提升的过程中，既要改变自己的意识，又要提升自己的技能。通过阅读书籍、主动观摩优秀教师教学示范，切实明白学生是评价的核心，所有形式的评价都是为了学生更好、更全面地发展而进行的，在评价过程中通过对学生的不断了解，实时调整和完善评价方法、标准和工具，同时监测学生的学习成果和态度，并关注每个学生的发展和进步。

第四节 绿趣课堂评价反馈与改进

绿趣数学课堂评价活动最终目的是促进学生学习，养成良好的学习习惯，培养独立的学习态度，以促进学生的可持续发展。教师在课堂上对学生评价的内容不仅要包含对其学习效果的评价,也要包含对学生的一些基本素质的评价,一般包括:学生的道德品质层面的评价;学生的学习能力的评价,如能否担负起学习的责任,能否运用各种学习策略和方法来提高自己的学习水平,能否对自己的学习过程和结果进行总结和反思,能否理论联系实际运用自己所学的知识和技能分析和解决学习和生活中遇到的各式问题;学生的交流与合作能力的评价,如能否在学习过程中与同学进行有效的沟通和交流,在学习过程中或遇到难题能否做到与他人通力合作,共同解决问题;学生对待个人与情感的能力的评价,如是否拥有自信和自尊、是否能够面对困难与挫折、对学习和生活是否有着积极乐观的态度等。

评价的价值最终是通过反馈来实现的,如果没有有效的反馈,那么评价就不可能促进学习。反馈能够让学生了解自己存在的问题与不足,从而实现自我改进和提高,最终成为一个能够进行自我引导、自我监控的学习者。反馈应该是清晰的,有针对性的。这样的反馈信息可以帮助学生了解到自己距离目标水平的差距及成绩标准的满足情况。学生通过教师的反馈信息可以了解到自己哪些地方做得好,哪些地方有待改进,哪些学习活动是正确的,哪些是错误的,错在哪里。这样学生能够发挥自己的优势,弥补自己的错误,改进自己的不足。

教师也应该采取不同的反馈形式。例如,当堂口头形式、书面报告形式、学生座谈形式、单独面谈形式,也可以充分利用现代化的通讯手段,利用网络平台的形式,和学生家长或学生本人进行私下交流。当然,各种反馈形式都有各种的优缺点。教师必须明了各种反馈形式的特点,并且根据所反馈的内容,采用相应的反馈形式。也可对各种形式进行优化组合,以形成最优化反馈。

反馈应有效。促进学习的评价理论强调教师应给学生提供清晰的、建设性的反馈,帮助学生获得进步。Butler(1988)在一项研究中发现,只给评语的反馈最能促进学生的学习兴趣和学习表现。因此,教师需要给学生提供及时的、具体的、清晰的、描述性的反馈,帮助他们明确下一步的学习计划。

反馈应及时。课堂评价中的"反馈应及时"要求教师和评价者能够敏锐捕捉学生的学习动态,及时给予有效的反馈和指导,以促进学生的学习成长和教学质量的提升。教师应及时对学生的表现、作业、考试等作出描述性反馈，使学生及时明确自己的优点和不足。教师能够迅速响应学生的学习表现，无论是正面还是负面的反馈，都力求在第一时间传达给学生。这意味着评价不仅仅是一个事后总结的环节，而是贯穿于整个学习过程中的即时互动。当学生在课堂上展现出新的理解、提出了独特的问题或是遇到了学习障碍时，教师能够及时给予认可、鼓励或指导，帮助学生调整学习策略，深化对知识的理解和掌握。及时的反馈还有助于激发学生的学习兴趣和动力。当学生感受到自己的努力和进步被及时关注和肯定时，他们会更加积极地参与到课堂活动中来，勇于表达自己的观点和想法。这种积极的互动氛围能够促进师生之间的良好沟通，构建和谐的师生关系，为学生的学习成长提供有力支持。及时的反馈也有助于教师及时调整教学策略和方法。通过观察学生的即时反应和学习成效，教师可以了解学生对教学内容的掌握情况，发现教学中存在的问题和不足，从而有针对性地改进教学方式，提高教学效果。这种基于学生反馈的教学调整是教学相长的重要体现，也是提升教学质量的关键环节。

反馈应具体。教师在评价时应以学习目标为依据，具体描述学生的优点和有待改进的地方，这样能让学生详细了解现阶段的学习与目标之间的差距。教师在实施评价时，应秉持严谨、稳重的态度，紧密围绕既定的学习目标进行。他们需以理性、客观的标准，全面审视学生的学习表现，既要准确概括学生的显著优点，如"学生在课堂讨论中所展现的深入思考与独到见解，体现了其扎实的学术功底与勇于探索的精神"，又要中肯地指出其存在的不足之处，并提出具体可行的改进建议，如"在团队合作中，学生需进一步增强沟通能力，以更好地促进团队协作与成果共享"。此评价方式旨在通过精准的定位与反馈，帮助学生明确自身在学习过程中的优势与短板，进而为其后续的学习与发展提供明确的方向性指导。它体现了教师对学生个人成长与全面发展的深切关注。

反馈应清晰明了。首先，教师的课堂口语反馈应简洁明了，突出学生的优点或需要改进的地方，直接指出学生的亮点所在，同时也不回避需要学生改进的地方。这样的反馈有助于学生迅速理解自己的表现情况，明确接下来的学习方向。教师可以用简短而有力的语言，如"你的解题思路很清晰"或

"注意一下这个细节可能会更好"，来给予学生即时的反馈。其次，教师的书面评语应清晰、易于理解。教师应避免只使用等级或分数评价学生，可使用"优点＋缺点"的描写方式进行简要评价。评语应当直接指向学生的学习表现，无论是优点还是待改进之处，都应以鼓励性和建设性的方式表达。通过明确的语言，教师可以帮助学生清楚地认识到自己的学习成果，同时也为他们提供具体的改进方向和动力。这样的评语不仅能够增强学生的自信心，还能促进他们更好地规划未来的学习路径。此外，教师应了解学生是否能根据评语的建议改进学习，并且进行随机抽查，监督学生落实教师的建议。教师的书面评语确实应当力求清晰、简洁且易于理解。

附录：
个人代表性文章

小学数学统计与概率教学中融入思政元素的实践探索

摘　要：在统计与概率教学中融入思政元素，不仅是新时代建设教育强国的客观要求，更是落实立德树人教育根本任务的重要举措。分析在小学数学统计与概率教学中融入思政教育的必要性，并提供四个实施方略，以期在大中小思政一体化建设的背景下，为小学阶段将课程思政融入数学课堂教学提供参考。

关键词：小学数学；统计与概率；思政元素

随着广大教师对"课程思政"理念的认识不断深化，"大中小学课程思政一体化"建设越来越受到教师的重视。小学数学学科作为国家课程的重要组成部分，对引导学生坚定跟党走、树立正确思想政治观念具有不可替代的作用。"统计与概率"领域知识在小学数学中占有重要地位，将思政元素有机融合到这一领域教学中，不仅是践行立德树人根本任务的重要举措，而且对于促进学生全面发展，培育有理想、有本领、有担当的新时代好学生具有重要意义。

一、小学数学统计与概率教学中融入思政元素的必要性

随着立德树人教育根本任务的提出，课程思政研究成为国内专家、学者关注的教育热点。2023年5月31日，习近平总书记在北京育英学校考察时用了8个关键词，表明党和国家对青少年德育工作的重视程度。德育工作应该从小抓起，儿童的成长离不开品德教育，数学课堂融入思政元素关乎学生的身心健康成长。

（一）数学课程标准提出明确的思政要求

将思政教育融入小学数学统计与概率领域教学，是数学学科实现育人根本任务的必然要求。《义务教育数学课程标准（2022年版）》（以下简称新课标）指出，"数学在形成人的理性思维、科学精神和促进个人智力发展的过程中发挥着不可替代的作用"。[1] 新课标将"立德树人"作为教育目标的核心，强调数学教育应当促进学生成为有社会责任感、具有良好道德品质的公民。这意味着数学教育不仅仅是传授知识和技能，更要注重培养学生正确的价值观和道德观。在数学课上，要让学生学会用数据说话，领悟统计与概率在社会与生活中的价值，培养关注社会发展、参与公共事务的公民意识，这将为他们未来的学习和成长奠定坚实的基础，使他们能够在社会中做出积极的贡献。[2]

（二）统计与概率中蕴含丰富的思政元素

统计与概率意义深远，统计学起源于政府事务管理，主要探讨国家的强国之道。大禹治水时，能根据地质数据特点统筹开凿河道；在古代，对人口、年、土地和财产等都有进行相关的统计……在几千年前，统计学已经得到应用。[3] 如今，统计学进入生活的方方面面，统计与概率的含义及相关公理都伴随着典型案例和经典故事，蕴藏着深刻内涵，涵盖广泛的思政元素，直接体现了社会主义核心价值观。可以利用典型案例和经典故事等渗透数学文化，化枯燥的知识教学为生动的育人载体，不仅让学生的学习更为生动、有趣，而且激发学生的爱国热情。

二、小学数学统计与概率教学中融入思政元素的实践路径

（一）在数据收集与整理中融入核心价值观

社会主义核心价值观中，"富强、民主、文明、和谐"强调的是宏观层面的价值规范及目标。[4] 许多小学生对于社会主义核心价值观这一层面的理解仅仅是会读、会背、会默写这类表面的"三会"，并没有真正理解国家层面价值观。小学生刚刚接触统计内容，数据的收集和整理是统计的开始，教师可以设计一些真实的情境，提出真实的问题，如环境问题、碳排放问题、人口普查问题等，培养学生收集相关数据、了解相关问题的自觉性，增强学生对

国家宏观领域问题的认知，培养学生的大局意识，引导学生为努力实现国家层面的价值目标做出自己的贡献。

社会主义核心价值观在社会层面的解读，体现在每个公民享有平等、公正的权利。在数据收集与整理中，可利用生活实际情境，将平等、公正的理念根植于学生心田。如教学时，教师创设问题情境："学校要给学生定制校服，有四种款式，你选择哪一种款式？"学生就此展开讨论，先了解不同的数据收集方法，再通过不断改进收集数据的方法得出结论。结果产生时，教师问选第一款服装的学生："定这款作为校服可以吗？"学生回答："不行。从数据上看，全班大部分人都喜欢第四款校服，少数要服从多数。"教师继续追问："既然同学们都喜欢第四款校服，那么就选第四款作为校服吧。"学生说："这只是一个班的情况，不能代表全校同学的意见。"学生再次讨论如何收集全校同学最喜欢的校服的数据。学生在现实的情境中进行数据的收集、整理，做到在数据面前人人平等，"舍小我"而追求公平、公正。

爱国主义是社会主义核心价值观最根本的体现，数据意识为爱国主义教育提供基础和支持。培养数据意识，能够帮助学生认识国家所面临的挑战和机遇，深入了解国家的发展轨迹、民族精神和社会变迁等。可通过数据的收集与整理，让学生了解中国在经济、教育等方面取得的成就。如在经济方面，实施一系列经济改革政策，促进中国经济的快速增长，从 1978 年至今，中国的国内生产总值（GDP）已经增长了几十倍，成为全球第二大经济体；在教育方面，教育普及率不断提高，识字率和学龄人口的受教育程度也显著提高，同时在 STEM（科学、技术、工程和数学）领域也取得重要成果。

（二）在数据分析与统计中感受现代科技成就

随着社会的发展，各种社会需求促进现代科学技术的产生和发展，如我国在医疗技术、太空技术、人工智能、5G 技术、量子科技等取得举世瞩目的成果。通过对数据的分析与统计，让学生切实感受这些科技成就。如《条形统计图》一课，教师选取有现实意义的生活素材统计——新能源汽车，使统计知识与生活紧密联系起来。学生通过在互联网上搜集不同品牌的新能源汽车销量，直观地感受数据的多少。数据分析是统计的核心，在统计与概率的学习中，学生能读懂图表的意思，并根据图表做出简单的判断推测，是数据意识培养的重要表现。为此，教师出示国产"比亚迪"品牌新能源汽车近几年的销量情况统计图（见图1），让学生围绕条形统计图展开讨论："比亚迪"品牌新能源汽车销量为什么变化这么大？数据背后可能的原因是什么？学生根据数据的变化进行分析，有的认为新能源汽车更加环保，响应习近平总书记提出的"绿水青山就是金山银山""生态环境保护是功在当代，利在千秋的事业"的号召；有的认为这款既环保又经济的车更适合普通百姓；有的认为网约车的兴起，导致新能源汽车销量剧增。

图1 国产"比亚迪"品牌新能源汽车近几年的销量情况统计图

史宁中教授指出，学习统计的价值体现在养成通过数据来分析问题的习惯。当遇到问题时，学生应当去调查研究收集数据，在此基础上进行的推断才可能客观地反映实际背景。教师要自觉将统计图表的读取与当下的科技新成就紧密结合，引导学生根据数据，尝试预测中国的未来科技发展，在分析数据的过程中立志努力学习科技知识，让科技更好地服务生活。

（三）在数据应用与表达中结合时政热点

时事政治是重要的教学资源，时事热点往往涉及大量的数据和信息，例如选举结果、民意调查和政府决策等，为学生的统计学习提供鲜活的素材。将时政热点引入小学统计与概率教学，可以丰富学习体验，加深学生对统计与概率的理解，促进公民参与意识和社会责任感的培养，引导学生以正确的立场看待当今世界发生的重大事件。

新课标将百分数列入统计与概率领域，学习百分数这个统计量时，教师可以从百分数的统计意义出发，引导学生理解百分数产生的必要性，感受百分数就在自己身边。在理解百分数的实际应用时，可带领学生走进每年的"两会"，寻找"两会"中的百分数，如"2023年GDP增长目标5%左右"（见图2）。首先让学生猜一猜今年经济增长百分数的大小，再找一找百分数的原型，理解这个百分数的意义。学生通过上网搜索，了解到五年时间中国经济稳步增长，今年国内生产总值增长目标为5%左右。通过分析，学生明确"两会"期间国家制定经济增长目标的科学性、可行性。学生在读图时，感受"数"说"两会"的力量，感受用百分数可以更好地进行数据之间的比较，感受百分数在日常生活中的广泛应用，在读时政热点时体会党和国家领导人科学规划的重要意义，体会祖国发展的日新月异。

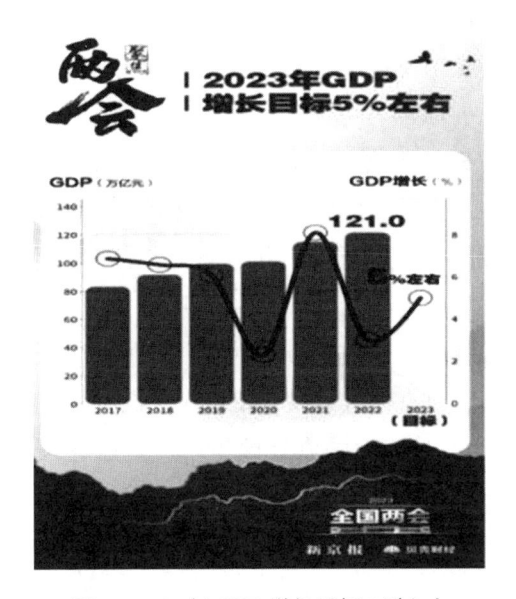

图2　2023年GDP增长目标5%左右

（四）在数据判断与预测中培育科学精神

科学精神是现代科学技术发展的思想源泉和根本动力，"科学精神倡导实验验证原则，对一种理论的真实性只取决于能否通过科学实验的验证，即现实世界中的科学实践"。[5] 教师要让学生经历统计的全过程，感受科学家做实验的方法，探寻科学精神。在简单的概率学习中融入科学精神，有助于培养学生直面问题，学会判断与预测，借助数据探寻真理。

例如，教学人教版五年上册《可能性》一课中，教师将三个学习任务融入三个摸球游戏中，通过前两个游戏，学生感受可能性的大小会随着不同颜色的球的变化而变化。接着，组织第三个游戏：箱子里有红球或黄球共10个，不确定每种颜色的球有多少个，这些球只有颜色区别，大小、形状、质量等完全相同。以小组为单位进行摸球游戏，摸球时不能看箱子里球的颜色，一人记录，其他成员轮流摸，摸出一个球就记录它的颜色，然后放回去摇匀再摸，重复20次。在摸球的过程中，教师引导学生小组合作，并用正字法收集数据，将摸球的情况记录在表格中。摸球结束后，根据摸出的红球、黄球的数据，猜测箱子里可能是什么颜色的球。教师适时引导："箱子里的红球、黄球各5个，摸20次为什么不是红、黄各摸出10个呢？"学生围绕这个核心问题展开讨论，通过交流达成共识：因为箱子里有两种颜色的球，这是不确定事件，每一种颜色的球都有可能被摸出来，因此难以猜出箱子里不同颜色的球的个数。然后，教师播放抛硬币实验视频，让学生感受要根据数据的结果进行判断和预测，用大量的数据说话。视频中，科学家为了得到一个结论，将一个简单枯燥的数据收集了几千、几万甚至几亿次，他们敢于探索的科学精神，深深触动了学生的内心。

当下，中国特色社会主义进入新时代，习近平总书记提出要在全党大兴调查研究之风，指出"没有调查就没有发言权更没有决策权"。只有进行调查研究才能制定出符合客观实际的方针政策，也才能保证方针政策的贯彻实施。[6]"大兴调查研究之风"，本质上与需要大量数据为依据进行判断和预测是相同的。教师应鼓励学生不断努力，勇攀科学高峰，推动中华民族伟大复兴。

总之，立德树人是新一轮课程改革的根本任务。教师要充分挖掘统计与概率中的思政元素，将知识传授、能力培养和价值塑造三者融为一体，潜移默化地将思想教育和价值引领融入统计与概率教学中，提高学生的综合素质和社会责任感，培养他们正确的人生观和价值观。

参考文献

[1]教育部.义务教育数学课程标准（2022年版）[S].北京：北京师范大学出版社，2022：2.

[2] 朱凯. 浅谈小学数学教学中渗透立德树人理念的方法[A]. 广东省教师继续教育学会第六届教学研讨会论文集（三）[C]. 广东省教师继续教育学会，2023：1213－1219.

[3] 周文丽. 课程思政视角下高中概率与统计主题教学设计研究[D]. 昆明：云南师范大学，2022：46.

[4] 肖南云，王思宇，徐妍. 社会主义核心价值观融入会计学课程思政教学实践研究[J]. 现代审计与会计，2023（5）：17－19.

[5] 刘召顺，王跃新. 科学精神融入研究生思政课教学的价值和策略[J]. 教育评论，2022（12）：88－92.

[6] 孟玲洲. "大兴调查研究之风"的历史启示[J]. 南方论刊，2022（10）：21－23.

备注：本文2023年9月发表于《福建基础教育研究》

小学生数据分析素养培养策略

数据分析作为数学学科的六大核心素养之一写进了数学《义务教育数学课程标准（2011年版）》中，引起了广大数学教师的关注. 数据分析素养是指能够基于解决问题的需要收集数据、整理数据、描述数据，并通过分析作出判断的素养。主要包括：收集数据，整理数据，提取信息，构建模型，进行推断，获得结论。它在小学阶段的表现为：让学生经历简单的数据收集、整理、描述的方法并能根据问题的背景，选择合适的统计方法；通过对数据的简单分析，理解数据中所蕴含的信息并能做出初步的判断和预测；通过数据分析体验随机性。

大数据时代，如何收集整理和分析数据，学会用数据说话，做出科学的推断和决策，是每一个公民必须具备的素养和思维方式。史宁中教授说数据是信息的载体，这个载体包括数，也包括言语、信号、图像，凡是能够承载所有信息的东西都构成数据，可以说我们时刻都在跟数据打交道，它已经是我们不可或缺的数学核心素养之一。本文尝试从以下几个方面谈谈小学生数据分析素养的培养策略：在收集、整理数据中培育；在描述数据中提升；在分析数据中发展；在实践应用中升华。

1. 在收集、整理数据中培育

数据分析是统计的核心，做统计就要让学生经历统计的过程，收集、整理数据是统计的开始，人教版教材在二年级下册安排了《数据的收集与整理》，其目的就是培养学生要根据问题的实际来收集数据，有时候需要对所有的数据进行全面调查，有的时候并不需要考查所有的对象，只要抽取其中的一部分就可以了。

例题中，学校要给同学们定做校服，下面有 4 种颜色选择，哪一种颜色合适呢？每个学生都有自己喜欢的颜色，但是校服的颜色又必须统一，我们可以选择大部分同学都喜欢的颜色做校服，可是怎么知道哪一种颜色是全校大部分同学都喜欢的呢？低年级的孩子课堂上最常见的动作就是举手，他们凭经验让老师在上面说一种颜色，同学们来举手，最后数一数哪种颜色的人最多就用这种颜色做校服。可是，全校同学集中起来举手，统计的工作量太大了，还有什么办法呢？可以一个班级一个班级进行数据的收集，然后汇总得到喜欢哪种颜色衣服的人比较多。比如，某个班喜欢蓝色校服的人比较多，少数就要服从大多数，蓝色可以作为这个班的班服。这时候大家又会提出："不知道蓝色是不是每一个班同学都喜欢的？"所以还要进行逐个班级的收集数据，在这个环节里不仅渗透思想品德教育，还培养了学生严谨的科学态度。

在教学中，除了学生提到的举手表决收集数据外，还要让学生感受可以用不同的方法来收集数据。教师可以问：还有什么办法可以知道全班喜欢什么颜色衣服的人比较多？学生有的说可以用投票的方法收集数据；有的说可以用站队的方法整理数据；有的说可以用小组填表的方法来收集数据；有的说可以用做记号的方法来收集数据。课上可以让学生感受不同的收集数据的方法，这些都是统计的开始，也是未来做学术研究的开始，随着科学技术的发展，收集数据可以用上抢答器、智慧教室扫二维码推送等进行，但考虑到课堂时间有限，也可以把收集数据放在课前进行。

2. 在描述数据中提升

在小学阶段，会接触用统计表、条形统计图、折线统计图、扇形统计图等多种方式来描述数据。对于小学生来说，要有恰当的情境让他们感受不同的统计图、表来描述数据的优越性，要根据问题的不同选择合适的统计图表。课堂的时间有限，复杂的统计图表的制作不能作为教学的重点，只要学生懂得制作原理，会画简单的图表即可。课堂上教师应把教学的重心落在为什么要学习用统计图表来描述数据、各种统计图表的特点及如何根据图表来进行分析、判断做出决策上。

例如，当学生学习过用统计表、象形统计图描述数据以后，接着引入了条形统计图，教师可以从学生喜闻乐见的运动项目调查开始制作条形统计图。可以问学生："我们曾经学过象形图、统计表来整理描述这些数据，今天为什么又要花这么多时间来学习条形统计图呢？"学生通过对比得出用条形统计图来描述数据非常直观，便于比较。紧接着引导学生读图，读图的时候可以围绕三个方面来读，第一，数据本身的读取：从图中你能获得哪些数学信息？第二，数据之间关系的读取：你能提出什么数学问题？第三，跳出数据本身的读取：根据这些数据，请你预测一下四年级同学最喜欢的运动项目是什么？你能确定吗？学生会说这只是自己班级的统计情况，并不代表全年级每个班的同学都喜欢，可能有的班喜欢篮球，有的班喜欢跳绳，有的班喜欢羽毛球等。

数据分析观念强调通过数据分析体验随机性，数据是会说话的，只要有足够的数据，就能从中发现规律。老师提供了四年级六个班的调查结果。从图中很直观地就可以看出部分的班级跳绳的直条比较高，从而推断出四年级同学最喜欢的运动项目是跳绳。紧接着让学生再一次进行猜测：全校同学最喜欢的运动项目可能是跳绳吗？孩子说："有可能。"能确定吗？孩子又异口同声说："不能确定！"这时候老师不提供全校每一个班的数据，而是提供了一些图片，这些图片中有的学生在体育课上跳绳，有的在课间跳绳，有的在跳绳表演，有的在跳绳比赛……原来跳绳是这个学校的特色运动，每个学生书包必有一根跳绳，处处可见同学们在跳绳，他们的绳操还上过电视呢！所以当背景信息足够多的时候，就有助于学生进行判断预测。

这样的教学始终围绕着条形统计图非常直观、便于比较的特点，让学生经历统计的过程，教学的重心是学生学会读图，并能根据图进行简单的判断和预测。

3. 在分析数据中发展

数据分析是统计的核心，随着学生年龄的升高，对于数据分析素养的要求逐步提升，学生要有较强的辨析能力。教材在六年级安排了统计与概率的复习，为了更好地发展学生的数据分析能力，老师创设了这样一个情境：他想去某一个地方旅游，上网查了天气，找到了这样一张统计图（如下图）。

某城市2018年平均气温情况统计图

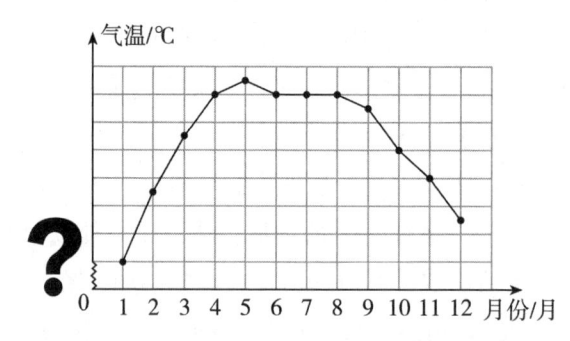

你觉得可以用它来表示下面哪个城市？（1）四季如春的昆明；（2）四季分明的福州；（3）常年低温的哈尔滨。单看这折线，很多孩子选择四季分明的福州。有的孩子提出了质疑，纵轴上没有数据，不好判断，于是老师出示下图。

某城市2018年平均气温情况统计图

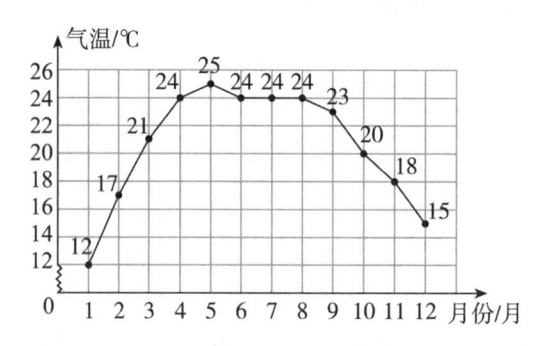

师:"现在你还选四季分明的福州吗?"有的学生说,在这张图中最高气温 25 度,最低气温也有 12 度,温差很小,它应该表示四季如春的昆明;有的学生说,虽然这张图的折线变化挺大,但是不能被蒙蔽,因为图中一格才表示 2,最高才 25 度,而我们福州地区夏天都会超过 30 度。图中最低也有 12 度,所以也不可能表示常年低温的哈尔滨。老师接着出示两道题目:(1)昆明市气象局,提醒市民们注意天气的变化情况,你觉得用哪一个统计图比较好?(2)昆明市旅游局做宣传员,他们希望更多的人前来昆明旅游的时候,又要选择哪一张统计图呢?这样的辨析让学生明白了同样一张统计图,可以根据数据的不同用它表示四季如春的昆明,也可以表示四季分明的福州,当然还可以表示常年低温的哈尔滨。所以看图的时候,我们除了看折线的变化还要关注纵轴上的数据,不要被图的形状左右。生活中,一些公司故意把统计图做成自己需要的模样来蒙蔽他人,所以培养学生辨析的能力至关重要。

4. 在实践应用中升华

史宁中教授说,数学学习的终极目的就是应用于实际,数据分析素养的培养最终也是应用于实际。课程标准里提出的数据分析、数据建模两大素养就是属于数学应用的范畴,即用数学的语言表达现实世界。

四年级下册《平均数》一课的教学中,平均数的计算已经不再是教学的重点,重要的是引导学生理解平均数这个统计量的统计意义,这个数是通过"移多补少"得到的数,假设多出来的数为正数,少的数为负数,那么它们相加的和是 0。平均数能够代表一组数据的整体水平,是一个虚拟的数,它的大小介于最大数与最小数之间,它还是一个很敏感的数据,会受这组数据中每一个数字的影响,特别是极端数据的影响。在理解了平均数的统计意义后,练习环节的重点落在平均数在现实生活中的应用上,教师设计了两个层层递进的练习。练习 1,让学生找一找生活中的平均数:平均数在生活中的应用随处可见,你们能说说吗?练习 2,教师播放一个短视频,其内容是 2019 年两会"全民对账单"。

师:"如下图,看到这一组数据,你们有什么想说的吗?"

生₁：我将自己家 2018 年买的书与全国的平均水平对比，我家买的书有整整的一层书架，超过了 6.85 本，我在为全国人均图书拥有量做贡献。

生₂：我也将家里收的快递数与屏幕上的数据对比，我家隔三差五就有快递，我想我家收件应该有 72 件吧，这样子推算的话，我妈妈花在网购上的钱应该也超过 1 万块。

生₃：基本上我们每一个同学家的人均数据都超过这个数，可见我们的生活水平比全国很多地方高呢！

生₄：可是我们的用水量超过 439 立方米，全国人均用水只有 439 立方米，看来还是有很多地方缺水，我们不够节约用水。

老师顺势让学生读一读这一句话："我国淡水资源为 28000 亿立方米，仅次于巴西、俄罗斯和加拿大，排名世界第四。"学生读完以后，觉得 28000 亿立方米这个数字特别大，还排名世界第四，觉得非常自豪。这时候屏幕上又出示了一句话："我国人均淡水资源为 2100 立方米，名列世界第 121 位，仅为世界平均水平的三分之一。"仅仅多了人均这个词，数据发生了巨大的变化，数据是会说话的，这里不需要很多语言，学生便体验了节约用水的重要意义。

信息时代，我们必须学会从纷繁复杂的海量信息中提取有用的信息进行分析做出合理的推断，良好的数据分析素养起决定作用，但数据分析素养的培养不是一蹴而就的，需要长期的积累，教材从一年级开始就引入"分类"这一课的教学，它是统计的开始，每个年级适当安排不同内容，螺旋上升。老师教学的时候让学生经历统计的过程，从小培养数据分析意识，为学生的终身可持续发展奠基。值得一提的是，生活中也有一些恶人利用数据蒙蔽大众，数据如果被恶人所利用，后果也是相当严重的，所以我们在培养学生数据分析素养的同时，也要从小培养学生的数据道德意识，利用数据为人类服务。

备注：本文 2020 年 8 月发表于《数学之友》

互联网助推小学生"数据分析"素养发展

摘　要：生活离不开数据，数据分析素养是数学核心素养的重要组成部分。时代离不开"互联网＋"，未来在共享经济的推动下，"互联网＋"将发生核聚变式的发展。统计与概率教学只有顺应这一时代的需求，持续不断地进行革命性的教学创新，才能更好地促进学生数据分析素养的发展。

关键词："互联网＋"；小学数学；数据分析；素养发展

生活处处有数据，史宁中教授认为：数据是信息的载体，这个载体包括数，也包括言语、信号、图像，凡是能够承载事物信息的东西都构成数据。[1]"数据分析"素养作为六大核心素养写进了高中数学课程标准中，概率与统计的教学已经成为高中数学的四条主线之一。在我们小学阶段，统计与概率作为四大领域之一，在各个年级均有这方面的内容分布，可见其重要性。统计与概率的核心是数据分析，史宁中等人认为，"对于统计学习而言，重要的不是画统计图、求平均数等技能的学习，而是发展学生的数据分析观念"。[2] 根据小学生的年龄特点和认知水平培养学生的数据分析素养，主要体现在以下几个方面：一是经历调查研究，收集整理和分析数据的过程，初步体会数据中蕴含着信息；二是了解数据分析方法的特点，初步认识同样的数据，可以有多种分析的方法，应根据问题的背景选择合适的方法；三是对数据的随机性有初步的理解，对数据分析的结论能从随机性的角度进行思考。[3] 当今社会"互联网＋"的浪潮席卷了我们整个国家乃至全球每一个角落，互联网触及我们生活的各个方面，大数据、云计算已经触及人们生活的每个角落，"互联网＋教育"以全新的形态进入我们的课堂，与课堂教学融合实现育人方式的创新，以促进人的全面发展。在"互联网＋"时代，如何借力"互联网＋"优化概率与统计的教学，发展学生的数据分析素养，笔者做了一些尝试。

一、借助"互联网＋"，激活学生对数据分析的兴趣

人教版五年级下册《折线统计图》一课教学中，教师需要用到福州三坊七巷历年的游客数据，在课前交流环节教师做了精心设计，为学生准备了一个三坊七巷的小视频，短短的小视频介绍了景区的情况，拉近了师生的距离。学生产生了问题：哇！景区的人好多，都挤爆了，一年会有多少人来游玩呢？这样跟数据有关的问题来了，教师顺势引导：管理处的工作人员想要预测明年春节来游览的人数，以便提前准备设施设备及后勤的跟进，你们觉得管理员该搜集哪些数据？学生讨论得出：看看近几年游客的数据，从中找出些规律，推算出明年大概的人数。紧接着教师问：可以有什么办法得到近几年的游客数据呢？有的学生说可以打电话问景区的管理人员，有的学生说可以上网百度上搜索一下。教师不予定夺，还是把选择权给学生。学生回答说还是上网，百度搜索要比打电话方便快捷。最后学生上网搜集到了从2011年至2017年七年的春节三坊七巷游客的数据。这一过程中，学生的方案是自己定的，数据是自己收集的，他们的兴趣高涨。在这里教师利用互联网突出了统计的价值，克服了课堂上"一言堂"的弊端，让学生不再觉得充满数据的课堂枯燥无味，从而激发学生的学习兴趣。这里教师通过小视频引发学生的学习兴趣，更重要的是通过学生的交流，感受到了网络数据的强大，明白了如果需要某些方面的数据可以寻求网络的帮助。现在各种图片资料，以及网上的一些视频短片、百度搜索等为我们提供了丰富的教学资源，教师要加以搜集、整理，并恰当地运用，让学生对数据充满兴趣。网络时代，百度上所有的数据也并不是完全正确和真实的，教师还要引导学生明事理，要学会面对网络上的数据，根据需求以及生活中的实际情况合理应用。

二、借助"互联网+",引导经历数据分析的过程

经历数据分析的过程是发展学生数据分析素养的一个重要方面。课标中对于统计知识的学习除了要学会一些简单的统计量,会制作简单的统计图表外,更重要的是要让学生经历数据的收集、整理、描述和分析的全过程。在"互联网+"的时代,人们每天工作和生活都会面对各种纷繁复杂的信息和数据,如何搜集、整理、分析数据和用数据说话,成了每个公民必备的数学素养和思维方式。以往的统计教学中教师重在对统计图表制作的技能训练上,统计的目的经常是为了得到一个统计图、表或是计算出一个平均数,找到一个众数等。随着科技的进步,这些内容都可以通过电脑很快制作出来或是计算出来,它将不再是教学的重点,新时代赋予统计教学更丰富的内涵,可以巧妙地借助互联网、利用智慧教室等把统计与生活密切联系起来,繁琐的事情让计算机来做,这样不但节省宝贵的课堂时间,更重要的是可以实现课堂上让学生经历统计的全过程。

三年级下册《复式条形统计图》一课教学,一上课老师问:"同学们,你们都喜欢什么运动项目呢?"以往我们的教学常常是让学生站起来回答或分小组收集数据,还没开始整理,课已过半,学生最宝贵、精力最集中的时间也过了,教学效果当然不理想。此时,教师如果拿出抢答器,学生只要轻轻一点,自己喜欢的运动项目直接显示在屏幕上,他们可以瞬间看到自己的选项和其他同学的选项,这样收集数据不但省时,而且学生对于自己身边的数据有亲切感。紧接着追问:"这是刚才我们利用抢答器收集到的记录单,如果想一眼就看出男生最喜欢运动项目的人数,你有什么好办法?"学生已经知道了可以用正字法整理数据,用统计图描述数据,接着教师把全班同学按男女生分成两组完成单式统计图。教师问男生:"看统计图你能知道最喜欢打羽毛球的男生多还是女生多?"再问女生:"只看你们这一张呢?"质疑中,学生再次反思单式统计图的特点和局限性,感受到当需要把两组数据进行比较时,要看两张单式统计图,显得很麻烦,产生需要一种新的统计图的需求,促使学生对单式统计图进行合并。在不断尝试的过程中学生完成的统计图既简洁,

又便于比较。

收集数据的方法有很多，比如可以让学生一个一个上台写，还可以分成小组，以小组为单位进行收集，由于班级学生数多，很多时候教师在当堂课中收集到的数据会出现不完整或超出学生数的情况，课堂上收集数据需要多次进行，浪费了很多宝贵的时间，为此有的教师干脆把收集数据放到课前，确保课上有更多的时间认识复式统计图的特点，有更多的时间可以在课堂上引导学生对数据进行判断和预测。中年级的学生有一定的统计意识，他们对数据相当敏感，课上，利用抢答器收集数据不但激发学生的学习热情，而且调动学生收集、整理、描述数据的活动经验，为课堂上学生经历统计的过程创造可能。

三、借助"互联网＋"，感受数据分析对决策的作用

统计与生活息息相关，大数据时代，每个人都离不开数据。未来，学生们都是信息社会的公民，他们都要与经济生活和投资理财打交道，学会根据影响经济运行的各种主要数据进行合理的分析和预测，作出正确的决策。[4]体会到数据中是蕴含信息的，面对各种不同信息时能从生活实际出发，能从统计的角度思考与数据有关的问题，学会用数据说话，并做出合理的判断和推测形成数据分析观念，为将来的进一步学习和走向社会培养良好的数据分析意识。在认识了复式统计图以后，教师上网直接搜索"27—29届奥运会金牌数统计表"。提出问题1：关于上面三届奥运会，下面说法是正确的吗？请选择，并说明理由。A. 中国获得的金牌一届比一届多。B. 每届都是美国获得的金牌最多。C. 俄罗斯获得的金牌一届比一届多。问题2：你能猜测第30届奥运会第一名是哪个国家吗，为什么？如果要把下一届写出来，这个表格够吗？怎么调整？（在纵栏第29届下面补上一栏，写上第30届，接着在右边写出金牌数）你还想不想知道第31届的情况？从表格上看第二名是中国，实际上英国是第二名，它获得了27枚金牌。师：刚才同学们根据表格进行猜测，世界上还有那么多的国家，有没有其他的可能呢？这些都是我们要考虑的，所以要跳出表格大胆猜测，不能被表格框在里面。当然，如果我们要验

证自己的想法对不对，还可以上网百度一下呢！

在一次观摩课活动中，著名特级教师张齐华执教的《数说淘宝》一课，他从买书引入："孩子们，你们或你们家人有逛淘宝的经历吗？老师最近喜欢上了一本书《大数据时代，小数据分析》，我搜索了两家店，你们觉得老师要关注什么？"紧接着出示了淘宝上的两店的情况，如图1：

	店铺 A	VS	店铺 B
价格	40元		36元
运费	包邮		8元
好评率	100%		98.4%
销量	25本		189本

图1

如果你是张老师，你会给出怎样的推荐，并说出理由。

生$_1$：选店铺 A，因为它虽然价格有点高，但是它包邮，而且好评率比店铺 B 高。

生$_2$：选店铺 B，因为它的价格低，我们还可以再看看其他书，合购通常买多就不要邮费，最主要的是它的销量高，这是我最关注的。

生$_3$：选店铺 A，价格上看便宜，虽然销量差一些，也有可能店是刚刚开的。

生$_4$：选店铺 B……

选店铺 A、店铺 B 的同学差不多，看上去图上每个数据都很简单，但这些数据放在一起的时候，为什么我们选择起来却不简单了？如只看价格，学生能很快地做出选择，单看运费也能很快地做判断，因为之前我们的学习往往借助单一的因素来判断，现在需要整合多种要素来进行总体判断，每个学生对数据的感受是不一样的，所以想在淘宝里买好一本书，就要对淘宝里的数据进行深入地了解、分析、研究。生活也一样，经常需要我们对整体的数据进行判断，然后再做决定。

四、借助"互联网+",体验数据分析的应用价值

史宁中教授将小学生数学核心素养的培养总结为三句话,其中之一就是指向数学的应用,那就是要会用数学的语言表达现实世界,数据分析属于数学的应用内容。现实到处是数据,一些权威的、官方发布的数据比较真实,但是一些公司或广告为了自己的利益发布的数据可能存在着偏差,对一些数据人为地夸大或缩小,影响了人们正常的认识和决策,甚至误导人们。在《可能性》一课教学中,小王和小刘进行跳绳比赛,林老师用抛硬币决定谁先跳,你们觉得这样公平吗?学生说:"公平啊,硬币抛上去不是正面就是反面,可能性一样大。"可能性也有大小吗?这就是我们这节课要研究的内容。随着课堂推进,学生开始分组进行抛硬币实验,每个人抛 5 次,算出正面朝上的占几分之几,再算出小组内正面朝上的占几分之几,最后全班同学抛的正面朝上的又占几分之几,教师可以事先设计好表格,学生只管抛硬币,报数据后表格自动计算,接着说:这只是我们一个班的数据,如果数据很多,会是什么情况呢?假设抛 1000 次,是什么情况?再出示设计好的程序,只要输入数字就会自动生成图表,一个学生说数,另一个上台输入数据,数字越大,就会发现出现的图表的线就越来越接近二分之一。如果我们再来一次小组实验,你觉得自己抛的五次正面朝上的次数会一样吗?小组、全班的呢?再进行连续两次抛硬币活动,如果第一次是正面朝上,第二次一定就是反面朝上吗?学生体验到同样的事情得到的数据可能会不一样,从教师设计的图表进一步感受到只要有足够的数据就可以从中发现规律。接着教师为学生提供一些网址,指出生活中也有很多利用数据进行预测的例子,比如气象部门对每天收集到的数据进行分析及对事件发生的可能性大小进行刻画,发现数据中的规律,预测即将到来的天气变化情况。这给我们的生活提供了很多便利,这些都是数据分析的广泛应用。课后再布置学生上网继续搜索数据为人类服务的例子,而后全班分享。

生活离不开数据,这就需要我们拥有一定的数据分析素养,它是数学核心素养的重要组成部分,是每一个公民不可或缺的基本素养之一,是当前国

内外教育界关注的数学学科核心素养。时代离不开"互联网+",未来在共享经济的推动下,"互联网+"将发生核聚变式的发展。我们的统计与概率教学只有顺应这一时代的需求持续不断地进行革命性的教学创新,才能更好地促进学生数据分析素养的发展。

参考文献:

[1] 史宁中. 数学思想概论[M]. 长春:东北师范大学出版社,2008:147.

[2] 史宁中,张丹,赵迪. "数据分析观念"的内涵及教学建议[J]. 课程·教材·教法,2008(6):40.

[3] 刘福林. 论小学生的数据分析观念与统计内容的编排[J]. 课程·教材·教法,2013(10):42.

[4] 王永春. 小学数学与数学思想方法[M]. 上海:华东师范大学,2014:108-115.

备注:本文2019年3月发表于《福建基础教育研究》

在认数的过程中体验数形结合思想
——以《100以内数的认识》的教学为例

数形结合思想,其实质是将抽象的数学语言与直观的形体结合起来。这里的"形体"可以是几何图形、图片、学具、模型、实物等,是距离学生认识区域最近的直观凭借。教师可根据学生的思维水平选择直观的媒介进行数形结合思想的渗透教学,从实物过渡到有一定抽象的几何图形,从具体到抽象、简单到复杂的过程中发展学生的数形结合思想。低年级学生的学习经验较少,教师教学中要把握好度,重在借助直观的"形体"体验抽象的数,感受"形"在解决问题时的妙用;到了中年级,教师可以借助直观的"形体"进行感悟,加强学生对数形结合思想的理解,为今后学生自觉运用数形结合思想方法解决问题做铺垫；到了高年级，教师要引导学生形成结合直观的"形体"思考问题的习惯，力求让学生在解决问题的时候做到主动运用。教材从一年级开始就在每个年级、每个单元、每个领域都渗透数形结合思想。因此，我们应注意分学段、分层次选择合适的契机逐步进行教学。

以人教版一年级下册《100以内数的认识》为例，本节课是在学生已经认识了20以内数的基础上继续认识较大的数，它是继续学习千以内的数的基础。本课的重点是让学生经历借助图形抽象出100以内数的过程，理解100以内数的意义。从儿童心理学角度和以往的教学经验来看，一年级儿童的形象思维活跃，很难马上完成数的抽象建构，在认数的过程中借助直观的"形"有利于学生理解数的组成和意义。鉴于一年级学生的特点，让学生体验到在认数的时候可以请"形"来帮忙，数离不开形，并从中体验到数与形的巧妙结合。下面将结合本节课的教学，谈谈如何让学生在认数的过程中逐步体验数形结合思想。

一、激活经验，在估一估中体验

数的产生离不开形，人类一开始用小石子、贝壳记事，慢慢地发展成为用形象的符号记事，再后来出现了数字，它的发展也是从具体形象的事物再到抽象的符号、文字，这个过程和学生学习认数的过程有着很大的相似之处。记数原本就是从形开始的，各种各样的计数方法也都是通过借助具体的"形"来抽象出"数"以理解数的概念。这个过程对于一年级学生来说理解起来相当困难，我们也没有必要让学生明白这些，只要在学习的时候有所体验就好。在学习本课之前，基于生活经验，很多学生基本能够数出100以内的数，但他们的头脑中还未真正建立100以内数的概念。在课的导入环节，教师可以利用学生的生活经验激活学生认识更大数的需求。在这个基础上，教师可问："你能举个例子说说在哪里见过100以内的数吗？它长什么样子？"接着，教师课件出示百扣图和百羊图，让学生估一估它们的个数。

在这里，学生形成大数的表象就是借助直观的"形"开始的。课始，教师就借助图形来估数，强烈的视觉效果可以让学生体验到：原来认数可以请图形来帮忙！当学生估完摆放整齐的百扣图后，再看到其他图时，教师稍作引导，学生很容易就会形成正迁移：要先十个十个数再估总大小。这也为进一步理解10个十是一百做了铺垫。

二、实践操作，在数一数中体验

低年级学生往往能在操作或观察中学会收集与选择重要的信息，发现形与数之间的联系，并乐于用形来表达。直观学具是最具体形象的"形"。这个阶段的学生在动手操作中更容易形成知识的表象，感受到知识间的内在联系，从而引发思考。在"摆小棒认识100"这个环节，因为学生有了10个一是十的经验，教师可先出示两捆小棒，让学生很快数出20，再让学生接着往下数。学生感受到一根一根数很麻烦，就会产生将小棒10根10根地捆成一捆来数的需求。这时，教师可趁势引导："怎样让人一眼就看出是几呢？"学生感受到数较多小棒时，先将10根扎一捆，再一捆一捆数又快又不容易错。有了小棒的帮忙，学生的思维有了直观的形象，理解100里面有10个十自然轻松。

这节课中，数"几十九添上一是多少"是教学的难点。教师可以借助直观的计数器来帮助学生数数，让学生数到89的时候先想一想怎么拨，然后再动手拨，89添上1个珠子满十进一，是90，再接着数到99。当学生掌握了89添上1是几的经验时，到了99就知道只要进位两次就拨出了100。这里，教师在突破教学难点的时候选择用直观的计数器来帮忙，从而让学生顺利地数出"拐弯数"。在学习数的组成环节时，教师可问："孩子们，这些数你们会读还不行，它们表示什么意思呢？"教师可为学生准备不同的学具，请学生四人一小组从中选一个数，用不同的方法把数表示出来。学生有的选择摆小棒，有的选择用小方块，有的选择用计数器表示不同的数。他们在借助直观表示数的时候对数就会有更深的认识，理解100以内的数是由几个十和几个一组成的。每个活动都借助"形"，学生就会有所体验，感受到认识数可以借助直观的"形"。

三、引导发现，在找一找中体验

学生如果对数的表象清晰、记忆深刻，他们对数的理解自然就透彻。数轴的建立使人类对"形"与"数"的统一有了初步的认识，数与数轴上的点一一对应，事实上这也是学生具体形象思维与抽象思维协同作用的过程。引入数轴认数既有助于理解数的排列规律，又有助于理解数的大小、顺序。教学中，教师可以通过找一找、认一认等活动引导学生在数轴上体验数中有"形"，"形"中有数。如比较两个数的大小，教师可以通过它们在数轴上对应的点的位置进行判断。教师教学时可先从"数尺"（没有刻度，只有数）入手。在引入数尺时，教师可以创设这样的情境："瞧！这是一把尺子，这尺子与我们平常用的尺子有什么不一样的地方？我们今天认识的数在尺子上都是有位置的。"然后，教师再将"数"有规律、有方向地排列在直尺上，将数与数轴上的"位置"一一对应。紧接着，教师可创设同桌找数的活动。活动1："我们把今天认识的这些数请到数尺上，老师说一个数，请你在数尺上找出来，也可以同桌一个说数，另一个把它找出来。"学生在找的过程中可发现，原来数不仅有大小，还有位置呢！数越大，它的位置就越靠尺子的右边；数越小，它的位置就越靠尺子的左边（这里的正方向在右边）。活动2：教师指着数尺的位置，让学生猜一猜大概是什么数，看谁猜得准。学生在猜的过程中可体验到数尺的神奇，数即为点，点可视为数，将抽象的"数"在数轴上直观地表示出来。

四、总结延伸，在说一说中体验

在引导学生回顾反思环节，教师可提问："刚才我们是怎样认识100以内的数的呢？"教学中，学生体验到借助小棒、计数器、数轴等来认数，都是借助直观的"形"来帮助的。可见，"形"和"数"是一对好朋友。学生有了这样的体验，他们在中、高年级进一步认数的时候就会自觉地想到"形"，在解决"形"的问题时也能想到用数来帮忙。学生有了从低年级开始积累的数形结合的认数经验，在以后的学习中就能想到用数形结合的思想方法来认识新的数，解决新的问题。

数形结合思想的形成不是一蹴而就的，需要坚持不懈的努力。整节课的设计，从激活学生认识 20 以内数的经验开始，经历认识几十几，再到数整十数和整百数，到最后拓展延伸进一步理解数的意义，每个环节都可以引导学生借助直观的"形"认识抽象的数。除了让学生在认数过程中体验数形结合思想，在小学数学教学的各个年级、各个领域，教师还要适当渗透。长此以往，学生才能做到自觉应用，为终身学习和可持续发展奠定扎实的基础。

附：人教版一年级下册《100 以内数的认识》教学设计

一、教学目标

理解百以内数的意义，会根据具体情况选择合适的数数方法，认识新的计数单位"百"；在动手操作、合作交流等活动中经历借助直观的"形"抽象出 100 以内数的过程；在认数的过程中体验数形结合思想，发展数感。

二、教学过程

1. 复习导入，激活需求

（1）利用生活经验激活学生的需求。设问：同学们，今天我们一起来认识更大的数，你觉得谁大呢？在生活中哪里有见过比 20 大的数？你能举些例子吗？

（2）揭示课题：100 以内数的认识。

[引导学生到生活中找 100 以内的数，沟通数学与生活的联系，同时也为找到生活中的直观原型做铺垫。]

2. 借助直观，自主探索

（1）估一估，初步感受 100 的大小。

课件上出示十个十个摆放整齐的百扣图，问：估一估这里有几个扣子？接着出示百羊图，问：你们能估一估草地上的山羊有几只吗？

（2）数一数，理解 10 个十是一百。

教师先拿出两捆小棒，数出 20 后说："同学们，让我们从 21 开始一起往下数吧。"

预设：学生数一小会儿后就乱了。

教师引导学生数出 10 根就把它们捆成一捆，再用课件动态演示 10 根捆成一捆的过程。

小结：数较多小棒时，每数出 10 根扎一捆，再一捆一捆数又快又不容易错。

(3) 拨一拨，正确数出几十九添一。

同桌合作，借助计数器从 87 数到 100。一个同学拨，一个同学数，然后交换，数完后全班分享。

预设：多数学生在 89 到 90 的时候出现错误。

[这里，教师巧妙地借助计数器引导学生数数，突破了教学难点，突出了以形助数的重要性，体现了数形结合思想方法的运用。]

(4) 找一找，在数轴中感受数的大小。

活动 1：同桌合作，一个同学说数，另一个同学在数尺上找出数，然后交换角色。

活动 2：教师指着数尺上的位置，让学生说数。

[利用"数尺"让数与点一一对应，将数与直观的"尺"结合起来，这样有助于学生理解数的大小、顺序以及排列规律，让学生体验到所有的数在数尺上都有"家"。]

3. 主动建构，提升数感

(1) 理解数的组成。

提供各种不同的学具，如小棒、计数器等，问：你能用自己的方式把数表示出来吗？

小组合作：学生选择不同的学具表示数。

交流分享，感受百以内的数是由几个十和几个一组成的。

(2) 进一步理解 100 的组成。

师：我们在图形上感受到 100，在数尺上找出了 100，在计数器上拨出了 100，对于 100，你有什么想说的？

预设：10 个十是一百，2 个五十是 100，100 里面有 100 个一，一个一个地数到 100 要花很长的时间等。

学生体验 100 根小棒，100 根吸管，100 粒花生、小米、芝麻、黄豆等的大小。教师追问：孩子们，这些 100 一样吗？你有什么想说的吗？

4. 巩固应用，内化提高

（1）数数。

（2）在圈一圈等活动中进一步理解数。

小结：10 个十就是一百。

[练习的目的在于进一步深化理解数的概念，借助直观的"形"来帮助学生理解。]

5. 总结延伸，深化体验

师：这节课我们是怎么认识 100 以内的数的？

小结：这节课我们请小棒、小方块、计数器和"数尺"等直观的"形"来帮助我们认识数，将来你们还会认识更大的数，都可以请直观的"形"来帮助认识。"数"与"形"是一对好朋友，以后可以互帮互助哦！

备注：本文 2019 年 1 月发表于《福建教育》

多维读图：发展学生数据分析素养

摘　要："数据分析观念"作为《全日制义务教育数学课程标准（2011 年版）》的十大核心词之一，是小学数学重要的核心素养。统计图中蕴含着丰富的数学信息，教师在教学时应尝试让学生多方位、多渠道地读懂统计图，通过不同层面的读图，发展学生的数据分析素养。

关键词：数据分析；多维读图；统计图

"数据分析"作为《全日制义务教育数学课程标准（2011 年版）》的十大核心词之一，是小学数学重要的核心素养，引发广大一线教师的高度关注。

统计图能直观形象地描述数据，蕴含着丰富的数学信息。小学阶段主要学习三种统计图：条形统计图（含象形图）、折线统计图、扇形统计图。统计图的教学要走出在画图上花大量时间的误区，应结合每一种统计图的特点，联系现实背景，体会不同统计图的作用，努力尝试让学生多方位、多渠道地读懂统计图中的数据所蕴含着的丰富的数学信息。通过不同层面的读图，灵活应用"数据说话"，发展学生的数据分析素养。

一、读内容，了解统计图的基本特点

可以用统计图对搜集到的数据进行整理，但统计图的特点各异，在实际生活中的适用条件也不一样。对于相同的数据，有时可以用不同的统计图来描述数据，但是有时却只能选择其中的一种。读图的时候可以从小处入手，让学生理解图的特点。例如，人教版四年级下册《折线统计图》一课，教师从比较折线统计图与条形统计图的不同开始，引导学生读懂折线统计图的特点。

师：折线统计图与条形统计图相比什么变了，什么不变？

生$_1$：所统计的人数不变。

生$_2$：样子发生了变化，就是将直条变成了点，点还连成了线。

师：现在我们将目光聚焦到点和线上，它们又能告诉我们什么信息呢？先独立想一想，和小组同学交流一下，然后和全班同学一起分享。

生$_1$：点表示数量的多少，线表示数量的变化情况。

生$_2$：还能通过点找到数据，比如，选中一个点，先竖着看，找到它在横轴的位置，就表示哪个项目，再横着看，看看纵轴在哪，它的数量就是几。

生$_3$：我们看线的时候发现线是有长有短的，长的表示变化大，短的表示变化小，向上的线表示增加了，向下的线表示减少了，如果是平平的线说明前后没有发生变化。

在这一片段中，教师让学生把目光聚焦到折线统计图上最重要的两个要素：点和线展开讨论。在经历独立思考、小组交流、全班分享之后，学生理解了折线统计图的特点：它可以通过点表示出数量的多少，还可以用线来表示出数量的变化情况。通过这些线可以很直观地表示出变化的趋势，进一步感受到用折线统计图表示数据的优越性。

二、读联系，找到各数量之间的关系

读图如果仅仅停留在对图的特征的认识是不够的。统计图里蕴含着大量的数学信息，应让学生充分展开讨论，对图进行分析，对数据进行比较。通过对比，有目的地进行筛选，使学生经历观察、整理、分析、判断、推理等一系列数学化的过程，感受数量之间的关系，根据数量关系提出问题，分析并解答，发展学生的数学思维，达到培养数据分析观念的目的。

例如，人教版三年级上册《条形统计图》第一课时是让学生初步认识条形统计图，会用一格表示1。课的开始，教师从学生喜欢的运动项目引入，制成条形统计图，然后通过小视频让学生了解条形统计图的特点，接着说："孩子们，统计图就是一种无声的数学语言，实现了信息、数据与我们之间的沟通和交流。仔细观察，从图中你能得到什么信息？"学生说："喜欢跳绳的人最多，因为那个项目的直条看上去最长；喜欢跑步的人最少，这个项目上面的直条最短；这个班喜欢打乒乓球的人数和喜欢踢足球的一样多，这两个直条看上去一样长。"教师说："条形统计图非常直观，不但可以看出数量的多少，还可以直观地比较出数量的多少，你们还能提出什么数学问题？"学生提出以下问题：（1）这个班喜欢跳绳的人数比喜欢跑步的多多少？（2）这个班喜欢打乒乓球的和喜欢踢足球的共有多少人？（3）喜欢球类的人数是喜欢跑步的人数的几倍？（4）全班人数比喜欢跳绳的多多少个？（5）全班共有多少位同学？教师："一个简单的问题就建立起了两个数量之间的关系，图中像这样的数量关系还有很多，同学们以后读图不能只看到它呈现出来的数据，更要看到数据背后的信息，找到数量之间的关系。"

学生此时的读图，进行的是间接性思考活动，教师的第一个问题是从图中能得到什么信息。学生通过对数据的比较，如谁最多，谁最少，谁和谁一样多等来读取数据，紧接着学生根据数量之间的关系提出问题。他们通过观察、分析、推断出数据之间的关系，进行数据的加、减、乘、除等不同的运算，这样的活动有利于提高学生的思维，通过分析发现新的数学信息，培养学生的数据分析能力。

三、读对比，推断图中蕴含的新信息

同样的数据可以有多种不同的分析方法，要根据问题的背景选择合适的方法。面对那些看似杂乱无章的数据，引导学生根据问题的背景特点入手，进行分析，通过体验感受到同样的事件，收集到的信息有可能不一样，但只要有足够的数据，就可能从中发现规律。在根据数据作判断和预测时，不但要关注纵向的数学与数学的联系，更要关注横向的数学与生活的联系，通过大量的数据分析找到规律。以《条形统计图》一课为例：

师：这是一张睡眠时间统计图，你能根据图中的信息判断，这是统计成人还是儿童的睡眠时间统计图呢？

（生一脸茫然）

师：没有关系，我们做一个现场调查，等下看看能不能找到答案。

师：通过收集我们同学一天的睡眠时间，我们也制成了一幅条形统计图，现在比较两幅统计图，你有什么发现呢？

生$_1$：统计图的横轴与纵轴表示的内容一样。

生$_2$：两张图的数据不一样，直条的长度也不同。

生$_3$：这两张图中都是睡眠时间在10个小时左右的人最多，所以我猜原来的这张图表示的是我们这个年龄的睡眠时间。

师：我们再来看一下三年段其他五个班同学睡眠时间统计图。你又有什么想说的？继续往下看：2017年我国在校小学生有9913万人，这是从网络上收集到的统计图。看完这些统计图后，你又有什么发现？

生$_4$：这六张统计图统计的数据和直条的长度不同。

生$_5$：通过这些条形统计图的分析，我们得到了答案，图中的数据不一样，但是这些图中直条分布情况有着一样的规律，那就是睡眠时间在10个小时的人比较多，所以我们判断老师给出的应该是儿童睡眠时间统计图。

教师先出示一张统计图让学生进行猜测，但此时的数据毫无说服力。接

着教师进行现场收集数据，制成条形统计图，让学生进行比较，学生的回答似乎有点感觉，但还不够。为了让学生有足够的数据来进行推断，教师又给出了三年段其他五个班学生睡眠时间统计图及全国在校学校睡眠时间统计图。在大量的数据面前，学生通过横向、纵向的联系进行分析推断，教师最初给出的应该是儿童睡眠时间统计图，学生在判断、对比、推理这一系列的过程中，思维得到了提升。

四、读变化，根据信息作判断和预测

读图的更高层面应该是超出数据本身的读取，即通过数据分析进行判断和预测。数据之间有着千丝万缕的关系，通过分析数据让学生看到数据背后的信息，数量之间的关系和变化趋势，从"变"中找到"不变"，有说服力地进行判断和预测。

如人教版六年级上册《扇形统计图》一课，教学时提供饼干、面包、蛋糕、汉堡几种食品，让学生先调查班级学生中最喜欢的食品，统计出相应的人数，问："如果要比较喜欢每一种项目的人数占全班人数的多少，可以怎么比？"在此基础上引入扇形统计图，引导学生观察："用扇形统计图来描述数据好在哪里？"通过比较、讨论、交流，学生感受到扇形越大，喜欢这种食品的人就越多。看图除了能直观地比较出喜欢哪种食品的人数最多外，还可以清楚地看出喜欢每一种食品的人数占总数的百分比。教师追问："如果要你为学校的'六一'节采购食品，你会怎么选呢？"有的学生说："多买汉堡，因为喜欢吃汉堡的人最多，占全班的一半，那三种食品合起来才占全班一半。"马上就有学生反驳："不对，这只是我们一个班学生的情况，其他班同学喜欢什么食品我们可不知道，所以不能凭借这张统计图为全校同学购买食品提供依据。"教师总结："同学们考虑得真周到，学会了用数据说话。确实，我们在做判断和预测的时候，不能只是简单地看一个图，而是应该全盘考虑分析，作出有根据的推测，才能提出合理的建议。"

生活中的统计图随处可见，用它们来分析数据直观、易懂。因此，在不同统计图教学时，不但要关注它们的特点，感受用统计图来描述数据的优越

性，更重要的是要通过分析数据，做出判断和预测，在这一过程中引导学生思考，发展数据分析素养。

参考文献：

［1］黄毕年．加强数据分析培养核心素养［J］．福建教育（小学版），2017（12）.

［2］陈城养．基于小学数学核心素养下的数据分析观念培养［J］．时代教育，2017（10）.

备注：本文2018年6月发表于《福建基础教育研究》

核心素养下的小学数学"解决问题"教学探研

人教版小学数学"解决问题"内容是由原来的"应用题"发展而来，安排在每个单元的末尾。阅读与理解、分析与解答、回顾与反思是解决问题教学的三部曲，教师通过这三个步骤的教学发展学生的数学思维，提升数学核心素养。

一、阅读与理解，真正读懂题目意思

解决问题教学先从阅读理解（你知道吗）开始，让学生经历从筛选信息，到筛选有用的数学信息，再到筛选出有价值的数学信息的过程。刚开始学生的表达也许是零乱的、不全面的，但这有利于他们今后在面临问题时形成综合各种信息的意识。接着，教师引导学生说出哪些是数学信息，让学生学会取舍。最后，让学生重新梳理所说的内容，明确问题是什么，已有信息中哪些是有价值的，该以怎样的顺序或方式表达。分步训练培养学生对信息的提取、加工能力。

例如，人教版二上"8的乘法口诀"解决问题部分，教材出示的是一个购物的情境，学生最初获取的信息是模糊、零乱的：这是一个超市，这里有各种各样的文具，文具盒8元、橡皮2元、日记本4元、铅笔3元等。教师追问："文具盒8元是什么意思？它是表示几个文具盒的价钱吗？"意在让学生明白这里的文具盒8元是指一个文具盒的价钱。教师引导学生在回答问题时要先思考再回答，这样就可以把信息读得更准确。教师继续提问："你能求出3个文具盒多少钱吗？还需要加上哪些信息才能求出这个问题？其他的信息有用吗？"学生明白了题目中所给的信息是有多余的，要选择有价值的数学信息进行梳理加工，最后按一定的顺序表达出来。学生最初的找信息只是罗列图文中的文字，并没有进行深度思考，经过教师有意识地引导，学生筛选出有用的数学信息，再按一定的顺序将题目表达完整，这才真正读懂了题意。

二、分析与解答，深度理解数量关系

波利亚将"怎样解题"分为四个步骤：理解题目、拟订方案、执行方案及反思。人教版教材将其中的拟订方案和执行方案整合成"分析与解答"环节，这个环节是解决问题教学的重点，要让学生先确定好方案，然后再执行方案，方案可以是独立思考的结果，也可以是团队合作的成果。拟订方案时，学生可以思考用什么方法解决问题。小学阶段常用的方法有画线段图、有序思考、列表举例等。在执行方案时，学生可以动手操作尝试解决问题。

例如，教学人教版三上"用面积知识解决问题"，呈现问题："用16张边长是1分米的正方形纸拼长方形和正方形。怎样拼，才能使拼成的图形周长最短？"在理解题目的意思后，教师问："要解决这个问题，我们可以怎么做？"学生说："要先用16个小正方形拼出长方形或正方形，然后再分别算出它们的周长，最后进行比较，找出周长最短的那一个图形。"题目中拼出不同的图形是难点，只有把所有的方案都考虑到了，才可以通过比较找出周长最短的那一个。学生尝试小组合作，用小正方形摆一摆，记下几种不同的摆法，学生在尝试的过程中发现一定要有序思考，才可以把所有的方案都考虑到，即先摆一行（长16宽1），再摆2行（长8宽2），最后摆4行（长4宽4）。学生在确定不同摆法的过程中进一步巩固了长方形和正方形的特征及周长的计算方法，同时明确要做到有序思考才可以找到周长最短的那个图形。所以当教材提出："如果用36张正方形纸拼呢？你发现了什么？"学生就可以用在解决16个小正方形拼摆的问题过程中建立的模型来解决这个问题。

三、回顾与反思，切实提升数学素养

回顾与反思在低年级教材中体现为："解答正确吗？"教师会组织学生对练习进行检查，让学生看看自己做的格式、答案、方法是否正确；单位名称、答案有没有写完整。学生可以用再做一次的方法进行验算，也可以将答案与条件进行"反串"，以检验自己做得对不对。这一环节如果仅是检查自己做得对不对是不够的，特别是中高年级还要引导学生思考"我是怎样解决问题的""用这样的方法还可以解决哪些问题"等，发展学生的数学思考。

例如，人教版五上第79页例5"相遇问题"，通过例题教学，学生会根据运动中物体的速度、时间、路程之间的数量关系解答相向运动中求相遇时间的实际问题。教学时，教师要引导学生通过画线段图，找出等量关系并列出方程解决问题，再通过解决一系列类似的实际问题，感受"$ax+bx=c$"的数学模型，初步体会模型思想。

如下是本课"回顾与反思"环节。

师：回顾刚才的学习过程，除了验证自己做法对不对，你还有其他的收获吗？

生$_1$：我们刚才是通过找等量关系，再列方程解决问题的。

生$_2$：解决问题时要用到速度、时间、路程的数量关系来列方程。

生$_3$：借助画线段图比较容易找出相等的数量关系。

师：同学们的收获可真不少，我们在回顾反思自己的学习时不仅是为了确定解答是否正确，还要多想想刚才是怎样解决问题的，还能不能用其他方法解决这个问题，用这样的方法还可以解决什么样的问题等。

师：下面的问题你能解决吗？独立完成。分别说说是用怎样的等量关系

列出方程的。(题略)

师：这几个问题你能独立解决吗？你是用什么方法来解决的？请你说一说每道题的等量关系，你有什么发现？

生：在这些题目中都能找到"$ax+bx=c$"这个等量关系式。

师：这个等量关系式是我们解决这类问题的法宝，大家要掌握好它。生活中有很多问题可以用这个等量关系式来解答。

布鲁纳在《教育过程》一书中指出："学科的基本原理、基本结构既是简单的，又是强有力的！"解决问题教学中的阅读与理解、分析与解答、回顾与反思，这样的结构也是强有力的！学生参与其中，学会了用数学的眼光观察世界，用数学的思维分析世界，用数学的语言表达世界，长期坚持对于提升学生的数学素养是有帮助的。

备注：本文2017年7月发表于《新教师》

巧用错误资源　激活数学课堂

若能恰到好处地发挥教学机智，以独特的视角去发现错误的价值，把学生犯错的过程看作是一种尝试和创新的过程，可让学生在纠错、改错中感悟道理，领悟方法，发展思维，实现创新，促进学生的全面发展。

一、点错成金，明辨是非

于漪老师曾说："教师是学生心灵的耕耘者，教课就要教到学生的心上，教者善于捕捉稍纵即逝的契机，以促成课堂对话的精彩。"因此教师要善于驾驭课堂，随时掌握课堂中各种意料之外的情况。学生获取知识是在不断"犯错—改错"中摸索前进的，课堂上随处可见的错误正是鲜活的教学资源。而教师要眼观四路，及时发现学生的典型错例，加以提炼拓展，在学生疑窦处轻轻一点拨，暴露思维过程中的错误，从而收到四两拨千斤的效果。

如：教学乘加乘减后做这样的练习："有5个小朋友，每人1个苹果，2个梨，一共需要多少个水果？"大多数同学的答案是：5＋2×5＝15（个），教师在巡视中发现有一个同学的答案是：1＋2×5＝11（个）。教师让两种做法的学生都上台板演后，让全班学生判断，大家一致认定第二种做法是错误的。教师神秘地说："虽然他的做法现在看起来是错的，但里面却藏着秘密。"同学们冥思苦想，却还是想不通，教师请那个正为自己的错误局促不安的同学讲讲自己的思路，他说："每人1个苹果，2个梨，共有3个水果……"他刚说到这里其他学生都恍然大悟，教师急忙问："谁愿意提醒他，让他找到自己的错误？"一个学生说："你列的算式的运算顺序是先求每人共有3个水果吗？"一语惊醒梦中人，这位同学马上发现了自己的错误之处并改正。教师充分地肯定了他在解题中的创新精神、求异思维，他的脸上露出了自信的笑容，他体会到了数学探索的乐趣，也为其他同学树立了榜样。这位教师独具慧眼，准确洞察学生心灵的秘密，敏锐地判断、重组学生中的各种信息，放大生成的精彩瞬间，及时纳入课堂临场设计之中，用错误引来了教学的收获，激活课堂，从而成就了一个动态的精彩课堂。

二、将错立新，保护自尊

"人非圣贤，孰能无过"，尤其是小学生各方面的发展都没有成熟，"错误"会不断地伴随着他们成长。而学生犯了这样或那样的"错误"后往往会显得特别心虚和自卑，如果我们教师能够正确地评价，细心地呵护，并给予适当的鼓励与引导，不但能使"错误"变成"创新"，而且也能保护出错学生的自尊心。

如：有一教师在教学"分数的初步认识"一课时，设计了一个教学环节——折出一张长方形纸的"$\frac{1}{2}$"并涂上颜色。学生们纷纷动手折纸片，并竞相把自己涂好的纸片贴在黑板上。此时，教师发现一位学生把自己折的纸片悄悄塞进口袋里，然后又拿了出来。教师安慰地问道："你折的是什么意思，能告诉我吗?"那位学生说:"我是把这张纸平均分成四份,每一份就叫四分之一。"老师进一步问:"'四分之一'该怎么写?请你将它贴在黑板上,并在下方写出'$\frac{1}{4}$'。"教师将错就错,又让这位学生说一说怎么得到"$\frac{1}{4}$",还让他领读"四分之一"。接着,教师才对这位学生折的纸进行评价,问:"刚才,老师让大家折的是几分之一?他却折出了这张纸的'$\frac{1}{4}$',对这件事大家怎么看?"学生都纷纷表示了自己的看法,有人说"多折了",有人说"跑题了",最后老师却幽默地说:"我觉得他很有超前意识,把折'$\frac{1}{2}$'超越折成了'$\frac{1}{4}$',而且也说得很正确,我要感谢这位同学,他启迪大家对分数作了进一步的思考和了解。"……有了这样的呵护和鼓励,那位"犯错误"的学生脸上扬起了自信的微笑,而教室里也一下子沸腾了,其他学生纷纷折出了"$\frac{1}{8}$""$\frac{1}{6}$""$\frac{1}{16}$"等不同的分数,黑板上贴满了学生得意的作品。可见,"错"作为一种教学资源,只要合理地利用,巧妙地引导,积极地呵护,让学生在没有被斥责、没有被耻笑的氛围中学习,学生的思维就能活跃,并以积极的态度参与到课堂教学之中,从而体会到学习的乐趣,也融洽了师生的关系。

三、以误为饵,演绎精彩

玉需琢方成器。学生有时会有许多初步的比较粗糙但又有价值的观点,就如正待雕琢的璞玉,这时教师要像能工巧匠一样,琢磨学生的"语意",提炼学生的"心意",最后点石成金。教学用简便方法计算"426-98"时,几乎所有的同学都这样算:426-98=426-100+2=328。但也有个别同学是这样算的:426-98=426-100-2=324。这道题到底应该怎么算?是再加2还是再减2?通过交流辩论,大家达成一致的看法:多减几要加几,所以多减2就要加上2。正在这时,教师突然发现有个学生似乎欲言又止,教师问:"你有不同想法吗?"他吞吞吐吐地说:"搞也搞不清楚,还是我的方法好。"教师笑着对他说："你是怎么算的，能把你的算法写在黑板上吗？"他写下：426－98＝100＋326－98＝328，他刚写好，就有人在喊："错了，错了，这哪有简便方法。"真的错了吗？我仔细观察他的算法，终于发现他算法中有非常可贵的"闪光点"。于是请他把想法说给大家听。他说："100减98等于2，2再加326等于328，就不用考虑是加2还是减2了。"多好的想法啊！再如：在教学"404除以42、207除以22"中，有位男生发现它们的被除数除数的最高位一样，一石击起千层浪，在他的启迪下，同学们的思维顿时活跃起来，从多种方式来考虑简便算法。有时课堂表面看似风平浪静，实则深处暗流涌动，蕴藏着丰富的能源，积聚着巨大的能量。教师如能识破其中暗藏的玄机，轻轻搅一搅，就能掀起学生思维的波涛汹涌，使课堂跌宕起伏、精彩纷呈。这玄机虽是信手拈来，却根植于深厚的教学积淀，只有平时多积累，才能懂得多、看得远、想得深，达到随心所欲地点化的境界，才能为学生打开一扇通往更广阔天地的窗口，带领学生领略到求知路上的奇妙风景。

四、以错为探，激发兴趣

错误是学生探究的标志，教师善待学生在探究中的错误，引导他们掌握验证的方法，使他们明白有矛盾的冲突才有探究的需要。当学生在课堂上出现错误时，先不要急于向学生透露解决问题的统一方法，而要给学生留一些探索的空间，让他们在交流中主动寻求解题的策略，充分发挥学生之间的互补功能。

如在教学《画角》时，先让学生通过自主探究，初步形成画角的方法，接着让学生尝试独立画角。在巡视学生练习时，我发现有学生把100°的角，画成了80°，是直接指出其错误还是等一等？我想既然学生有了这样的错误，何不把它当成"诱饵"抛给学生呢？于是，我请其中一位同学在实物投影仪上演示画角的过程，接着问："在刚才这位同学画角的过程中，你发现了什么？"有同学说："他画错了，因为他在量角器上数刻度时数反了。"我接着问："他的错误对你有什么启发帮助呢？"同学们有的说它提醒自己画好角时，可以先大致估一下是锐角还是钝角，这样可以减少出错；也有的说发现画错的角加上正确的角正好是平角……听完学生们的发言，我特意走到刚才画错角的同学身边，与他热情地握手，并连声说："谢谢你，因为你的出错引起了大家那么多有价值的思考，使大家对角的认识加深了一步。"那位出错的同学开心极了，脸上写满了微笑。于是，我继续提出要求："你们能不用量角器，而用三角板画出150°的角吗？"全班同学情绪高涨，积极投入到画角之中。

这里，抓住了看似因学生粗心引起的画角错误，让学生展开讨论，寻找出错的原因和这种错误给人的帮助、启示。这样做，不但让学生对角有了进一步的认识，突破了本课的教学难点，而且保护了出错学生的自尊心，培养了他们学习的自信心和探究精神。

备注：本文2016年8月发表于《小学教学设计（数学）》

做好统计量教学　培养学生统计观念

统计活动是一个包括数据收集、整理、描述和分析的完整过程。在这个过程中，学生需要借助一定的统计量或统计图表分析数据、做出选择、进行预测。统计量作为学生进行判断和预测的重要指标，在小学统计教学中不容忽视。教师应加强对统计量教学的研究，让学生在学习统计量的过程中感悟、体验，进而发展统计观念。

一、贴近生活，强化统计量产生的必要性

统计存在于国民经济和日常生活的各个方面。教师应引导学生结合日常生活的实际情况感受统计量产生的必要性。如人教版五年级上册《中位数》一课，教材提供的是某校五年（1）班学生举行掷沙包比赛的场景，并给出7个学生掷的不同成绩，引导学生观察并发现平均成绩27.7比多数学生的成绩

都高，从而引出用中位数代表这组学生掷沙包的水平。教材提供的数据是小数，比较起来有点麻烦；教材中的问题——为什么要用到中位数 24.7 代表这组学生掷沙包的水平也不是学生关心的问题。教学时，教师以某公司的招聘启事引入：张华想去一家月薪 1800 元的 A 电子公司上班，刚好看到 B 电子公司的招聘启事上写着员工平均工资 2000 元。他兴冲冲地来到 B 公司，可是老板对他进行了全面考核后说："根据你应聘的岗位，你的月工资是 1400 元。"张华一听非常郁闷："招聘启事上不是写着 2000 元吗？怎么现在只有 1400 元了呢？"老板看出了他的困惑，拿出了一张员工工资表（如下，单位：元）。

总经理	经理	员工1	员工2	员工3	员工4	员工5
4600	2500	1600	1500	1400	1300	1100

师：老板没骗人，他们的平均工资确实是 2000 元。问题出在哪儿呢？

生：因为总经理和经理的工资特别高，把工资的平均值拉高了，使员工的工资都比平均工资低。

师：平均数 2000 受到了极大数据的影响，已经不能合理地反映这家公司员工工资的一般水平了。再观察这组数据，你认为哪个数据最能代表员工工资的一般水平？

生$_1$：1500，因为它在这七个数据的中间。

生$_2$：1500，因为它不高不低，能代表一般水平。

生$_3$：1500，因为它在最中间，更能体现员工工资的一般水平。

师：1500 是这 7 个数据的中间数，是这组数据的中位数，不容易受极大或极小数据的影响。这里用它代表该公司员工工资的一般水平比较合适。

招聘启事中的平均工资与员工的实际工资之间的差距，引发了学生的思考。学生在主动探索、思考、发现的过程中经历了中位数产生的过程，体会到引入中位数的必要性。

二、关注过程，强调统计量形成的过程性

部分教师教学统计时，过多让学生记忆术语和套用公式计算。如教学《平均数》时，教师的关注点是学生有没有记住公式"平均数＝总数量÷总份

数"，会不会利用公式求平均数，将训练重点放在怎样求平均数上，忽略了平均数的统计意义。教学时，教师应结合具体情境，让学生经历数据收集、整理、描述的过程，并利用统计结果进行合理预测和判断，理解平均数的统计意义。如某教师教学时，出示了两组数据：

男生	姓名	王宇	王海亮	林峰	陈潮	
	套中个数（个）	7	9	6	6	
女生	姓名	刘薇	张秀娜	陈清珠	姚琳	刘晓岚
	套中个数（个）	10	4	7	5	4

师：同学们，你们能从这两组数据中获得哪些信息？请分别算出男生套圈的总个数和女生套圈的总个数。（教师板书：女生10+4+7+5+4=30，男生6+9+7+6=28。）

师：男生套中28个圈，女生套中30个圈，女生赢了。

生$_1$：这样比不公平，因为男女生的总人数不一样。

师：是啊，看来人数不相等时用比总数的办法决定胜负不公平。你有什么办法公平地比出胜负吗？

生$_2$：再增加1个男生。

生$_3$：也可以减少1个女生。

生$_4$：可以先分别求出男生、女生平均套中的个数，再比较。

接下来，教师设计了以下环节：①引出平均数。教师引导学生讨论："有什么办法可以求出男生平均每人套中的个数？"学生通过合作，经历了"移多补少"的操作过程，直观地认识了平均数的实物模型，从不同角度探索求平均数的方法。②引导学生初步理解平均数。引导学生讨论王宇同学套中的7个与平均数7个有什么不同，说说平均数7比谁多、比谁少，认识平均数的特点。③组织学生先估一估女生平均每人套中的个数应当比谁多、比谁少，再进一步思考"女生平均每人套中6个，可女生中没有人套中6个，这是为什么"。平均数是一个比较抽象的概念，教师让学生充分观察、操作、计算、感悟，理解平均数的意义。

三、面向实践，突出统计量应用的灵活性

学习统计量，要让学生在实践中整理和描述数据，体会统计量在统计中的作用，在具体的情境中感受用统计量分析数据的合理性与可行性，体验统计在社会生活和科学领域中的广泛应用，建立统计观念。

如《众数》的教学重点是：不仅要让学生理解什么是众数，更要让学生了解同样的数据有多种分析方法。只有结合具体情境选择合适的统计量来解决问题，才能比较客观地描述数据。在学生知道什么是众数、会找众数的情况下，某教师安排了三个活动。

活动1：分析视力数据

教师出示全班学生双眼视力的调查数据，让学生整理成统计表后回答三个问题。

（1）这组数据的中位数是（　　），众数是（　　）。

（2）你认为用哪一个数据代表我们班同学视力的一般水平比较合适？

（3）视力在4.9及以下为近视，我们班同学的左眼视力情况如何？你对他们有什么好的建议？

活动2：猜年龄

给出信息：有5个人正在锻炼，他们的平均年龄是10岁。

教师先让学生猜一猜可能是什么年龄段的5个人，然后告诉学生是"幼儿园的1个老师带着4个小朋友在做操"，让学生思考用什么数据反映这5个人年龄的一般水平更合适。

活动3：探讨跳绳比赛规则

给出两组数据：

甲组　150　140　140　140　140　139　139　138　135　131　71

乙组　150　136　136　136　136　136　133　132　131　130　129

（1）分别算出这两组的平均数、中位数及众数，填写下表（数值是学生做完后，教师相机填进去的）。

	平均数	中位数	众数
甲组	133	139	140
乙组	135	136	136

（2）设计一个比赛规则使甲队获胜。

（3）设计一个比赛规则使乙队获胜。

这三个活动让学生在活动中感受到：平均数与一组数据中的每一个数据都有关系，能反映一组数据所包含的信息，但平均数容易受极端数据影响；中位数处于数据排序的中间位置，可以对事物的大体趋势进行判断和掌控；众数着眼于对一组数据中出现次数最多的数据的描述，常常作为一组数据的代表。学生在讨论交流中进一步体会到要根据具体情境、数据的特点及我们所关心的问题来确定采用哪种统计量描述一组数据的一般水平，并灵活运用不同的统计量解决生活中的实际问题。

参考文献：

[1]谢嘉琪.基于问题链的小学数学深度教学设计与实施研究［D］.成都大学.2024.

[2]代明武,蒲文艳.小学数学课堂教学与信息技术的整合与实践［J］.小学生（中旬刊），2024（05）：91－93.

[3]崔艳丽.让"自主探究"成就魅力数学课堂［J］.学苑教育，2022（02）：84－86.

[4]付小玲.浅析数形结合思想在小学数学教学中的应用［J］.甘肃教育研究，2024（07）：142－145.

[5]齐铁青.在大单元教学中培养学生问题解决能力［M］.大连：辽宁师范大学出版社，2024（04）.

[6]赵桐.浅谈教学中的学习成效评价［J］.江西金融职工大学学报，2006（S1）：266－267.

[7]王冬梅,刘雪莲.课堂评价现状和改进策略研究［J］.英语广场（学术研究），2014，045（09）：70－

备注：本文2010年7月发表于《福建教育研究》

后 记

　　提笔为本书画上句点之际，窗外凤凰木正舒展新绿，三角梅绽放如火。这抹蓬勃的生机，恰似"绿趣"课堂中孩子们灵动的眼眸——既有生命舒展的静美，亦有思维迸发的炽热。三十余载躬耕讲台的时光在我眼前流淌，那些与孩子们共度的晨昏，那些在教研路上跋涉的足迹，此刻都化作笔尖的温度，凝结成这段关于教育本质的思考。

　　"绿趣"理念的萌芽，始于对教育现状的叩问。当标准化测评的浪潮裹挟课堂，当知识传授与生命成长的天平逐渐失衡，我常在深夜的案头自省：数学教育究竟要给学生留下什么？2017年春天，在指导青年教师《圆的周长》一课时，孩子们用麻绳缠绕树干测量周长的欢腾场景，让我顿悟：教育应当如草木生长般自然舒展，既要有滋养生命的"绿意"，又需蕴含启迪智慧的"趣味"。这个朴素的想法，在随后的几个省级课题研究中逐渐生长出理论枝蔓。从闽北山区送教时留守儿童在数学游戏中绽放的笑靥，到陈登连名师工作室百余节研讨课的思维碰撞，"绿"与"趣"的辩证关系在实践中愈发清晰——前者是教育回归本真的道，后者是激活思维生长的术。

　　本书的四个篇章，记录着这段知行合一的探索之旅。生态篇构建理论坐标系时，我常想起顾泠沅先生"青浦实验"的启示，更是我近几年作为核心成员参加福建省林碧珍名师工作室、厦门市陈登连名师工作室研修活动时从两个名师工作室中汲取先进理念，化作自己"绿趣"教学主张的见证。实践篇的单元教学设计案例，凝结着工作室团队十载春秋的集体智慧。犹记2023

年春，在《图形的整理与复习》公开课中，学生们通过梳理建立联结，在空间想象与动手实践中实现知识的结构化重构。课后孩子们兴奋地追问："下次还能这样上课吗？"，这份纯粹的学习热情，正是"绿趣"课堂最生动的注脚。

特别需要提及的是，近年来在陈登连名师工作室的教研实践中，"绿趣"理念不断深化拓展。2024年秋的《情理教育课堂组织策略》讲座，我以"植树问题"为案例，探讨如何通过"问题链"设计唤醒学生的生态意识——当计算校园绿化带间距的数学问题，与"碳中和"现实议题相遇，抽象的数学模型便拥有了温暖的生命触感。而在《案例式解读统计与概率领域核心素养培植》研讨中，工作室成员带领学生开展"社区垃圾分类数据追踪"，让统计图表成为连接数学理性与社会责任的桥梁。这些实践印证了书中的核心观点：真正的数学素养培育，必然根植于人文土壤，绽放于生活现场。

在此，我要向这条探索之路上相伴同行的师友们致以最深的谢意。感恩林瑜导师三十年前在我初登讲台时的谆谆教诲，您"让数学有温度"的叮咛始终萦绕耳畔；感谢师父林碧珍老师，您用数学思想编织数学之美，为我埋下了"绿趣"的种子；感谢队长陈登连老师，您的情理教育主张让"绿趣"课堂有了更理性的叩问；感谢舫山小学及连江、翔安两地工作室的小伙伴们在"单元教学设计及单元作业设计"课题中的鼎力支持，那些为设计"营养早餐"作业模板反复打磨的深夜，那些针对"绿趣课堂"评价量表激烈讨论的午后，都化作书中的智慧结晶。感谢福建省教育学会小学数学教育分会钟建林会长那句掷地有声的承诺：把你耕耘的思考写出来，我必为你的著作提笔作序！让我有了深耕写作的动力；还要特别感谢福建教育出版社沈群老师，是您的持续鼓励，我才有了坚持写作的可能；感谢连江教育这片沃土，用包容与养分滋养我的教育理想生根发芽；感谢翔安教育如春风化雨，以坚实的支持让我在"绿趣"课堂的探索中步履不停。感谢生活中帮助过、温暖过我的人与事……致谢所有曾在课堂上追问"为什么"的孩子们，你们的问题不断重塑着我对教育本质的理解。

书稿付梓之际，我们正将"绿趣"理念延伸至AI教育场景：当无人机测绘与智慧学习相遇，校园里的每片树叶都可能成为生成式问题的素材。——

正如杜威所言"教育本身没有目的，生长就是它的目的"，本书只是教育长河中的一朵小浪花，期待更多同行者共同探索数学教育的新可能。

林修英
乙巳年孟夏于厦门翔安